Umberto Eco
Jean-Claude Carriere
Stephen Jay Gould
Jean Delumeau

Das Ende
der Zeiten

DuMont

Umberto Eco
Jean-Claude Carriere
Stephen Jay Gould
Jean Delumeau

Das Ende der Zeiten

Aus dem Französischen von Ronald Voullié

DuMont

Die Originalausgabe erschien 1998 unter dem Titel
Entretiens sur la fin des temps bei Fayard, Paris
© 1998 Librairie Arthème Fayard, Paris

Erste Auflage 1999
© 1999 für die deutsche Ausgabe: DuMont Buchverlag, Köln
Alle Rechte vorbehalten
Ausstattung und Umschlag: Groothuis+Consorten
Gesetzt aus der Helvetica und der Documenta
Gedruckt auf säurefreiem und chlorfrei gebleichtem Papier
Satz: Greiner & Reichel, Köln
Druck und Verarbeitung: Clausen & Bosse, Leck
Printed in Germany
ISBN 3-7701-4882-7

Inhalt

Vorwort

Bis zum Jahr 2000 werden uns die Hollywoodproduzenten zweifellos alle denkbaren Szenarien zum Weltuntergang geliefert haben. Nach der Rückkehr der Dinosaurier, der Ankunft von Außerirdischen und nach den Meteoriteneinschlägen fehlen nur noch die nukleare Apokalypse, katastrophale Erdbeben und Flutwellen... Andererseits bereiten sich die meisten Zuschauer, die in die dunklen Kinosäle strömen, um den Schauer sintflutartiger Feuersbrünste zu erleben, darauf vor, die Jahrtausendwende fröhlich in den besten Restaurants der Welt zu feiern. Abgesehen von chronischen Schwarzsehern, Spinnern und Adepten apokalyptischer Sekten glaubt eigentlich kein Mensch ernsthaft, daß am 31. Dezember 1999 die Welt untergeht. Viele haben sogar die Bedeutung dieses Datums vergessen und feiern eher die dreifache Null als den zweitausendsten Geburtstag von Christus. Aber genau darum, nur darum geht es, selbst wenn die Fachleute sich darüber einig sind, daß Jesus fünf oder sechs Jahre vor dem offiziellen Beginn der christlichen Ära geboren wurde und wir somit schon seit einigen Jahren im dritten Jahrtausend leben!

So dient dieses die Phantasie anregende Datum des Jahres 2000 als Vorwand für eine erstaunliche Vermarktung der Apokalypse. Aber könnte es nicht auch – und ernsthafter – ein Anlaß sein, über den Begriff vom »Ende der Zeiten« und darüber hinaus über die philosophische Bedeutung der Zeit nachzudenken? Ist es nicht auch geboten, eine Bilanz aus zweitausend Jahren christlicher Zivilisation zu ziehen und Überlegungen über die Bedingungen einer sich wandelnden Gesellschaft anzustellen? Um solchen Fragen nachzugehen, haben wir Journalisten uns vier Gesprächspartner gewünscht, die eine außergewöhnliche geistige Spannweite haben und sehr unterschiedlichen Bereichen angehören: der amerikanische Paläontologe Stephen Jay Gould, der französische Historiker Jean Delumeau, der französische Drehbuchautor und Schriftsteller Jean-Claude Carrière und der italienische Semiologe

und Romanautor Umberto Eco. So ist dieses Buch zustande gekommen.

Wie Jean Delumeau ausführlich erläutert, ist das Thema des
»Endes der Zeiten« direkt aus der Bibel hervorgegangen, in der im
Gegensatz zur Weisheit der Griechen und Orientalen der Begriff
einer linearen Zeit erfunden wurde, die einen Anfang und ein Ende
hat. Wir werden sehen, in welchem Maße dieser Zeitbegriff die
Entwicklung des abendländischen Denkens auch in nicht-religiö-
sen Fragen beeinflußt hat. Während das Buch der Genesis vom Ursprung der Welt berichtet, versuchen die verschiedenen eschatologischen Erzählungen der Bibel – wie zum Beispiel die Offenbarung
oder Apokalypse des Johannes – das Ende der Zeiten zu beschreiben. Die Offenbarung, dieser erstaunliche Text, kündigt, ohne zu
sagen, wann sie stattfinden sollen, eine Reihe von Ereignissen an,
die zumeist dramatisch sind und die Geschichte der Menschheit bis
zum Tag des Jüngsten Gerichts kennzeichnen, an dem Gott den
Lauf der Geschichte unterbrechen und über alle Geschöpfe nach
ihren Taten richten wird. In diesem Buch ist auch von einem Zeitabschnitt von tausend Jahren die Rede, der dem Ende der Zeiten
vorausgeht, in dem der Teufel in Ketten gelegt wird und der mit
dem Sieg von Christus auf Erden enden wird. Jean Delumeau und
Stephen Jay Gould erinnern hier daran, in welchem Maße diese Voraussage die Denker in den letzten beiden Jahrtausenden beeinflußt
hat: diese sogenannten »millenaristischen« Erwartungen haben
mehr Verwirrungen und leidenschaftliche Debatten hervorgerufen
als die erste Jahrtausendwende, die – im Gegensatz zu den gängigen
Vorstellungen – die Mehrheit der Christenheit völlig gleichgültig
gelassen hat. Die Befürchtungen und Erwartungen zum Ende der
Welt sind vor allem in der Renaissance entstanden, in einer Periode
der Angst, in der jedes wichtige Ereignis als Zeichen für das Eintreten einer Voraussage der Apokalypse gedeutet wurde.

Diese typisch religiösen Glaubensformen und Ängste sind mit
dem Untergang der christlichen Welt und der Säkularisierung der
Gesellschaft aus der westlichen Vorstellungswelt verschwunden.

Wie Umberto Eco hervorhebt, ist »der Gedanke eines Endes der Zeiten heute viel charakteristischer für die laizistische als für die christliche Welt. Die christliche Welt hat diesen Gedanken zum Gegenstand der Meditation gemacht und die laizistische Welt tut so, als ob sie ihn ignorieren würde, aber sie ist von diesem Gedanken besessen«. Anders gesagt, wie die Helden in Ecos Roman *Der Name der Rose* interpretiert niemand die »Zeichen der Zeit« als Zeichen für das »Ende der Zeiten« im Sinne der Apokalypse. Niemand fürchtet, daß »die Sterne vom Himmel fallen«, daß »das Tier aus dem Meer aufsteigt« oder daß die »Heuschrecken sich aus den Brunnen erheben«. Indessen ist die profane Welt mit anderen eschatologischen Ängsten konfrontiert, die nichts mit religiösen Fragestellungen zu tun haben, aber nicht weniger schrecklich sind: die atomare Bedrohung, das Ozonloch und alle möglichen ökologischen Katastrophen, das Wiederaufleben des Fundamentalismus und die Bedrohung durch Sekten, das Nord-Süd-Gefälle, der »Terror der Ökonomie«*, die Möglichkeit eines erneuten Meteoriteneinschlags etc.

Jeder unserer vier Gesprächspartner erinnert auf seine Weise daran, daß jede unruhige Epoche ihre eigenen Untergangsphantasien entwickelt. Wir bleiben unausweichlich gekennzeichnet von der jüdisch-christlichen Idee des Zeitpfeils, von der Vorstellung eines Sinns und einer Richtung der Geschichte und vom Ende der Zeiten. Jean-Claude Carrière erinnert überdies an den zyklischen Zeitbegriff der Orientalen und weist darauf hin, daß, wenn wir den Hindus zufolge in einer Zeit der Zerstörung leben – im Kaliyuga –, diese Zeit auch das Vorspiel für ein neues Goldenes Zeitalter ist. Was allerdings nichts daran ändert, daß viele unserer Zeitgenossen das Gefühl haben, in einer unberechenbaren Zeit zu leben, und mehr oder weniger konfus eine große Katastrophe befürchten. Zahllose Neuauflagen der Weissagungen von Nostradamus, der das Ende der Welt für den Juli 1999 voraussagte, die Unruhe, die

---

* Vgl. Viviane Forrester, *Der Terror der Ökonomie*, München-Wien 1997. (A. d. Ü.)

bereits die Ankündigung einer totalen Sonnenfinsternis am 11. August 1999 ausgelöst hat, der weltweite Erfolg des Buches *Der Bibel-Code*, das die Apokalypse für die Jahrtausendwende vorhersagt, und Katastrophenfilme wie *Armageddon* (ein Begriff aus der Bibel, der das »Ende der Zeiten« bedeutet) sind Ausdruck einer tiefen Angst. Die Menschheit beginnt, die märchenhaften technischen Fortschritte, auf die sie all ihre Hoffnung gesetzt hatte, in Frage zu stellen: Werden sie nicht letztlich zu ihrem Untergang führen? Auch wenn fast niemand an das Verfallsdatum des Jahres 2000 glaubt, wären viele doch nicht überrascht, wenn unser stolzes Schiff plötzlich mit einem Eisberg zusammenstoßen würde. Der moderne Mythos der *Titanic* bringt vielleicht besser als alles andere die verborgenen Ängste unserer Epoche zum Ausdruck.

Unbestreitbar ist jedenfalls, daß eine Periode großer Umwälzungen mit der Jahrtausendwende zusammenfällt. Diese bedeutsame oder zufällige zeitliche Übereinstimmung war für uns Anlaß zu einer spannenden Debatte mit einigen der größten Denker unserer Zeit. So haben wir über ein Jahr verteilt an verschiedenen Orten diese Gespräche geführt: in Paris, in New York, in Mailand und in der Bretagne. Die vier Autoren haben alle Beiträge aufmerksam gelesen, auf die Texte der anderen Gesprächspartner Bezug genommen und so die Themenfelder erweitert. Auch haben wir jeden um eine Zusammenfassung gebeten, die am Ende des Buches abgedruckt ist.

Vier Themen bilden den roten Faden dieser Gespräche. Das Jahr 2000, seine Bedeutung und die damit verbundenen kalendarischen Fragen. Der Begriff vom »Ende der Zeit« in seiner doppelten, religiösen und profanen Bedeutung. Die Frage der Zeit selbst in philosophischer und wissenschaftlicher Hinsicht. Und schließlich unsere Epoche, ihre Besonderheit, ihre Probleme, ihre Gefahren und ihre Verheißungen. All diese Themen vermischen und überkreuzen sich in den Gesprächen. Dennoch hat jedes Gespräch seine unverkennbare Note, die mit der Person des Zeitzeugen und dem jeweiligen Forschungsgebiet zusammenhängt; der Leser kann feststellen, daß hier eine große Vielfältigkeit von Sichtweisen und persönlichen Überzeugungen zum Ausdruck kommt. Aber er wird auch viele Übereinstimmungen bemerken, was darauf hinweist, daß es eine bestimmte, von allen geteilte geistige Haltung gibt. Stephen Jay Gould, Jean Delumeau, Jean-Claude Carrière und Umberto Eco (in der Reihenfolge ihres Auftretens) sind sich letztlich über einige Grundbegriffe einig: Freiheit, Klarheit, Vernunft, Verantwortung, Humor.

Catherine David

Frédéric Lenoir

Jean-Philippe de Tannac

Stephen Jay Gould

Das Jahr 2000 und die Zeitmaßstäbe

Es ist unmöglich, über das Ende der Zeiten nachzudenken, ohne die »Tiefenzeit« der Paläontologen und Geologen zu berücksichtigen, dieses schwindelerregende, auf die Ursprünge gerichtete Teleskop. Laut Stephen Jay Gould hat die Gelehrten im 18. Jahrhundert die Entdeckung erschüttert, daß die Geschichte des Universums nicht in Tausenden, sondern in Milliarden Jahren zu zählen ist: Sie war die größte intellektuelle Revolution der modernen Zeit. Dank der Bücher von Gould wissen wir auch, daß das »Ende der Zeiten« bereits stattgefunden hat, und zwar mehrmals, nämlich immer dann, wenn es eine große Katastrophe auf der Erde gegeben hat; wir sind die Überlebenden, die Nutznießer dieser großen Vernichtungswellen und verdanken unser Dasein diesen Weltuntergängen, die die Geschichte des Lebens gekennzeichnet haben. Nicht nur das Aussterben der Dinosaurier vor 65 Millionen Jahren, sondern zum Beispiel auch das Ende des Perms, bei dem 95% der Arten von der Erdoberfläche verschwunden sind ... Wenn die Dinge sich anders entwickelt hätten, könnten wir hier und jetzt nicht darüber sprechen. Für Gould beruht die Evolution auf Kontingenz und wird durch unvorhersehbare Apokalypsen rhythmisiert.

Den Film zurückspulen. Die Ursprünge sichtbar machen. Stephen Jay Gould empfand dieses Bedürfnis schon mit fünf Jahren, als er zum ersten Mal etwas von Dinosauriern hörte. Einige Jahre später begriff er sein Glück, in einem Jahrhundert auf die Welt gekommen zu sein, in dem die Wissenschaft zum ersten Mal verläßliche Instrumente lieferte, um diese Erweiterung der Phantasie zu bewerkstelligen – um diesen Monumentalfilm des Geistes zu schaffen. Er wurde folglich Paläontologe. In den Vereinigten Staaten sind die wissenschaftlichen Disziplinen allerdings nicht so streng voneinander getrennt wie in Europa: Er interessierte sich auch für Geologie, Biologie, Astronomie, Geschichte und sogar für klassische Musik und Baseball. Seine Vorlesungen am Institut für Zoologie an der Harvard Universität und seine zahlreichen Veröffentlichungen sind zur Freude seiner Leser von all diesen Disziplinen geprägt.

Es ist nicht verwunderlich, daß sich ein enzyklopädischer und interdisziplinärer Denker wie Gould veranlaßt sieht, sein Fachgebiet zu verlassen, und sich beim Anbruch des dritten Jahrtausends Gedanken über den Zeitmaßstab macht, der unsere Gesellschaft und unser Leben bestimmt, und vor allem über die Geschichte des Kalenders und die eschatologischen Theorien, die damit verbunden sind. Und es ist auch nicht verwunderlich zu sehen, daß hier hinter dem Historiker der Philosoph zum Vorschein kommt. Gould geht als Wissenschaftler davon aus, daß das Auftauchen des Menschen nicht die Folge irgendeines Willens, sondern ein Epiphänomen der Evolution ist.

Wie realistisch sind die Gefahren, die uns heute bedrohen? Woher kommt die Faszination unserer Gesellschaften für angekündigte Apokalypsen? Aus einer übertriebenen Aufgeklärtheit über die tatsächlichen Bedrohungen oder aus einer morbiden Lust an Sensationen und Tragödien? Gould stellt diese Fragen mit einer Mischung aus Gelehrsamkeit und Humor, und immer im Sinne wissenschaftlicher Strenge und Verantwortlichkeit. Sein Blick als Historiker reicht weit, von den Anfängen der Evolution bis zu den Fratzen der Vermarktung der Apokalypse.

Als Kind freuten Sie sich über die Vorstellung, daß Sie wahrscheinlich den Übergang ins nächste Jahrtausend erleben würden. Nicht
aus Ehrfurcht vor der Zahl 2000, sondern weil Sie wußten, daß an
diesem Tag alle Menschen auf der Welt an dasselbe denken würden. Müssen wir dieses Nicht-Ereignis fürchten, oder sollen wir es
in aller Ruhe abwarten?

Es gibt nichts zu befürchten, es wird nichts Besonderes geschehen! Es ist wirklich lustig: In der Vergangenheit, in den religiösen
Zivilisationen empfanden die Leute eine reale, tiefe Furcht vor apokalyptischen Katastrophen. Was uns in unserem weltlichen Zeitalter
Angst macht, ist der Zusammenbruch der Computersysteme, zu dem
es kommen könnte, wenn die Computer die oo des Jahres 2000 als
Rückkehr zum Jahre 1900 interpretieren. Aber niemand behauptet
ernsthaft, daß diese Gefahr eine Apokalypse im biblischen Sinne
sein wird.

Nein, ich versichere Ihnen, es wird nichts Besonderes passieren.
Die Leute werden feiern, es wird auf den Straßen ein paar Tote mehr
geben, einige Unfälle wegen übermäßigen Alkoholgenusses, und vielleicht werden neue Sekten wie »Heaven's Gate« auftauchen. Andere
werden die Aufgekratzten verachten und auf die Trivialität und Willkürlichkeit dieses Datums hinweisen, aber insgesamt wird es ein
wunderbares Fest werden, die Leute werden sich überall auf der Welt
umarmen. Mehr nicht.

Genügt es, den Besorgten zu sagen, daß ein Datum willkürlich ist,
um ihre Ängste zu beschwichtigen?

Sie glauben, daß sich viele Leute vor dem Weltuntergang fürchten? In dieser profanen Epoche? Nein, das halte ich für übertrieben ...
Das Jahr 2000 ist sicherlich ein besonderes Datum, aber aus Gründen, die mit der Geschichte des Kalenders zusammenhängen. Wie
Sie wissen, werden wir nicht nur die seltene Gelegenheit haben, einen Jahrtausendwechsel zu erleben, sondern auch einen Jahrhundert-

wechsel mit einem 29. Februar. Denn das Jahr 2000 wird ein Schaltjahr sein ...

Gewiß, wie 1996, da es alle vier Jahre ein Schaltjahr gibt ...

Das dürfen Sie nicht glauben! In unserem heutigen Kalender
wird das Schaltjahr alle hundert Jahre ausgelassen, beim Jahrhundertwechsel. Aber alle vierhundert Jahre wird beim Jahrhundertwechsel
der 29. Februar eingefügt ... Diese Ausnahme wird es auch im Jahr
2000 geben. Wir werden also das Privileg haben, einen zusätzlichen
Tag zu bekommen, was nur alle vierhundert Jahre vorkommt und was
es bis jetzt nur einmal gegeben hat, nämlich im Jahre 1600, kurz nach
der Einführung des Gregorianischen Kalenders im Jahre 1582.

Die Freuden des Kalenders

Warum all diese Korrekturen? Konnte man sich nicht ein weniger
kompliziertes System ausdenken?

Das Problem ist, daß die Natur keine astronomischen Regelmäßigkeiten bietet, die es erlauben, einfache numerische Zyklen zu
schaffen. Die Erde dreht sich weder in 365 Tagen noch in 365 und
einem Vierteltag um die Sonne, sondern in 365 Tagen, 5 Stunden, 48
Minuten und 45,96768... Sekunden. Alle Zivilisationen mußten dieses Problem lösen. Das zeigt übrigens, daß der Kalender prinzipiell
nicht willkürlich ist, sondern auf den Planetenbewegungen beruht.

Was meinen Sie damit?

Die Natur liefert uns drei Hauptzyklen: die Drehung der Erde um
sich selbst, die die Länge des Tages definiert, die Drehung des Mondes
um die Erde, die die Mondmonate definiert, und die Drehung der
Erde um die Sonne, die das Jahr definiert. Diese drei Berechnungs-

weisen sind notwendig; die Gesellschaften der Ackerbauer und Jäger müssen die Jahreszeiten kennen, die Fischer und Navigatoren müssen die Gezeiten kennen … Warum man Kalender macht? Um die Regelmäßigkeiten der Natur vorauszusagen. In einer Ackerbaugesellschaft braucht man einen Sonnenkalender, um die Zeit zu bestimmen, die für die Aussaat günstig ist. In einer Gesellschaft, die auf dem Fischfang beruht, braucht man einen Mondkalender, um die Gezeiten zu bestimmen. Aber dennoch ist es unmöglich, zwischen ihnen eine einfache arithmetische Beziehung herzustellen, die es erlauben würde, sie in Einklang zu bringen. Deshalb ist es zum Beispiel so schwierig, das Datum für Ostern festzulegen … Ostern ist ein komplizierter Sonderfall, denn es wird in Abhängigkeit von zwei Kalendern festgelegt, dem Sonnen- und dem Mondkalender. Ostern fällt auf den ersten Sonntag nach dem ersten Vollmond (Mondzyklus), der auf die Tagundnachtgleiche im Frühling (Sonnenzyklus) folgt, und erfordert somit die Koordination der beiden Zyklen. Die Beziehung zwischen dem Kalender und den astronomischen Zyklen ist nicht falsch, aber sie läßt sich nicht in einfachen mathematischen Ausdrücken formulieren. Das liegt daran, wie die Natur funktioniert.

Die Wochen entsprechen keinem natürlichen Zyklus …

Das ist richtig. Die Erdumdrehung gibt uns eine Einteilung der Zeit in Tage vor, aber die Zusammenfassung dieser Tage in Siebenergruppen ist eine willkürliche Entscheidung, die bestimmten Kulturen eigen ist. Da 365 nicht durch 52 teilbar ist, gibt es jedes Jahr einen zusätzlichen Tag, der die Wochentage verschiebt. Deshalb ist ein Dienstag im Jahre 1997 ein Mittwoch im Jahre 1998 und ein Donnerstag im Jahre 1999 etc., außer in Schaltjahren.

Auf was beziehen sich die Schaltjahre genau?

Im Jahre 45 vor Chr. reformierte Julius Cäsar den Römischen Kalender und übernahm die Prinzipien des Julianischen Kalenders, der auf der Annahme eines Jahres mit 365 und einem Vierteltag beruhte. Cäsar berücksichtigte nicht die zusätzlichen Stunden und Minuten, aber er baute die fehlenden drei Viertel des Tages ein, indem er ein Jahr mit 366 Tagen vorsah, das wegen seiner zwei Sechsen alle vier Jahre als *bisextilis* bezeichnet wurde. Das System funktionierte ziemlich gut, aber es fügte insgeheim jedem Jahr elf Minuten und vierzehn Sekunden hinzu. Im Laufe der Jahrhunderte haben sich diese zusätzlichen Minuten zu Tagen addiert (etwa sieben Tage in tausend Jahren).

Der Julianische Kalender war somit dazu verdammt, im Laufe der Zeit immer weniger zu stimmen ...

Ja, und im 16. Jahrhundert, zur Zeit von Papst Gregor XIII., hatten sich bereits zehn zusätzliche Tage angehäuft. In diesem Stadium begann der kleine Unterschied den Priestern und Astronomen praktische Probleme zu bereiten, insbesondere wenn es darum ging, die Tagundnachtgleichen und die Sonnenwenden festzulegen. Im Jahre 1578 übertrug Gregor XIII. einem berühmten Mathematiker, dem Jesuiten Christoph Clavius, die Aufgabe, ein neues System zu entwerfen, das den astronomischen Realitäten besser entsprach. Der neue Kalender wurde 1582 in Kraft gesetzt. Zum einen wurden zehn Tage des laufenden Jahres gestrichen: 1582 fielen die Tage vom 5. bis zum 14. Oktober aus. In jenem Jahr folgte auf den 4. gleich der 15. Oktober!

Das nennt man: die Zeit totschlagen!

Gewissermaßen! All das ist natürlich willkürlich. Die Zeit im Jahre 1582 ist ja nicht stehengeblieben, die Tage sind weiterhin ganz normal aufeinander gefolgt. Clavius hat nur die Uhr umgestellt. (In Rußland wurde diese Korrektur erst 1918 durchgeführt. Deshalb hat die sogenannte Oktoberrevolution von 1917 nach dem Gregorianischen Kalender im November stattgefunden.) Aber es genügte nicht, den Kalender um zehn Tage zurückzudrehen. Es mußte auch vermieden werden, daß sich die Ungenauigkeit des Julianischen Kalenders in den folgenden Jahrhunderten wiederholte. Wie sollte das gehen?

Indem man mit den Schaltjahren spielte ...

Genau. Die Schaltjahre im Kalender sind so etwas wie die Joker im Kartenspiel. Man kann sie je nach Bedarf hinzufügen oder wegnehmen. Clavius hat die Grundlage von 365,25 Tagen aus dem Julianischen Kalender durch eine Annäherung ersetzt, die der Realität besser entspricht: 365,2425 Tage. Um dem gerecht zu werden, beschloß er, ein Schaltjahr pro Jahrhundert auszulassen und es bei allen Jahrhundertwenden, die durch 400 teilbar sind, wieder einzufügen.

Trotzdem bleibt eine winzige Verschiebung ...

Ja, es ergibt sich eine Verschiebung von 25,96 Sekunden, die ungefähr alle 2800 Jahre einen zusätzlichen Tag ergeben ... Das läßt sich nicht völlig ausschalten. Hinzu kommt noch, daß man den Mond- und Sonnenzyklus miteinander in Einklang bringen muß. Gesellschaften, die von der Jagd und vom Fischfang leben, müssen diese beiden Zyklen in Einklang bringen. Der Mond dreht sich in 29 und einem halben Tag (genauer in 29,53 059... Tagen) um die Erde. Das 354 Tage (zwölf Mondumläufe) dauernde Mondjahr ist elf Tage kürzer als das Sonnenjahr. Wie soll man sie zusammenbringen? Der sogenannte metonische Mondkalender versucht sich dem Sonnenkalender anzupassen: er umfaßt normale Jahre mit 354 Tagen und manchmal außergewöhnlich lange Jahre mit 384 Tagen. Der metonische Zyklus dauert 19 Jahre und fügt im siebten dieser 19 Jahre einen dreizehnten Monat hinzu. Der Hebräische Kalender fügt einen dreizehnten Monat mit dreißig Tagen im dritten, sechsten, achten, elften, vierzehnten, siebzehnten und neunzehnten Jahr eines metonischen Zyklus ein. Deshalb scheinen die Daten der Festtage des hebräischen Mondkalenders je nach Jahr vor- oder zurückzuspringen. Was den islamischen Kalender betrifft, so wird die metonische Korrektur nicht berücksichtigt: daher scheint sich der Ramadan gegenüber dem Gregorianischen Kalender ständig zu verschieben.

Die Komplexität des Kalenders ist eine permanente Herausforderung für die menschliche Findigkeit. Deshalb sagen wir: Wenn es einen Gott gibt, hat er entweder Sinn für Humor, oder er ist ein schlechter Mathematiker ... Vielleicht ist er auch nur für das menschliche Denken unverständlich.

Die Launen der Null

Warum ist die Zahl 2000 so faszinierend? Weil wir zehn Finger haben?

Das Jahr 2000 hätte in der Weltgeschichte auch dann stattgefunden, wenn wir ein anderes Berechnungssystem hätten. Aber wir geben ihm eine psychologische Bedeutung; aus geheimnisvollen Gründen, denn der menschliche Geist scheint Zyklen zu brauchen, die innerhalb eines mathematischen Systems einen Sinn ergeben. In unserem System haben die Hunderter und Tausender nur die Bedeutung, die wir ihnen geben. Wenn wir vom 19. oder 20. Jahrhundert sprechen, geben wir willkürlichen Kategorien einen Sinn.

Das Jahr 2000 erscheint uns als etwas Besonderes, weil unser arithmetisches System auf der 10 beruht. Die Zahl 10 ist eine ausgezeichnete Berechnungsgrundlage und hat viele Vorteile. Nichts beweist, daß die Entscheidung für dieses System damit zu tun hat, daß wir zehn Finger haben, aber es würde mich wundern, wenn es da keinen Zusammmhang gäbe ...

Wir hätten durchaus auch sechs oder acht Finger haben können, wie Sie in Ihrem Buch *Eight little piggies** beschreiben.

---

* Stephen Jay Gould, *Eight little piggies: reflections in natural history*, New York 1993.

In der Tat, der Zufall der Evolution hätte uns auch eine andere Zahl von Fingern geben können, die genauso funktional gewesen wäre. Die ersten Wirbeltiere hatten sechs, sieben oder acht Finger an jedem Glied. Die Fünffingrigkeit ist zweifellos kein weltweites Stadium bei den irdischen Wirbeltieren gewesen. Man könnte sich die Entwicklung der Mathematik durchaus auch auf der Basis der 8 vorstellen. Das hätte vielleicht Probleme für Pianisten und Schreibkräfte ergeben! Aber die Tatsache, daß man zehn Finger hat, besagt noch nicht, daß ein Dezimalsystem eingeführt werden muß. Die Mayas gingen von der 20 aus, sie zählten wahrscheinlich mit Fingern und Zehen. Das war ein gutes mathematisches System, mit komplexen Zyklen, die unseren ähnlich waren, mit Zyklen von 1600 und 2400 Jahren. In einem solchen System hat die Zahl 2000 natürlich keine besondere Bedeutung. Sie geht selbstverständlich aus einer mathematischen Logik hervor, aber die Zahlen, die wir auswählen, um den Anfang und das Ende von Zyklen festzulegen, sind willkürlich. Das heißt, diese Zahlen müssen innerhalb einer kleinen Spanne gewählt werden. Das Denken kommt mit großen Zahlen nicht gut zurecht; ich bezweifle, daß man ein numerisches System finden kann, das auf der 250 beruht. Die Azteken verwendeten die 52 als Basis, was enorm ist ...

Es gibt eine alte, sich alle hundert Jahre wiederholende Debatte. Beginnt das neue Jahrhundert im Jahre 00 oder im Jahr 01? Der Beginn unseres Jahrhunderts wurde am 1. Januar 1901 gefeiert, aber aller Wahrscheinlichkeit nach werden die Feiern dieses Mal zu Beginn des Jahres 2000 stattfinden. Somit könnte man sagen – wie Sie angedeutet haben –, daß unser Jahrhundert nur 99 Jahre gedauert haben wird ...

Das könnte man sagen ... Das ist eine ausgezeichnete Lösung für eine Debatte, die schon mehrere Jahrhunderte alt ist und zumindest seit dem Übergang von 1599 auf 1600 geführt wird. Diese Debatte ist zwar trivial und völlig bedeutungslos, aber sie erregt die Gemüter.

Der Grund, warum dieses Berechnungsproblem aufgetaucht ist, ist höchst eigenartig, zugleich lächerlich und faszinierend.

Was ist geschehen?

Es begann im 6. Jahrhundert, also in der Epoche, in der der moderne Kalender (weit vor der Zeit von Clavius) von dem Mönch Dionysios Exiguus, genannt Dionys der Kleine, geschaffen wurde. Papst Johannes I. hatte ihn gebeten, eine christliche Chronologie der Menschheitsgeschichte zu erstellen, die auf dem Geburtsdatum von Christus beruhte. Entsprechend dem damals üblichen Gebrauch datierte Dionys die Ereignisse *ab urbe condita*, seit der Gründung Roms. Davon ausgehend legte er das Geburtsdatum von Christus auf den 25. Dezember 753 *a.u.c.* Dann legte er den Beginn der christlichen Ära acht Tage später, auf den 1. Januar 754 *a.u.c.* – den Tag der Beschneidung des acht Tage alten Christus. Der 1. Januar war auch – und das ist kein Zufall – der Neujahrstag im römischen Kalender. Diese Entscheidung, die damals völlig legitim war, wenn man die Informationen berücksichtigt, über die Dionys im 6. Jahrhundert verfügte, sollte für die folgenden Generationen zur Quelle endloser Streitigkeiten werden.

Warum?

Man kann es ihm nicht übelnehmen, er konnte nichts anderes tun, aber Dionys benutzte nicht die Null. Und daher kommen all unsere Probleme. Als er die Zeit rückwirkend am 1. Januar 754 *a.u.c.* beginnen ließ, wurde dieser Tag zum 1. Januar des Jahres 1. Und deshalb beginnen unsere Jahrhunderte mit 01 und nicht mit 00. Hätte Dionys dieses Gründungsdatum den 1. Januar des Jahres 0 genannt, hätten alle Diskussionen über den Beginn der Jahrhunderte und Jahrtausende nicht geführt werden können.

Hat er nicht daran gedacht?

Er konnte nicht daran denken. Die abendländischen Mathematiker seiner Zeit haben die Null nicht verwendet. Die Ägypter hatten sie zwar schon benutzt, aber nur sporadisch. Die Chinesen kannten den Begriff, aber nicht die Zahl. Die Mayas kannten sie, benutzten sie aber nicht. Unsere heutige Null ist erst zwischen dem 8. und 9. Jahrhundert von hinduistischen und arabischen Mathematikern erfunden worden. Die Entscheidung für den 1. Januar des Jahres 1 ist eine Konvention, sie ist weder richtig noch falsch. Aber es gilt, festzuhalten, daß die Entscheidung für eine Konvention, welcher Art auch immer, langfristige Folgen hat. Wenn Sie entscheiden, daß sie am Ende des ersten Jahres Ihres Daseins ein Jahr alt sind, werden Sie am Ende ihres hundertsten Jahres auf Erden einhundert Jahre alt sein. Und das heißt, daß Sie zu Beginn des hundertsten Jahres 99 sind. Wenn Sie den Kalender am 1. Januar des Jahres 1 beginnen lassen, und wenn Sie unbedingt wollen, daß ein Jahrhundert 100 Jahre dauert, dann hört das Jahrhundert erst am Ende des hundertsten Jahres auf. Zu Beginn des Jahres 101 beginnt das folgende Jahrhundert. Das ist eine mathematisch korrekte Begründung.

Wenn man nun aber die Art berücksichtigt, in der wir unsere Zahlen auf der mathematischen Grundlage der 10 schreiben, ist die Zahl 100 viel interessanter als das Jahr 101. 1900 ist interessanter als 1901. Zwischen 1899 und 1900 ändern sich alle Ziffern außer der ersten; zwischen 1900 und 1901 nur eine. Zwischen 1999 und 2000 ändern sich alle Ziffern; zwischen 2000 und 2001 nur eine. Man könnte sagen, daß all das keinen Sinn, keine Bedeutung hat und imaginär und trivial sei. Aber ich sage, ein Kalender ist nun mal so, er ist eine Zusammenfassung von kleinen Berechnungen, die dazu dienen, eine Konvention aufzustellen, die für alle gültig ist. Und es ist nichts Schlimmes dabei, sich dafür zu interessieren.

Alle neuen Jahrhunderte beginnen also nicht mit 00, wie unser Gefühl uns eingibt, sondern mit 01, wie es die Arithmetik vorsieht.

Ja, und davon ausgehend werden endlose Diskussionen geführt: die einen wollen den Jahrhundertwechsel mit dem Austausch der Ziffern zusammenfallen lassen, die anderen halten sich an die Genauigkeit der Mathematik. Diese Diskussion ist müßig, aber höchst amüsant, denn sie zeigt uns die kleinen Schwächen der menschlichen Vernunft. Manche Leute begeistern sich derartig für dieses Problem, daß sie Folgendes außer acht lassen: der Grund, weshalb sich dieses Problem nicht lösen läßt, liegt darin, daß es sich um ein unlösbares Problem handelt. Beide Antworten sind richtig, aber sie beruhen auf unterschiedlichen Voraussetzungen. Es kommt darauf an, was man für wichtig hält. Wenn Sie mir sagen: Das Jahrhundert muß 1901 oder 2001 beginnen, weil alle Jahrhunderte hundert Jahre haben müssen, antworte ich Ihnen: In der Tat, das ist unsere normale Auffassung, aber das ist ein willkürlicher Code. Ich kann beschließen, daß das erste Jahrhundert nur 99 Jahre gedauert hat. Das mag vielleicht seltsam klingen, aber zur damaligen Zeit war der Kalender noch nicht erfunden, was soll's also?

Mich interessiert dabei allerdings, daß wir kurz vor einer historischen Mutation in der Geschichte des Kalenders stehen, denn das Jahrtausendfest wird im Jahr 2000 stattfinden und nicht 2001.

Und das zum ersten Mal ...

Genau! Bei jeder früheren Jahrhundertwende wollte das Volk sich für das Jahr 00 entscheiden, und die Obrigkeit zwang ihnen das Jahr 01 auf. Die erste große öffentliche Auseinandersetzung über dieses Thema hat es beim Übergang vom 17. zum 18. Jahrhundert gegeben. Damals hat der Richter Samuel Sewall aus Boston vier Trompeter engagiert, die den Beginn des neuen Jahrhunderts am Morgen des 1. Januar 1701 – und nicht 1700 – verkündeten. Am Ende des 18. Jahrhunderts hatte die Debatte eine internationale Dimension bekommen und spiegelte deutlich die Diskrepanz zwischen der Bildung der Eliten und des Volkes wider. Kaiser Wilhelm II. teilte mit Freud die Vorliebe für das Jahr 1900. Aber alle öffentlichen Feierlichkeiten fanden

1901 statt, alle Jahrhundertbeilagen der Zeitungen wurden in diesem Jahr veröffentlicht.

Dieser Unterschied zwischen Volkskultur und elitärer Begriffsbildung ist eine konstante Bruchlinie in der europäischen Zivilisation. Am Anfang unseres Jahrhunderts waren die gebildeten Schichten, die Journalisten, Schriftsteller, Lehrer und all diejenigen, die sich Gehör verschafften, Anhänger der Entscheidung für das Jahr 1901, und sie haben sich durchgesetzt. Aber heute, hundert Jahre später, hat sich diese Unterscheidung zweier kultureller Welten verwischt, zumindest in den USA. Die Volkskultur hat sich überall verbreitet, angefangen mit dem Jazz, und die Elite ist nicht mehr in der Lage, ihre Vorlieben durchzusetzen, die im Widerspruch zu den Wünschen der meisten Leute stehen. Die wollen das neue Jahrtausend im Jahr 2000 feiern, und sie werden es tun. Und folglich wird unser Jahrhundert, wie Sie sagen, nur 99 Jahre haben. Nun gut, das ist ein Scherz ...

Und was wird im Jahr 2100 geschehen? Glauben Sie, daß man mit dem Feiern bis 2101 warten wird?

Wir werden nicht mehr da sein, weder die einen noch die anderen! Und auch nur sehr wenige Kinder, die heute zur Welt kommen, werden Zeugen dieses großen Datums sein.

Hat Dionys sich auch beim Geburtsdatum von Christus getäuscht?

Ja, wegen mangelnder Information, er hat das Geburtsdatum von Christus auf einen Zeitpunkt vier Jahre nach dem Tod von König Herodes gelegt, und das stimmt nicht mit dem überein, was in den Evangelien berichtet wird. Wir haben keine geschichtlichen Quellen zur Geburt von Christus, aber wir kennen das Todesjahr des berühmten Herodes: 750 *a.u.c.*, oder 4 vor Chr. Herodes und Christus müssen mindestens einige Tage zeitgleich auf der Erde gewesen sein, sonst hätten die in der Bibel erzählten Geschichten keinen Sinn. Man erinnere sich an den Kindermord zu Bethlehem, an die Rückkehr der

Heiligen drei Könige in ihre Länder … Wenn Herodes an der Macht war, als Jesus geboren wurde, muß dieser im Jahr 4 oder vorher geboren worden sein. Was nun?

Wie auch immer, ausgehend von dieser geschichtlichen Verschiebung hat der Erzbischof James Ussher, Primas von Irland, in seiner berühmten, 1650 veröffentlichten *Chronologie* berechnet, daß die Schaffung der Welt im Jahre minus 4004 stattgefunden hat, und zwar am 23. Oktober mittags: das Ende der Welt hätte also am 23. Oktober 1997 mittags stattfinden müssen, genau zweitausend Jahre nach der Geburt Christi, sechstausend Jahre nach der Schöpfung.

»Tausend Jahre sind wie ein Tag«

In Ihrem letzten Buch *Questioning the millennium** zeigen Sie, daß die millenaristischen Ideologien aus der theologischen Auslegung eines Satzes im zweiten Petrus-Brief (3, 8) hervorgegangen sind: »Ein Tag ist wie tausend Jahre und tausend Jahre sind wie ein Tag.«

Das ist in der Tat die Frage: Warum legen wir dieser Zahl soviel Bedeutung bei? Aus der Sicht der natürlichen Zyklen hat sie, wie wir eben gesehen haben, keine besondere Bedeutung. Ihr symbolischer Gehalt beruht allein auf der Tatsache, daß in der Bibel in vielen Abschnitten eine Analogie zwischen tausend Jahren für uns Menschen und einem Tag für Gott hergestellt wird. Ich glaube nicht, daß die Verfasser der Bibel eine genaue Zeitspanne angeben wollten, sondern daß diese Stellen dazu dienen sollten, den Ruhm Gottes zu preisen. Man sollte sich daran erinnern, daß das Tausendjährige Reich in der klassischen christlichen Theologie keine Periode der menschlichen Geschichte bedeutete, sondern ein Reich der Glückseligkeit, das

---

* Stephen Jay Gould, *Questioning the millennium: a rationalist's guide to a precisely arbitrary countdown*, New York 1997.

– nach der Rückkehr von Christus und bis zum Jüngsten Gericht –
tausend Jahre dauern sollte. Die Heraufkunft dieses Millenniums
beginnt mit der Apokalypse. Daher ist es so wichtig zu wissen, wann
diese kommt, damit man sich darauf vorbereiten kann. Das ist um so
schwieriger, als Jesus selbst klar und deutlich das unmittelbare Bevorstehen dieses Reiches angekündigt hat. Die Zeiten sind nahe, es fällt
schwer, nicht zu glauben, daß das große Ereignis zu Lebzeiten derer
eintreten würde, die die Bergpredigt hörten. Und dann ...

Und dann ist nichts passiert!

Das ist ein konstantes Schema in der menschlichen Geschichte,
die einzige Gewißheit, die wir über die Apokalypse haben: die Wi-
derlegung der Voraussagen durch die Realität. Wenn das erwartete
Ereignis nicht eintritt, gibt es zwei Möglichkeiten. Entweder man
kommt vom Glauben ab oder man zeichnet das Bild neu: ich habe
nicht richtig verstanden, meine Berechnungen waren falsch. Und
man vollbringt wahre Wunder, um die Botschaft neu zu interpretieren und das richtige Datum herauszubekommen. So sind im Laufe
der Geschichte unaufhörlich neue Propheten aufgetreten.

Und all diese Propheten haben sich getäuscht, denn wir sind hier,
um darüber zu reden ...

Ja, und selbst der hervorragende Ussher, von dem wir eben sprachen. Obwohl er ein sehr gewissenhafter Mann war. Er lebte einfach
in einer geistigen Welt, für die die Geschichte der Menschen in der
Bibel erzählt wurde. Damals »wußten« die meisten Leute, daß zwischen der Schöpfung und der Rückkehr Christi – dem Beginn des
Millenniums – 6000 Jahre vergehen sollten. Gott hat die Welt in
sechs Tagen geschaffen und sich am siebten ausgeruht, das bedeutete
symbolisch, daß die Welt 6000 Jahre dauern würde. Der siebte Tag
entsprach dem Millennium, das tausend Jahre Ruhe und Glückseligkeit bringen sollte.

Das entspricht dem Sabbat ...

Ja, das ist ein großer Sabbat.

Diese Leute scheinen einen ordnungsliebenden Gott entworfen zu haben, der sich bei den Nullen nicht täuschte.

Ja, alles war eigentlich ganz einfach. Um den Zeitpunkt des Weltendes zu berechnen, genügte es, den Zeitpunkt der Schöpfung zu berechnen, indem man die Zeit der biblischen Geschichte zurückverfolgte. Ussher hat dieser Untersuchung sein Leben und Tausende von Seiten gewidmet. Er war ein großer Gelehrter, der kluge Berechnungen anstellen und Latein, Griechisch und Hebräisch konnte. Um die Zeit zurückzuverfolgen und die seit der Schöpfung verstrichene Zeit zu berechnen, verfügte er über viele Quellen: das Alte Testament, aber auch babylonische Dokumente, die römische Geschichte und die Evangelien. Laut Ussher wurde der Tempel Salomons nach der Hälfte der Zeit errichtet, 3000 Jahre nach der Schöpfung, und Jesus wurde genau tausend Jahre später geboren, im Jahr 4000 nach der Schöpfung. Zwischen der Geburt Christi und dem Beginn des Millenniums – dem siebten Tag – müßten also genau 2000 Jahre vergehen.

Ussher ist nicht das Risiko eingegangen, daß seine Prophetie zu seinen Lebzeiten widerlegt werden konnte. Andere waren da kühner.

O ja, die Liste ist lang! Und es ist den Propheten niemals gelungen, sich auf das »richtige« Datum zu einigen! Der Wiedertäufer Thomas Münzer, der davon überzeugt war, daß er »am Ende aller Zeiten« lebte, stellte sich an die Spitze eines Bauernaufstandes in Thüringen und wurde 1525 hingerichtet. Um 1840 erwartete der Adventist William Miller, gefolgt von hunderttausend Schülern, das Ende der Welt für den 21. März 1843 oder 1844. Dann änderte er das Datum und schlug den 22. Oktober 1844 vor. Die Milleriten ließen sich davon nicht entmutigen. Zahlreiche protestantische Gemeinschaften in den Vereinigten Staaten und in Kanada, vor allem die Adventisten des Siebten Tags und die Zeugen Jehovas haben ihren Ursprung in apokalyptischen Sekten dieser Art. Die Zeugen Jehovas mußten ihre Lehre revidieren: Ihr Gründer, Charles Taze Russel, hatte das Ende der Zeiten für 1914 vorausgesagt.

Das war gar nicht mal so verkehrt.

Aber es war nicht das Ende der Welt! Es war ein guter Jahrgang zur Ermordung von Erzherzögen, aber nicht für die Truppen von Armageddon. Die Erwartung der finalen Katastrophe kann explosive Folgen für die Gesellschaft haben, sie kann zur Aufhebung aller Verbote führen. Und in der Tat, wenn wir nur noch eine Woche zu leben haben, warum sollen wir dann den Gesetzen gehorchen und die Mächtigen fürchten? Und danach, was geschieht dann? Wie soll man weiterleben? Es kam vor, daß eine enttäuschte apokalyptische Erwartung ihre Fortsetzung in dramatischen sozialen Auseinandersetzungen fand. Was den echten Gläubigen betrifft, so tritt er entweder in eine andere Sekte ein, oder wird deprimiert und erholt sich nie wieder, oder aber er wird noch dogmatischer und überarbeitet seine Berechnungen. Die meisten Sekten überleben diese wiederholten Widerlegungen recht gut.

Ist die große Furcht des Jahres 1000 nun eigentlich ein Mythos oder Realität?

Ich hatte große Schwierigkeiten, mir zu diesem Thema eine Meinung zu bilden. Der Schrecken des Jahres 1000 hat im Laufe der letzten beiden Jahrhunderte in universitären Kreisen als politischer Punchingball gedient. Die romantischen Historiker des 19. Jahrhunderts haben diese Idee schrecklich gern gemocht; die rationalistischen Historiker haben sie bestritten. Es gab endlose Streitigkeiten. Schließlich hat mich mein Kollege, der Historiker Richard Landes, davon überzeugt, daß es in Frankreich und im späteren Deutschland zur Jahrtausendwende eine gewisse Unruhestimmung gegeben hat. Aber diese Gefühlsausbrüche scheinen nicht besonders stark gewesen zu sein, da weder Papst Silvester II., der von 999 bis 1003 herrschte, noch die königlichen Chroniken irgend etwas darüber sagen. Anscheinend gab es keine allgemeine Panik, sondern nur eine gewisse Unruhe.

Wußten die Leute vielleicht nicht, in welcher Zeit sie lebten?

Mit dieser Frage habe ich mich lange beschäftigt. Wußten die Leute in dieser weit zurückliegenden Epoche überhaupt, daß das Jahr 1000 kommen würde? Laut Landes, mit dem ich darüber gesprochen habe, muß man sagen, ja, sie wußten es. Das System vom Dionys dem Kleinen, das die Ereignisse ausgehend vom Jahr 1 der christlichen Ära anordnet, war durch die berühmte Chronologie von Beda Venerabilis, einem englischen Mönch im 8. Jahrhundert, weit verbreitet worden. Der Mönch Radulfus Glaber verkündete, daß»Satan bald losgelassen wird, weil die tausend Jahre vollendet sein werden«. Er behauptete, daß der Bau von Kathedralen gleich nach dem Jahr 1000 begonnen wurde, da man begriffen habe, daß das Ende der Zeiten sich verzögert habe.»Drei Jahre nach dem Jahr 1000 kleidet sich die Welt in das reine weiße Kleid der Kirchen.« Dann verkündete Glaber das Ende der Zeiten für die Jahrtausendfeier der Passion Christi im Jahre 1033.

Die verheerenden Auswirkungen der Hoffnung

Dienen die apokalyptischen Prophetien dazu, unsere persönlichen Ängste vor dem unausweichlich näherrückenden Tod zu bannen?

In gewisser Weise schon. Man kann sagen, daß alle Religionen aus dem Todesbewußtsein hervorgegangen sind. Aber es ist noch komplizierter. Meistens enthält die eschatologische Lehre ein Wiederauferstehungsversprechen. Ihr werdet zurückkommen, ihr könnt die Angelegenheiten eurer Freunde und Kinder regeln … Man stelle sich die Freude vor, die lieben Verstorbenen am Tag des Jüngsten Gerichts wiederzusehen! Und dann ist es außerordentlich beruhigend zu wissen, daß man – selbst dann, wenn man schon lange tot war – wiederauferstehen wird. Der Millenarismus hat nicht nur eine furchteinflößende Dimension; wir dürfen die Hoffnungen nicht unterschätzen, die durch die apokalyptischen Lehren hervorgerufen werden. Erinnern wir uns: Es gibt keinen Grund, zu verzweifeln, das Ende ist nicht das Ende, sondern der Beginn einer strahlenden Zukunft, die heilbringende Zerstörung unserer elenden Welt! Diese Hoffnung hat verheerende Auswirkungen. Sie kann so stark sein, daß man sich nicht mehr um sein Land und um sich selber kümmert. So ließen sich zum Beispiel die Xhosa in Südafrika ohne Protest versklaven: Sie erwarteten die Rückkehr ihrer Ahnen und die Heraufkunft einer neuen Ordnung.

Eine schreckliche Vorstellung, der freiwillige Selbstmord einer ganzen Gemeinschaft …

Das hat es häufiger gegeben. Unsere Gesellschaft hat die Folgen dieser Glaubensformen teuer zu bezahlen. Die Anhänger der Sekte »Heaven's Gate« glaubten, daß sie zum ewigen Leben aufbrechen würden. Sie haben sich aus dem traditionellen christlichen Millenarismus, den durch die amerikanische Science-fiction verbreiteten Mythen und den Geschichten von Außerirdischen einen explosiven Synkretismus fabriziert. Sie hielten sich für Abgesandte einer Übermenschlichen Ordnung, »die aus dem fernen All gekommen sind, um am Ende dieser Zivilisation, am Ende dieses Jahrtausends die Tür zum Reich Gottes aufzustoßen«. Im Schweif des Kometen Hale-Bopp warte ein Sternenschiff auf sie, um sie »nach Hause« zu bringen. Sie haben sorgfältig ihre Koffer gepackt, um sich dorthin zu begeben … und sind alle tot. Man erinnere sich auch an die iranischen Soldaten, die während des Iran-Irak-Krieges mit einem Schlüssel zum Paradies um den Hals loszogen, um sich töten zu lassen.

In den westlichen Gesellschaften droht eher die Mutlosigkeit. Finden Sie nicht auch, daß das eine der Gefahren unserer Epoche ist?

Diese Gefahr hat es schon immer gegeben, bei den Pariser Intellektuellen ist sie vielleicht auf dem Höhepunkt ... Entschuldigen Sie, ich scherze, aber es ist richtig, daß die Tendenz, alles schwarz zu sehen, vielleicht das Symptom der hyperentwickelten Gesellschaften ist, die nicht mehr die naive Begeisterung von Kindern haben. Das ist auch eine Frage des Temperaments; es gibt Leute, die von Natur aus deprimiert sind.

Glauben Sie, daß bestimmte geschichtliche Phasen für apokalyptische Spannungen besonders empfänglich sind?

Ja, gewiß. Zum Beispiel das 2. Jahrhundert unserer Zeitrechnung, in dem der Gnostizismus und die montanistische Häresie entstanden sind. Im Jahre 156 verfiel ein gewisser Montanus in Trance und sagte die unmittelbare Rückkehr von Christus voraus. Das himmlische Jerusalem sollte auf die Erde herabkommen, in Phrygien. Obwohl die angekündigte Apokalypse ein weiteres Mal auf sich warten ließ, bestand der Montanismus mehrere Jahrhunderte. Und es ist allgemein bekannt, daß die Prophetien in Europa während der Epoche der Großen Pest und der Kreuzzüge einen Höhepunkt erlebten. Aber man muß auch sehen, daß die apokalyptischen Bewegungen im allgemeinen soziale Bewegungen gewesen sind.

Sie schreiben in *Questioning the millennium*, daß »die Begeisterung für apokalyptische Spekulationen das bevorzugte Terrain für Arme, Unterdrückte, Enteignete, Revolutionäre, Desperados, mystische Revolutionäre und selbsternannte Retter ist«. Insgesamt also all diejenigen, die die Welt, so wie sie ist, nicht akzeptieren und für die die Erde ein Tal der Tränen ist.

Deshalb sind die geistlichen und weltlichen Herrscher den apokalyptischen Bewegungen gegenüber feindlich eingestellt und bekämpfen sie mit aller Macht. Die Propheten werden als Revolutionäre angesehen.

Braucht die Menschheit große Krisen, um voranzuschreiten?

Alles in allem gesehen, vielleicht nicht! Es ist uns bis heute gelungen zu überleben! Aber ich habe festgestellt, daß wir uns nur dann zum Handeln entschließen, wenn wir in die Enge getrieben werden. Wir beginnen erst dann nach Lösungen für den Hunger zu suchen, wenn viele Leute verhungert sind; wir warten ab, bis der Genozid begangen wurde, um ihn zu kritisieren; wir treffen Maßnahmen gegen die Überbevölkerung, wenn der Hunger droht... Warum? Ich weiß es nicht. Das ist wahrscheinlich eine tief im Inneren von uns allen angelegte Tendenz. Es ist schwer, sich zu ändern; und eine gesellschaftliche Veränderung ist noch unwahrscheinlicher als eine persönliche Umgestaltung. Die Leute wollen so bleiben, wie sie sind, und dieser Wunsch ist ein mächtiger Trägheitsfaktor. Oft muß man die herrschenden Kräfte angreifen, um die Dinge zu ändern. Aber die Dinge sind ja nicht so dramatisch, wie sie sein könnten. Ich wundere mich immer wieder, daß es nicht mehr Autounfälle gibt, angesichts der Zahl der verantwortungslosen Fahrer. Eine Katastrophe ist, insgesamt gesehen, eher selten.

Meinen Sie, daß die Menschheit ein fortgeschrittenes Stadium ihrer Evolution erreicht hat?

Diese Frage können wir nicht beantworten. Wir haben keine Vorstellung davon, wozu wir mit unserer genetischen Ausstattung fähig sind. Schließlich sind wir noch gar nicht so lange hier; die menschliche Gattung ist sehr jung, nur ungefähr zweihunderttausend Jahre alt. Kulturell gesehen, sind es kaum fünftausend Jahre. Die Sprache und die Technologie sind erst am Anfang, es können noch viel überraschendere, erschreckendere und begeisterndere Dinge geschehen, wir haben noch nicht begonnen, die Möglichkeiten gesellschaftlicher und technologischer Organisation zu erforschen. Es ist richtig, die meisten Szenarien sind wahrscheinlich eher abschreckend als mitreißend ... Aber wichtig ist, wie Sie vielleicht bemerkt haben: Wir sind nicht besonders gut geeignet, Vorhersagen zu machen! Andererseits verstehen wir es sehr gut, Katastrophen zur Unzeit zu verkünden.

Sie scheinen dennoch eher optimistisch zu sein.

Sagen wir, ich neige zu vorsichtigem Optimismus. Ich sage nicht voraus, daß die Dinge besser werden, aber ich habe zumindest die Gewißheit, daß wir die Mittel zum Kämpfen haben. Darauf können wir am ehesten unsere Hoffnungen setzen ...

Das Ende der Zeiten hat bereits stattgefunden

Zweitausend Jahre sind für einen Paläontologen wirklich eine sehr kurze Zeit, nicht wahr?

Kaum ein Wimpernschlag.

Ein Wimpernschlag Gottes?

Nein, ein Wimpernschlag der Geologie. Eine unglaublich kurze Periode. So kurz, daß wir sie mit unseren Werkzeugen nicht messen können.

Im 19. Jahrhundert haben die Gelehrten die Tiefenzeit entdeckt, über die Sie ein Buch geschrieben haben.* Man hat damals begriffen, daß die Welt nicht vor einigen Tausend Jahren geschaffen wurde, sondern daß man in Millionen oder Milliarden Jahren rechnen muß.

Eigentlich hat diese Revolution schon am Ende des 18. Jahrhunderts stattgefunden. Zu Beginn des 19. Jahrhunderts wußten die gebildeten Leute bereits, daß die Zeit lang ist. Die Geologische Gesellschaft in London wurde 1807 gegründet, auf der Grundlage der Unermeßlichkeit der Zeit. Man begann also das Ausmaß der geologischen Zeit zu ermessen und wurde sich der Realität der Evolution bewußt.

Welcher Funke hat diese Entdeckung ausgelöst?

Sie ist einfach ein Ergebnis der Entwicklung der Wissenschaften. Wenn man erst einmal über eine allgemeine Methode zur Erforschung der tatsächlichen Ursachen verfügt, und wenn man eine globale Vorstellung von den im Universum wirkenden Mechanismen hat, ergeben die alten Erklärungsmethoden keinen Sinn mehr. Wenn man begriffen hat, daß die Fossilien tatsächlich Organismen waren, liegt es auf der Hand, daß sich nicht alle Lebewesen auf ein einziges Ereignis zurückführen lassen, und sei es auch die Sintflut! Man hat begriffen, daß diese Spuren der Beweis für eine gewaltige Zeitdauer sind. Sobald man eine Erklärung natürlicher Phänomene unternimmt, die auf den Naturgesetzen beruht, bringt einen die Untersuchung der geologischen Archive fast automatisch zu dieser Schlußfolgerung. Dennoch dauerte es fast ein Jahrhundert, bis die Leute die Vorstellung akzeptierten, daß wir es mit den Spuren einer Geschichte zu tun haben, die sich über einen sehr langen Zeitraum erstreckt. Gewiß, wenn Sie überzeugt sind, daß die Erde heute noch genauso ist wie in ihrem Urzustand, wenn Sie glauben, daß wunderbare Ereignisse den Lauf

---

* Stephen Jay Gould, *Die Entdeckung der Tiefenzeit: Zeitpfeil und Zeitzyklus in der Geschichte unserer Erde*, München 1990.

der Naturgesetze aufheben können, und wenn Sie all diese Vorstellungen vermischen, um zu zeigen, daß das, was uns das Ergebnis einer sehr langen Geschichte zu sein scheint, schlichtweg das Ergebnis eines wunderbaren Ereignisses ist, das wir nicht verstehen können ... Oder eine Inszenierung Gottes ...

Das Zeitalter des Barock liebte glänzende Spektakel und Katastrophen, das Zeitalter der Aufklärung ist dem Rationalismus und der logisch durchdachten Schaffung von Systemen und Ordnungen geweiht; daher die Vorstellung, daß die Evolution zwangsläufig etwas Geordnetes und Systematisches ist. Das Verständnis der Tiefenzeit ist das Ergebnis dessen, was in der westlichen Kultur geschehen ist, vor allem in der Wissenschaft.

Wer sind die Helden dieses neuen Kontinents des Wissens?

Es gibt nicht nur einen herausragenden Helden, jedes Land hat seine eigenen: Die Engländer zitieren immer James Hutton, der um 1780 lebte, die Franzosen zitieren Buffon, insbesondere die *Naturgeschichte* (1749–1789) etc. Buffon war ein Anhänger Newtons und ein bedeutender Mathematiker, obwohl er in seinen letzten Lebensjahren mehr oder weniger darauf verzichtete, sich mit der Mathematik zu befassen. Er war einer der ersten, die versucht haben, das Alter der Erde zu berechnen. Am Beispiel eines Metallballs von der Größe der Erde versuchte er zu berechnen, wieviel Zeit er brauchte, um zu erkalten und in den ersten, elastischen Zustand überzugehen, und bis sich eine Kruste bildete, die Leben aufnehmen könnte. Er ist auf 75.000 Jahre gekommen, was aus unserer Sicht viel zu wenig ist. Aber Buffon machte seine Berechnungen zu einer Zeit, in der die meisten Leute blind an die biblische Chronologie glaubten.

Newton selbst dachte, daß die Welt 6000 Jahre alt sei.

Es hat große Auseinandersetzungen über diese Frage gegeben. In England war die Geologie groß in Mode. 1691 hat ein Freund von

Newton, der Reverend Thomas Burnet, ein anglikanischer Priester, Verfechter der Reformation und glühender Antipapist *The Sacred Theory of the Earth* veröffentlicht. Burnet nahm die Theorie der 6000 Jahre auf, aber mit der Absicht, sie mit einer natürlichen Erklärung zur Entstehung der Erde in Einklang zu bringen. Ebensowenig wie Newton bestritt er die biblische Chronologie. Aber er suchte nach einem Naturgesetz. Er versuchte zu verstehen, wie so viele Ereignisse in so kurzer Zeit geschehen konnten. Seine Theorie erscheint uns recht aberwitzig: Er stellte sich vor, daß das gesamte Wasser des Globus unter der Kruste der ursprünglichen Erde versammelt war. Dann kam es eines Tages zu einer Explosion, und die Wasser kamen herausgeschossen. Das war die Sintflut!

Burnet und Newton versuchten noch, die beiden Betrachtungsweisen der Welt zu vereinen.

Ja, aber ausgehend von den Naturgesetzen. Obwohl Burnet fest daran glaubt, daß die Bibel ein historischer Bericht sei, ist er zum Beispiel davon überzeugt, daß seine Mission als Gelehrter darin besteht, alles mit den Naturgesetzen zu erklären. Er ist nicht auf der Suche nach einem Wunder.

Wir haben von der Willkürlichkeit des Kalenders gesprochen. Sind die geologischen Zeitalter nicht auch willkürlich?

Keineswegs! An den Maßstäben der geologischen Zeit ist gerade bemerkenswert, daß sie nicht willkürlich sind. Jedes Jahr fordere ich meine Studenten auf, die Aufeinanderfolge der geologischen Zeitalter auswendig zu lernen. Das machen alle Professoren, und alle Studenten beklagen sich darüber: Warum, sagen sie, zwingen Sie uns, die willkürlichen Namen und Zeiteinteilungen auswendig zu lernen? Und ich erkläre ihnen, daß diese Unterteilungen nicht willkürlich sind, ganz im Gegenteil. Als im 19. Jahrhundert die geologische Zeittafel erstellt wurde, hat man die Grenzen zwischen den Zeitaltern in

Epochen gelegt, die dem massenhaften Aussterben von Arten entsprachen. Nicht, weil die Gelehrten eine Erklärung für diese Dezimierungen hatten, sondern weil empirisch nachweisbar ist, daß in dem Moment, in dem sie stattfinden, auch die meisten Veränderungen in den fossilen Archiven auftreten.

In meinem Labor an der Harvard Universität gibt es Schubladen voller tierischer Fossilien, die vor dem Massenaussterben am Ende des Perms gelebt haben. Sie sind sehr leicht zu erkennen. Wenn man sie einmal gesehen hat, kann man sie nie mehr mit den Fossilien von Organismen verwechseln, die nach diesem Massenaussterben gelebt haben. Die Zerstörung war zu jener Zeit so radikal, daß sie sich von den Formen der späteren Funde total unterscheiden. Es genügt, einmal diese Schubladen zu öffnen, um zu begreifen, daß diese Grenzen nicht willkürlich sind; sie sind große Brüche der Evolution. Die letzte große Grenze verläuft zwischen dem Kreidezeitalter und dem Tertiär und trägt die Spur des Aufschlags eines außerirdischen Objekts von sehr großen Ausmaßen. Wir wissen, daß der Einschlag dieses Asteroiden das Aussterben der Dinosaurier verursacht hat. Und der Grund dafür, warum wir hier sind und uns unterhalten, ist, daß ein Asteroid auf die Erde geprallt ist, der die Dinosaurier vernichtet und einige kleine Säugetiere am Leben gelassen hat. Darwin glaubte, daß die Phasen des massenhaften Aussterbens künstliche Zäsuren wären, die auf die Unvollständigkeit der fossilen Archive zurückgingen. Heute wissen wir, daß sie sehr real sind: Die Geschichte des Lebens wurde durch mehrere massive und brutale Dezimierungen markiert. Die Evolution ist kein langer, ruhiger Strom! Man kann dazu die Massenvernichtung am Ende des Ordoviziums vor 438 Millionen Jahren anführen, oder die am Ende des Devons vor 367 Millionen Jahren ... Aber die schrecklichste ist die am Ende des Perms vor 250 Millionen Jahren: Sie hat mit einem Schlag 95% der wirbellosen Meeresarten ausgelöscht. Die letzte hat die Vernichtung der Dinosaurier bewirkt, an der Grenze zwischen Kreidezeitalter und Tertiär vor 65 Millionen Jahren, ausgelöst durch den Aufprall eines außerirdischen Objekts, das Iridium enthielt.

Wir wissen, daß es große Katastrophen gegeben hat, daß bereits zahllose Weltuntergänge stattgefunden haben. Wir wissen folglich auch, daß das wieder geschehen kann. Muß man nicht in diesem Kontext nach der rationalen Grundlage unserer eschatologischen Befürchtungen suchen?

Nein, denn als sich in Europa die eschatologischen Prophetien verbreiteten, wußte niemand, daß die Erde eine so lange und so dramatische Geschichte hatte. Die Bibel spricht weder von geologischen Zeitaltern noch von Phasen des massenhaften Aussterbens. Es gibt die Sintflut, das ist richtig, aber der Ursprung dieses Mythos kann nicht die Kenntnis der realen Geschichte des Planeten sein, da die Verfasser der Bibel keinen Zugang zu diesem Wissen hatten.

Aber was sagten die Leute in jener Epoche, wenn sie Fossilien fanden?

In der Antike glaubte man, daß die Fossilien Reste von vorsintflutlichen Tieren oder Menschen waren, also Überbleibsel von mythologischen Heroen wie Antäus, Polyphem oder den Riesen, die im ersten Kapitel der Genesis erwähnt werden. Im Jahre 413 erwähnt Augustinus im *Gottesstaat,* daß in der Nähe von Karthago ein riesiger Backenzahn, so groß wie hundert Menschenzähne, gefunden und in einer Kirche ausgestellt worden sei: »Diese alten Gebeine sind«, schreibt er, »nach so vielen Jahrhunderten ein klarer Beweis für die Größe der damaligen Leiber«. (XV, 9) Man war lange, entsprechend der allgemeinen Meinung der antiken Autoren, der Auffassung, daß die Menschen im Laufe der Geschichte immer kleiner geworden sind. Im 17. Jahrhundert waren die Sammler besonders stolz auf Schulterblätter und Zähne von Riesen, die sie in ihren Kuriositätenkabinetten ausstellten. Allerdings war schon am Ende des 15. Jahrhunderts Leonardo da Vinci betrübt darüber, daß diese verrückten Ideen umgingen.

Jedenfalls genügt es nicht, ein einzelnes Fossil zu finden, um das massenhafte Aussterben zu begreifen. Ein Fossil ist nur eine Spur für die Anwesenheit eines bestimmten Tieres auf der Erde. Um zu begreifen, daß es eine Periode in der Geschichte des Lebens repräsentiert, muß man zuvor einiges Wissen haben. Und das besaß bis zum 19. Jahrhundert niemand. Die ersten Gebeine von Dinosauriern wurden 1825 gefunden. Niemand wußte etwas von ihrer Existenz ...

Die Drachen in den alten Sagen erinnern oft in verblüffender Weise an die Dinosaurier.

Das beweist nichts, viele lebende Reptilien könnten als Vorbild gedient haben.

Letzten Endes sind wir also die Nutznießer ihres Aussterbens.

Wir sind die direkten Nutznießer!

Und wir sind die einzigen, denen das bewußt ist. Auch die anderen Arten haben davon profitiert, aber sie wissen es nicht.

So ist es. Aber dadurch wird nur bewiesen, wie selten und unvorhersehbar das Bewußtsein ist.

Die Leute haben versucht, Gesetzmäßigkeiten zwischen den Zeitpunkten des Massenaussterbens zu finden.

Offenbar gibt es keine Gesetzmäßigkeiten, sondern nur klar identifizierbare Momente in der Geschichte des Lebens, geologische Augenblicke, in denen es zu großen Umwälzungen der Fauna gekommen ist. Wie ich schon sagte, das Aussterben der Dinosaurier vor 65 Millionen Jahren oder die große Katastrophe im Perm vor 250 Millionen Jahren. Diese großen Brüche hatten zur Folge, daß die Struktur der Lebewesen in der folgenden Periode von Gruppen determiniert wurde, die überlebt hatten. Daher sieht das Hauptschema der Kontinuität des Lebendigen zwangsläufig wie ein Lebensbaum aus.

Wie lange braucht das Leben nach einer Phase der Vernichtung, um sich wieder zu erholen?

Es dauert fünf bis zehn Millionen Jahre, bis es wieder auf die Beine kommt. Und es muß niemals bei Null beginnen. Vor 65 Millionen Jahren haben die Säugetiere überlebt; 10 Millionen Jahre später standen sie in voller Blüte. Die Evolution kann manchmal sehr schnell sein ...

Paul Valéry hat gesagt: »Wir Zivilisationen jedenfalls wissen jetzt, daß wir sterblich sind.« Heute wissen wir, daß unsere Gattung ebenso sterblich ist wie alle anderen. Sie haben geschrieben, daß »die Vernichtung das normale Schicksal aller Gattungen ist«. Das Überleben ist also die Ausnahme, und das Verschwinden die Norm ...

Das soll nicht heißen, daß die Vernichtung eine Lösung für die Gefahren ist, die uns heute drohen. Leute, die der Situation nicht ins Auge sehen wollen, haben manchmal die Tendenz, die Entdeckungen der Paläontologen umzudeuten: Es wird sowieso alles verschwinden, warum sollen wir uns um das ökologische Gleichgewicht kümmern? Sie verfallen sogar darauf, die Politik des Schlimmeren zu preisen; denn warum soll man nicht eine neue, noch produktivere Vernichtung wünschen, wenn sich nach jeder Massenvernichtung neue Arten entwickeln? Diese Beweisführung ist durch nichts zu rechtfertigen, da sie nichts mit dem Maßstab des menschlichen Lebens zu tun hat. Man kann die Kriterien der geologischen Zeit nicht auf unser Schicksal anwenden, das nach Tagen, Wochen, Monaten, Generationen und Jahrhunderten berechnet wird. Und nach der größten Kategorie, dem Jahrtausend! Das ist eine Frage des Zeitmaßstabs, der Proportion. Stellen Sie sich vor, Sie wären ein Tyrannosaurus. Sie leben am Ende des Kreidezeitalters, und dann fällt dieser Asteroid herunter. Für Sie ist das eine unwiderrufliche Katastrophe, Sie und Ihre Artgenossen sterben. Nichts könnte tragischer sein. Aus Ihrer Sichtweise ist die Tatsache, daß das Leben nach fünf oder zehn Millionen Jahren wiederaufleben wird, kein Trost. Die Möglichkeit einer Vernichtung beunruhigt uns zu Recht, aber nur in unserem Maßstab, nicht im Maßstab der Erde. So gesehen unterscheiden wir uns nicht vom Tyrannosaurus. Die Erde selbst ist nicht in Gefahr. Sie hat schon große Deflagrationen erlebt, die viel stärker waren als alles, was unsere Bomben anrichten können. Und sie hat sich wieder erholt, selbst wenn es Millionen von Jahren gedauert hat. Aber für uns Menschen ist dieser Zeitmaßstab nicht zu gebrauchen. Unsere Zeitlichkeit ist unsere Lebensdauer und die unserer Eltern und Kinder. Was ist ein Jahrtausend? Für einen Geologen ein Wimpernschlag, aber für die menschliche Erfahrung eine riesige, fast unbegreifbare Zeitspanne. Wenn das Jahr 2000 kommt, wird es nur sehr wenige Menschen geben, die die Jahrhundertwende von 1900 erlebt haben. Kein Mensch auf der heutigen Erde lebte um 1800.

Unser Geist hat Schwierigkeiten, Zeiträume zu begreifen, die kein gemeinsames Maß mit unserer Lebenszeit haben. Aber gleichzeitig sind wir in der Lage, mit Millionen von Jahren zu jonglieren.

Unser Geist hat unterschiedliche Fähigkeiten. Wir sind nicht besonders gut ausgestattet, um Wahrscheinlichkeiten zu berechnen. Wenn wir uns Begriffe wie das Unendliche oder die Ewigkeit vorstellen sollen, sind wir ziemlich unbedarft, wir haben davon nicht die geringste Vorstellung.

Und dennoch benutzen wir sie, nicht wahr?

Ja, wir benutzen sie, wenn wir uns nicht anders zu helfen wissen! Obwohl wir den Ursprung von Phänomenen nicht begreifen können, sprechen wir von Ewigkeit. Obwohl wir ein Ende der Gattung nicht begreifen können, sprechen wir vom Unendlichen. Aber wir wissen eigentlich nicht genau, was das bedeutet.

Wir sind Gefangene unserer Maßstäbe von Zeit und Raum ...

Ich habe nicht gesagt, daß wir Gefangene sind. Es ist einfach so, daß dies der Maßstab ist, der uns entspricht.

Aber die Geologie erlaubt es uns, diesen Maßstab durch das Denken zu transzendieren, das ist ein Privileg.

Ja, das ist das Privileg des Bewußtseins.

Wo liegt die Grenze zwischen Mensch und Tier? In der Sprache, den Werkzeugen, der Fähigkeit, Entwürfe zu machen, im Todesbewußtsein?

All diese Dinge sind vielfältige Ausdrucksformen, also Folgen jenes Phänomens, das wir Bewußtsein nennen. Alles hängt davon ab, was Sie darunter verstehen. Wenn Sie das Bewußtsein als eine Fähigkeit zur Begriffsbildung und zum Gebrauch der Logik definieren, werden Sie Tiere finden, die dazu auch in der Lage sind, wenn auch in abgeschwächter Form. Wenn das Bewußtsein die Fähigkeit ist, jemanden wiederzuerkennen und Mitgefühl für seine Freunde und Bekannten zu empfinden, so können das auch die Hunde. Wenn es die Fähigkeit ist, die Sprache in abstrakter Weise zu benutzen, gut, dann sind wir die einzigen bewußten Wesen. Aber all diese Debatten über Logik und Begriffe sind nicht so interessant, wie die Leute glauben. Wie auch immer Sie Bewußtsein definieren, in Wirklichkeit ist die Art und Weise, in der sich der menschliche Geist ausdrückt, radikal anders als alles, was es jemals auf diesem Planeten gegeben hat; unser Geist gibt uns unvergleichliche Macht und unermeßlichen Einfluß ... Man kann das Auftauchen des Bewußtseins wirklich als die sensationellste Erfindung der Evolutions-geschichte betrachten. Eine zufällige Erfindung, die meiner Meinung nach unvorhersehbar war und die sich vielleicht niemals wiederholen wird. Aber das ist nicht das Problem. Selbst wenn es sich um einen Zufall handelt, seine Wirkung ist enorm. Wie soll man also das Bewußtsein definieren? Man kann von der Sprache sprechen, vom Todesbewußtsein, gewiß, aber man sollte nicht nach einer einzigen Determinante suchen, es gibt ein ganzes Bündel von Kriterien.

In *Illusion Fortschritt** schreiben Sie, daß die Bakterien uns als große Gebirge voller ausbeutbarer Flöze sehen.

Das ist natürlich eine Metapher! Als ich in diesem Buch vom Universum der Bakterien sprach, wollte ich die menschliche Arroganz ein wenig relativieren. Die Bakterien lassen uns glauben, daß wir die Welt beherrschen, aber sie waren schon lange vor uns da, und sie werden uns sicher überleben; sie gedeihen in unendlich kleinen Räumen innerhalb von Felsen, die drei Kilometer unter der Erdoberfläche liegen. Nun sagt man mir, daß sie kein Bewußtsein haben, und deshalb seien wir ihnen überlegen. Wir wissen nicht, in welchem Maße das bakterielle Leben auf der Erde beziehungsweise im Universum tatsächlich dominant ist. Wir haben keinerlei Vorstellung von ihren realen Fähigkeiten. Das ist eine Frage der Kriterien. Wenn man vom Bewußtsein ausgeht, macht man den Menschen zum Herren der Welt. Wenn man von einer langen Dauer und großen Zahlen ausgeht, dominieren uns zweifellos die Bakterien. Unter den Säugetieren gedeihen gegenwärtig am besten die Antilopen, die Ratten, die Fledermäuse ...

Das ist anscheinend eine wissenschaftliche Debatte, aber im Grunde stellen Sie ethische Fragen. Sie versuchen, unsere Selbst-

---

* Stephen Jay Gould, *Illusion Fortschritt: die vielfältigen Wege der Evolution*, Frankfurt a. M. 1998.

gefälligkeit als menschliche Wesen in die richtigen Proportionen zu rücken.

So ist es. Es geht um eine philosophische Debatte, die mit wissenschaftlichen Fragen gespickt ist. Eco kommt in *Der Name der Rose* in gewisser Weise auch darauf zu sprechen. Er hat ein sehr feines Verständnis für dieses Prinzip der unterschiedlichen Zeitperspektiven. Die Handlung ist in die umfangreiche Debatte über das doppelte Papsttum zur Zeit des großen Streits zwischen Avignon und Rom eingebettet. In dem Moment, als die Morde beginnen, sind alle davon überzeugt, daß sie mit den Intrigen zusammenhängen, die um diese Hauptkontroverse gesponnen werden – die Hypothese scheint vernünftig zu sein. Gewiß, im 20. Jahrhundert wissen die Leute nicht einmal, daß es in Avignon zwei Päpste gegeben hat; in den Vereinigten Staaten wissen 99% der Studenten sicherlich überhaupt nichts über diese berühmte Episode. Eco setzt sich mit diesem Phänomen auseinander, und sein Detektiv William von Baskerville begreift, daß die Morde nichts mit dem politischen Zeitgeschehen zu tun haben, sondern damit zusammenhängen, daß es in der Klosterbibliothek das einzige vorhandene Exemplar der *Komödie* von Aristoteles gibt, ein verlorengegangenes Werk. Um die Bedeutung einer Tatsache dieser Art erfassen zu können, muß er einen umfassenden, weitreichenden Blick über mehrere Jahrhunderte haben. Dieses Buch hat heute keinerlei Bedeutung, niemand interessiert sich dafür, aber in der Gesamtheit der Zeit wird es unendlich viel wichtiger sein als alle ephemeren Ereignisse der Geschichte. Die einzigen, die das begreifen, sind Baskerville und der Dieb, der versucht, dieses Werk zu vernichten – und deshalb ist Ecos »Bösewicht« so interessant. Er ist ein Gelehrter und kann die Vorstellung nicht ertragen, diesen Text zu vernichten. Wenn er keine Skrupel gehabt hätte, hätte er ihn leicht wegnehmen und verbrennen können, aber das kann er nicht, das ist zuviel für einen Gelehrten, und daher versucht er, den Text aufzuessen!

Ihn sich einzuverleiben …

Ja, genau! Ha, ha! Er kann den Text nicht vernichten, aber er will auch nicht, daß er veröffentlicht wird, da sein Inhalt revolutionär ist. Das ist wirklich großartig.

Was uns die Evolution lehrt

Wie definieren Sie das Leben?

Ich kann dazu keine Definition geben. Sehen Sie, wir haben ja nur dieses einzige Beispiel auf der Erde ... Man kann es nur als ein geschichtliches Phänomen definieren, das sich seit seinem Auftreten auf der Erde vor Milliarden Jahren aus einem Reproduktionssystem, der DNS, entwickelt hat, das Irrtümer enthält und das dem Leben seine Eigenschaften verleiht: die Evolution durch natürliche Auslese, die Bildung von Populationen, die Transformationen des Stoffwechsels ... Aber ich kann nur wiederholen: das ist alles, was wir wissen. Wenn wir eines Tages weitere Systeme mit den Eigenschaften des Lebens finden ... Aber wie soll man sie definieren? Soll man chemische Kriterien aufstellen?

Die Fortbewegung, das Wachstum?

Ich gehöre nicht zu denen, die eine einheitliche Formel, eine Schlüsseldefinition suchen. Schlüsseldefinitionen können auf Gegenstände angewandt werden, die die Menschen für ihren eigenen Gebrauch definiert haben. Wir können ein Automobil definieren, weil wir es hergestellt haben. Aber das Leben auf diesem Planeten hat einen geschichtlichen Ursprung, und wenn es andere Formen davon gegeben hat, so sind diese erloschen. Alle heute existierenden Lebensformen gehen auf diesen einmaligen Ursprung zurück. Somit kann man dieses einmalige Phänomen nur zum Gegenstand einer Erzählung machen, aber damit hat man noch keine Kategorie.

Man kann das Lebendige dem Nichtlebendigen gegenüberstellen, den Mineralen.

Man kann es allem anderen gegenüberstellen, denke ich mal. Die Lebewesen müssen eine geschichtliche Kontinuität haben, wachsen und sich reproduzieren, ihre Charakteristiken von ihren Vorfahren erben. Aber es gibt auch künstliche Systeme, die sich so verhalten können: Der einzige Grund, aus dem wir ablehnen zu sagen, daß sie lebendig sind, liegt darin, daß sie nicht geschichtlich mit dem verbunden sind, was wir das Leben nennen.

Das ist eine lange Geschichte ...

Unser Planet ist 4,5 Milliarden Jahre alt, aber im ersten Teil seiner Geschichte war seine Oberfläche flüssig, die Hitze der Atmosphäre machte es unmöglich zu atmen und zahllose Isotopen erzeugten noch mehr Hitze. Dann ist all das erkaltet. Wenn die ursprünglichen Formen des Lebens vor der Abkühlung aufgetreten wären, hätte dieser Umbruch sie vernichtet. Die Gesteine aus der Epoche vor etwa 3,7 Milliarden Jahren, in der sich die Erdkruste bildete, wurden später derartig von der Hitze und dem Druck deformiert, daß man in ihnen keinerlei Fossilspuren findet, sondern nur Kohlenstoff-Isotope, die Hinweise auf das Vorhandensein von Leben geben können. Das sind die ältesten Spuren von Leben auf der Erde. Und was sie noch interessanter macht, ist gerade, daß sie auf das Vorhandensein von Leben vor 3,7 Milliarden Jahren hinweisen.

Als ich studierte, ging man an der Universität davon aus, daß das Aufkommen von Leben ein höchst unwahrscheinliches Phänomen war. George Wald schrieb in seinen Aufsätzen über die Ursprünge des Lebens, daß der einzige Grund, warum dieses Phänomen entstehen konnte, darin liegt, daß die Erde so alt ist. »Im Laufe der Zeit wird das Unmögliche zum Unwahrscheinlichen, und das Unwahrscheinliche wird zum fast Gewissen.« Das ist nicht falsch, aber in Wirklichkeit ist seine ganze Sichtweise verfälscht. Denn wir haben heute Fossilien, die aus den ältesten Gesteinen stammen, und man kann gegenwärtig davon ausgehen, daß das Leben aufgetreten ist, sobald es die Möglichkeit dazu hatte: Es kann nicht älter sein, als es ist. Weil die ältesten Gesteine, die Leben enthalten können, tatsächlich Leben enthalten. Und diese schlichte Tatsache zwingt uns, die ganze Frage neu zu überdenken.

Wenn das Leben aufgetreten ist, sobald es konnte, kann man daraus folgern, daß dieses Auftreten eher vorhersehbar ist, daß es das logische Resultat der Art und Weise ist, in der die organische Chemie und die Physik sich selbst organisierender Systeme funktionieren. Aber das ist kein Beweis! Man muß berücksichtigen, daß selbst ein sehr unwahrscheinliches Ereignis außerordentlich schnell eintreten kann. Genauso wie man es schaffen könnte, daß ein Geldstück hundert Mal hintereinander auf die Rückseite fällt. Das ist möglich, aber unwahrscheinlich. Dieses frühe Auftreten von Leben ist kein Beweis, sondern ein Indiz. Wir wissen also, daß das Leben sehr schnell auf der Erde aufgetaucht ist, aber man sollte aus der Tatsache, daß sein Ursprung unvermeidlich gewesen zu sein scheint, nicht die Idee ableiten, daß seine Evolution oder seine zunehmende Komplexität ebenso unvermeidlich seien. Ich will gern zugestehen, daß das Auftreten des Lebens fast unvermeidlich war, weil wir uns im Bereich der Chemie bewegen, aber die Evolutionstheorie ist ein ganz anderes Thema.

Wegen der Unterschiedlichkeit der möglichen Wege?

Wenn einmal Lebewesen da sind, führen die jeweils getroffenen Entscheidungen zu einer kontingenten Geschichte. An einem Tag haben Sie hundert Möglichkeiten, am nächsten Tag wird eine ausgewählt, nämlich die, die in der Geschichte des Lebens realisiert werden wird. Allein der Zufall entscheidet über die Weise, in der sich die Lebensformen auf diesem Planeten entfaltet haben. Der Zufall, die Umstände. Was immer wir sind, wir verdanken unsere Existenz einer Reihe von Zufällen, die seit dem Ursprung in der Geschichte des Lebens eingetreten sind. Denjenigen, die meinen, daß es Gründe gibt, an einen vorher festgelegten Plan zu glauben, der zwangsläufig zu einer Zunahme der Komplexität und zum Auftreten des Menschen führte, entgegne ich, daß die Grundzüge der Geschichte des Lebens dieser Theorie grundsätzlich widersprechen. Die Hälfte der Geschichte des Lebens ist die Geschichte eines einzelligen Organismus, der Prokaryoten. Erst vor 1,8 Milliarden Jahren tauchte eine andere einzellige Lebensform auf, die Euraryoten. Wenn man gut hinschaut, findet man anschließend zweifellos 1,5 Milliarden Jahre alte mehrzellige Algen. All diese Organismen sind nur Zellenaggregate, sie haben noch nichts mit der Evolution der Tiere zu tun, die sehr spät beginnt. So haben fünf Sechstel der Geschichte des Lebens stattgefunden, bevor es auch nur ganz vage um die Frage einer tierischen Lebensform ging. Und dann plötzlich, in einem Wimpernschlag aus geologischer Sicht, tauchen vor 600 Millionen Jahren die ersten Tiere auf, wie man sie in Ediacara gefunden hat. Sie sehen für uns seltsam aus und erinnern so wenig an moderne Organismen, daß einige meinen, sie seien eher ein Zeugnis für ein gescheitertes Experiment außerhalb der Evolution. Jedenfalls haben die meisten von ihnen keine verwandtschaftliche Verbindung zu heutigen Lebewesen.

Durch was unterscheiden sie sich?

Sie sehen so ähnlich aus wie Pfannkuchen, und viele von ihnen sind im Boden verwurzelt.

Sind Sie sicher, daß das keine Pflanzen sind? Etwa Pilze?

Nein, es ist ziemlich klar, daß es Tiere sind, aber sie scheinen nicht mit den heutigen großen Stämmen verbunden zu sein.

In welche Epoche fällt das?

In die Zeit vor 600 bis 543 Millionen Jahren, ins Präkambrium. Dann kam die Explosion des Kambriums. In dieser Epoche tauchen alle großen modernen Tierstämme auf, während einer Periode von etwa zehn Millionen Jahren, was höchst erstaunlich ist. Abgesehen von einer Ausnahme, einer kleinen Gruppe, von der heute fast niemand gehört hat, die Bryozoa genannt wird und die anscheinend in der nächsten Periode aufgetaucht ist; aber vielleicht haben wir die ältesten Fossilien noch nicht gefunden. Und danach haben Sie 500 Millionen Jahre Tiergeschichte, die durch Massenvernichtungen rhythmisiert wird und die insgesamt nicht in eine bestimmte Richtung deutet oder ein signifikatives Schema aufweist. Das ist wirklich eine bizarre Geschichte, sehr überraschend.

In *Zufall Mensch** haben Sie geschrieben, daß es nach der großen Explosion im Kambrium keinen neuen Stamm mehr in der Geschichte des Lebens gegeben hat.

Ja, das ist ein großes Geheimnis.

Was ist ein Stamm? Eine biologische Struktur?

Die Stämme entsprechen im Prinzip den anatomischen Grundstrukturen. Die Definition der Stämme ist allerdings etwas subjektiv, da die Arten die einzigen objektiven Einheiten sind, sie sind Organismengruppen. Die Taxonomie hat Ordnungen, Klassen hervorgebracht, aber all diese Unterscheidungen bleiben in dem Maße willkürlich, wie unsere Fossilien-Archive noch unvollständig sind. Die meisten Linien, die einmal existiert haben, sind heute verschwunden, und diejenigen, die überlebt haben, sind alle sehr alt.

Im Baum der Evolution haben nur einige Zweige überlebt; dazwischen gibt es große Lücken. Eine objektive Tatsache ist die baumartige Form der Evolution, und die Existenz von Zweigen. Es ist offensichtlich, daß die Stachelhäuter, die Seesterne, die Seeigel und die Seelilien sich deutlich von anderen Arten unterscheiden, und es ist

---

* Stephen Jay Gould, *Zufall Mensch: das Wunder des Lebens als Spiel der Natur*, München 1994.

somit logisch, sie in derselben Kategorie zu klassifizieren. Es ist klar, daß alle Wirbeltiere gemeinsame Charakteristiken haben. Ein Fisch sieht zwar ganz anders aus als ein Elefant, aber beide haben eine Wirbelsäule und strukturelle Homologien. Die Stämme sind also anatomische Grundeinheiten in der Geschichte des Lebens. Ob aber eine bestimmte Art einen Stamm darstellt, ist eine Frage der Definition. Wir entscheiden, wieviel Zweige zum selben Stamm oder zur selben Ordnung gehören und wo die Grenzen verlaufen.

Was ist wichtiger: Das Aussterben zu erklären oder zu erklären, warum bestimmte Arten überlebt haben?

Beides! Was wir erklären wollen, ist die Ökonomie der Geschichte des Lebens. Eine Art, die ausstirbt, verschwindet aus den Archiven. Wenn Sie wissen wollen, warum eine Gruppe überlebt hat, müssen Sie jeweils begreifen, warum. Das Grundproblem ist, daß jedes Massenaussterben einzigartig ist, es gibt kein allgemeines Gesetz, das zum Beispiel ankündigt: Bei der nächsten Katastrophe werden alle Tiere, die mehr als zwanzig Kilo wiegen, sterben! Die Ursachen für den Tod einer Art sind vielfältig und speziell, sie gehorchen keinem allgemeinen Gesetz und unterliegen keiner Gesetzmäßigkeit. Es hat insgesamt nur fünf Phasen mit massenhaftem Aussterben gegeben …

Ist das nicht genug?

Das ist sehr wenig, um ein Gesetz der Serie zu formulieren! Wie Sie wissen, haben wir Glück, daß kein Massenaussterben das Leben jemals vollständig ausgelöscht hat.

Hätte das geschehen können?

Das kann ich mir schon vorstellen, aber dann wären wir nicht hier, um darüber zu sprechen! Am Ende des Perms, als 95% der Arten ausstarben, sind wir nur knapp der absoluten Vernichtung entkommen.

Aber Sie haben gesagt, daß das Leben aufgetaucht ist, sobald es eine günstige Umgebung gefunden hatte. Sollte man nicht meinen, daß es auf jeden Fall wieder von neuem begonnen hätte? Wie der alte Weise in *Jurassic Park* sagt: »Life will find a way ...«, das Leben wird einen Weg finden.

Es hätte versuchen können, einen neuen Ursprung zu finden, ich weiß nicht. Wie gesagt, wir haben nur ein einziges Beispiel.

Letztendlich müssen Sie als Paläontologe auch Geologe und Biologe sein ...

Die Paläontologen haben einen Forschungsbereich, der von Natur aus zwischen diesen beiden Fächern angesiedelt ist. Sie brauchen geologische Werkzeuge, um Fossilien zu finden, aber die meisten Fossilienanalysen stammen aus der Biologie und sind aus der Evolutionstheorie hervorgegangen. Die Paläontologie ist von ihrem Wesen her interdisziplinär. So wie das Studium in den Vereinigten Staaten organisiert ist, ist es unwichtig, ob man eher Geologe oder Biologe ist. Der Studiengang besteht aus einer Mischung beider Fächer, und jeder Student verbindet sie nach seinem Gutdünken. Man kann ein Diplom in Geologie machen, obwohl man hauptsächlich Biologie studiert, und umgekehrt. Ich glaube, in Europa sind die Studiengänge stärker voneinander getrennt.

Warum haben Sie sich der Wissenschaft zugewandt? Weil Sie bestimmte Antworten auf existentielle Fragen suchten?

Als ich beschlossen habe, Wissenschaftler zu werden, war ich fünf Jahre alt; ich weiß nicht, ob man sich in dem Alter schon philosophische Fragen stellt.

Sie glauben nicht, daß Kinder Philosophen sind?

Doch, schon, so wie alle! Wenn ich versuche, mich zu erinnern, was mich als kleiner Junge interessiert hat, muß ich sofort an Fossilien denken, an diese wunderbaren Dinge, die einmal lebendig waren und es nicht mehr sind. Ich bewunderte die Fossilien, ich liebte die Vorstellung von diesen wunderbaren Tieren, die vor so langer Zeit gelebt hatten und die wirklich wild und bizarr waren. Ich war glücklich zu erfahren, daß das Leben eine unheimlich komplizierte Geschichte hat und daß unsere eigene Existenz als Menschen das Produkt dieser Geschichte war. Und ja, gewiß, ich hatte Kinderfragen, die hatte ich immer, über die Ewigkeit, das Unendliche und viele wesentliche Dinge, über die wir nichts Genaues wissen. Damals hatte ich wohl noch nichts von der Evolutionstheorie gehört. Als ich studierte, später, habe ich neue Gründe gefunden, um diesen Weg weiterzuverfolgen.

Im Grunde sind Sie schließlich Historiker geworden.

Das ist richtig. In gewisser Weise ist es bedauerlich, daß die Paläontologen immer in wissenschaftliche Abteilungen eingesperrt werden. Eigentlich sollten sie zum Fach Geschichte gehören. Ein Großteil unserer Arbeit ähnelt eher der des Historikers als der des Physikers.

Welche Bedrohungen lasten auf uns?

Sie haben zur Schaffung einer ökologischen Ethik aufgerufen. Was verstehen Sie darunter?

Es scheint mir wichtig, auf der Tatsache zu beharren, daß der menschliche Zeitmaßstab der einzige ist, auf den wir uns bei unseren ökologischen oder ethischen Überlegungen beziehen können.

Eine entsprechende ökologische Ethik darf sich nicht das Ziel einer fernen Zukunft des Lebens auf anderen Planeten setzen, sie muß sich in erster Linie mit der Qualität unseres Lebens und des Lebens anderer Arten hier und jetzt beschäftigen. Es gibt auch Formen des massenhaften Aussterbens, die wir unabsichtlich verursacht haben. Es ist schon sehr häufig vorgekommen, daß wir ganze Biotope zerstört haben, ohne es zu merken, also Arten vernichtet haben, die das Pech hatten, diese Orte als ihre Heimat gewählt zu haben.

Ist es Ihrer Meinung nach wichtig, sich dieser Dinge bewußter zu werden und mehr auf sie zu achten?

Das versuchen die Biologen. Die meisten Leute sind sich über die Auswirkungen unserer Eingriffe in die Umwelt überhaupt nicht bewußt. Und es genügt vielleicht auch nicht, daß sie sich darüber nur bewußt sind, um die Verwüstungen zu stoppen, aber das wäre ein erster Schritt.

Sind Sie beunruhigt, wenn Sie an den Atommüll denken, den man tief in der Erde vergraben hat und der noch mehrere Hunderttausend Jahre aktiv bleiben wird?

Er bleibt noch viel länger aktiv!

Bereitet Ihnen das Sorgen?

Im Maßstab der Erde ist das keine große Sache. Natürlich wäre es fatal, wenn jemand in 20.000 Jahren in einem großen Atommülllager einen Graben ausheben würde. Ich meine, wir brauchen uns keine Sorgen um den Planeten zu machen. Ohne uns loben zu wollen, wir haben ihn nicht vergiftet, er wird recht gut damit fertig werden. Das heißt, diese Abfälle sind besorgniserregend, man muß sie irgendwo lagern, und selbst der Ort, der uns am besten geschützt zu sein scheint, ist es im geologischen Maßstab vielleicht nicht.

Welche Arten müssen Ihrer Meinung nach am dringendsten geschützt werden?

Retten wir doch alle, wenn wir es können; ich habe da keine besonderen Prioritäten. Ich vertraue auf ein allgemeines Prinzip: Wir sollten keine Art umkommen lassen, wenn es in unserer Macht steht, das zu verhindern. Aber wir haben das Klima und bestimmte Umweltbereiche so tiefgreifend verändert, daß es unvermeidlich ist, daß bestimmte Arten vernichtet werden. Das zweite Prinzip ist, daß man nicht davon ausgehen darf, daß irgendein kleiner Skarabäus, den niemand kennt, keinerlei Bedeutung hat. Das mag vielleicht auf ästhetischer Ebene richtig sein, nicht aber auf pharmakologischer Ebene.

Sind die Formen des massenhaften Aussterbens ein Modell für den atomaren Winter, der uns vielleicht bevorsteht?

Nach der Entwicklung der Theorie eines Meteoriteneinschlags, die die Vernichtung der Dinosaurier erklärt, haben die beiden Alvarez, Vater und Sohn, ein Modell entworfen, dem zufolge die Ursache der Vernichtung eine Staubwolke war, die sich nach dem Einschlag auf dem ganzen Planeten ausbreitete und die Photosynthese unterbrach. Den Leuten ist noch nicht ausreichend bewußt, daß diese Gefahr auch im Fall eines Atomkriegs droht.

Was halten Sie vom Ozonloch und vom Treibhauseffekt?

Alles hängt von unseren zukünftigen Aktivitäten ab. Das führt uns zu unserer Diskussion über die Zeitmaßstäbe zurück. Ich neige zur Ansicht, daß der Treibhauseffekt nicht die Hauptgefahr für den Planeten selbst darstellt. Er wird den Planeten auf Temperaturen erwärmen, die er in der Vergangenheit schon mehrere Male erlebt hat. Das ist also keine Gefahr für den Planeten, sondern für uns. Wenn die Polkappen schmelzen, werden unsere Städte überschwemmt und unser Leben wird sich ändern. Aber die Erde wird nur einen etwas größeren Ozean haben, das ist alles.

Das ist schon zu der Zeit vorgekommen, als es nur einen einzigen Kontinent gab, die Pangaea.

Das ist mehrere Male vorgekommen. Man darf die heutigen Meßwerte nicht einfach fortschreiben, denn falls sich der Anteil von Kohlendioxid in beunruhigender Weise erhöht und sich die Erde erwärmt, werden wir Maßnahmen ergreifen, um den aktuellen Zustand zu stabilisieren, wir wären sogar in der Lage, die Tendenz umzukehren. All das hängt vom menschlichen Willen ab, von unserer Intelligenz, von unserer Fähigkeit zur Zusammenarbeit, von unseren Politikern. Die Gefahren sind real, die Befürchtungen sind berechtigt. Manche Leute meinen, daß die aktuelle Tendenz alle Chancen hat, sich bis zur Katastrophe fortzusetzen. Aber in Wirklichkeit sind wir dieser Gefahr nicht schicksalhaft ausgeliefert, man kann sogar hoffen, daß wir klug genug sind, die Tendenz umzukehren. Hier komme ich auf meine These zur Tragik zurück: Oft begreifen wir erst zu spät, was gerade passiert, nämlich erst dann, wenn viele Leute schon gestorben sind, wenn bereits etwas Irreparables geschehen ist. Aber das ist immerhin besser, als sich der Dinge niemals bewußt zu werden.

Als Wissenschaftler und Mann mit gesundem Menschenverstand glauben Sie nicht an Voraussagen, aber trotzdem sagen Sie eine Flut von Büchern über das Jahr 2000 voraus.

Haha! Das läßt sich mit Sicherheit voraussagen!

Sie sagen auch die Explosion der Sonne in fünf Milliarden Jahren voraus.

Ja, aber das ist etwas anderes, das ist wissenschaftlich begründet.

Es ist also möglich, die Zukunft in einem gewissen Maße vorauszusagen?

Es ist möglich, ein allgemeines Schema vorauszusehen. Ereignisse, die die Folgen von regelmäßigen Naturgesetzen sind, haben einen gewissen Koeffizienten der Vorhersehbarkeit. Wir wissen, wie lange das nächste Jahr dauern wird, wir können sagen, daß morgen die Sonne aufgehen wird, wir können eine Sonnenfinsternis vorhersagen ...

Die nächste vollständige Sonnenfinsternis soll am 11. August 1999 stattfinden.

Andererseits haben wir keinerlei Mittel, um die Zukunft dessen zu antizipieren, was die Zufälle der geschichtlichen Evolution betrifft; die menschliche Geschichte ist überhaupt am wenigsten vorhersehbar, nicht etwa, weil sie irrsinnig oder zufällig wäre, sondern weil sie nicht von den Naturgesetzen bestimmt wird.

Sie definieren die menschliche Freiheit ...

Wir sind frei, uns in Hunderttausende mögliche Richtungen zu bewegen. Und unsere Entscheidungen sind voll und ganz interpretierbar, aber immer nur im nachhinein.

Das ist die Kontingenztheorie, die Sie in *Zufall Mensch* entwickeln. Die Dinge hätten auch anders geschehen können, man kann ihnen also nur im nachhinein einen Sinn geben. Damit sind wir wieder mitten in der philosophischen Debatte.

Ich stimme mit Ihnen überein. Unsere Beweisstücke sind zum Teil wissenschaftlich. Wenn die Welt anders aufgebaut wäre, wenn das Leben genauso gesetzmäßig wäre wie die chemische Elemententafel, könnte man davon ausgehen, daß alle auf der Erde lebenden

Arten unterschiedliche Kategorien bilden, die auf denselben Strukturen gründen. Das ist nicht der Fall. Das philosophische Problem ist meiner Meinung nach folgendes: Ich habe keine Möglichkeit zu erkennen, ob die Kontingenz das Resultat unserer Unkenntnis der im Universum wirksamen Determinismen ist, oder ob sie darauf beruht, daß der Zufall wirklich in der Natur existiert. Sie, die Franzosen, haben in Ihrem Pantheon Pierre Simon de Laplace, den größten Deterministen unter allen Gelehrten der Geschichte. Laplace sagte: Gebt mir die Position und die Bewegung jedes Partikels des Universums in einem bestimmten Augenblick, und ich kann die Zukunft mit Gewißheit voraussagen. Allerdings ist auch bekannt, daß Laplace die Wahrscheinlichkeitsrechnung erfunden hat. Wozu brauchte er sie, wenn doch alles determiniert war? Er hätte geantwortet: Alles ist determiniert, aber wir können nicht alles wissen. Wir werden niemals die Position und die Bewegung aller im Universum vorhandenen Partikel in einem bestimmten Moment kennen. Wenn das Universum also determiniert ist, so können wir das doch nicht verifizieren. Folglich sind wir nicht in der Lage, vorauszusehen, was geschehen wird, und die Wahrscheinlichkeitstheorie liefert uns das beste geistige Instrument, um in die Zukunft vorzudringen.

Ein Wissenschaftler wie Ilya Prigogine ist davon überzeugt, daß der Determinismus eine Illusion ist, von der man sich unbedingt verabschieden sollte.

Ich neige mit ihm zu der Ansicht, daß der Lauf der Dinge nicht determiniert ist. Ich bin bereit zu wetten, daß das Universum nicht determiniert ist und daß die Kontingenz nicht wegen unserer Unkenntnis über die deterministische Natur der Dinge auftritt. Ich bin bereit zu wetten, daß es einen Indeterminismus gibt, eine wie auch immer geartete, wesentliche Freiheit. Aber das ist eine philosophische Frage, auf die es keine wissenschaftliche Antwort gibt.

Wenn wir voll und ganz determiniert wären, wie wir es anscheinend
so gern möchten, wäre es uns sicher gelungen, das zu beweisen!

Glauben Sie das nicht, es gibt keine Möglichkeit, das zu erkennen.
Selbst wenn das Universum im System von Laplace vollständig determiniert ist, so braucht man, um herauszukriegen, was geschehen
wird, doch eine vollständige Beschreibung des Vergangenen, was
unmöglich zu erreichen ist.

Sie haben auch auf die Gefahren hingewiesen, die mit der elektroni-
schen Revolution verbunden sind.

Mich dürfen Sie danach nicht fragen, ich habe keinen Computer,
ich arbeite weiterhin mit meiner alten Schreibmaschine. Aber es ist
offensichtlich, daß diese Revolution eine Reihe von Veränderungen
ausgelöst hat. Angesichts dieses Phänomens sind wir in etwa in der
Lage eines Studenten in der Mitte des 15. Jahrhunderts, der nach den
Folgen der Erfindung der Druckkunst für die geistige Arbeit befragt
wird. Er hatte keine Möglichkeit, sich vorzustellen, wohin uns das
geführt hat! Er hätte weder Hochglanzmagazine noch Comics voraussehen können! So ähnlich ergeht es uns mit den Computern:
Was wird in einem halben Jahrhundert passieren? Welches Know-
how wird notwendig sein? Werden die Bücher überleben? Ich bin
davon überzeugt, daß man immer einen Roman kaufen wird, bevor
man ins Flugzeug steigt, aber ...

Glauben Sie, daß der Mensch mit Hilfe der Errungenschaften des
»genetic engineering« in der Lage sein wird, die Evolution selbst zu
verändern?

Diese Frage enthält einen philosophischen Irrtum. Wie kann
man behaupten, daß die Menschen in die Evolution eingreifen
können?

Das hieße doch zu vergessen, daß sie ein Bestandteil der Evolution sind!

Ja. Diese Frage zu stellen, setzt so etwas wie ein vorgegebenes natürliches Programm voraus, das seinen Kurs verfolgt und in das wir eindringen könnten, um es zu stören. Aber wir sind auch dann Bestandteil dieses Prozesses, wenn wir ihn verändern. Die Geschichte des gesamten Lebens ist nichts anderes als die Interaktion bestimmter Lebensformen mit anderen. Würden Sie zum Beispiel sagen, daß die Insekten die Evolution gestört haben, als sie begannen, Blumen zu befruchten? Daß die Pflanzen die Evolution gestört haben, indem sie die Böden veränderten? Nein, ich glaube, bis heute interagieren die Menschen mit den Lebensprozessen in ungleichen Proportionen. Das einzige, was den Prozeß anscheinend wirklich beschleunigen kann, ist die Genforschung, aber da gilt das gleiche wie bei den Computern: Wir sind erst am Anfang des Abenteuers, es ist viel zu früh, um etwas vorauszusehen. Und außerdem wird es Grenzen geben, Gesetze …

Es gibt offenbar Versuche, mehrere Arten zu kreuzen und Hybriden oder Monster zu schaffen.

Man kann Gene einer bestimmten Art in eine andere Art verpflanzen, aber es ist zum Beispiel undenkbar, einen Zwitter aus Katze und Kaninchen zu schaffen. Ihre Entwicklung ist völlig verschieden, die Chromosomen sind verschieden. Man kann nicht die weiblichen Gene eines Kaninchens und die männlichen Gene einer Katze nehmen, um sie zu vereinen, das wird nicht funktionieren, die Chromosomen passen nicht zusammen, das Programm wird nicht in Gang kommen. Möglich ist es dagegen, Gene, die aus einer Gattung kommen, in eine andere zu verpflanzen. Diese Manipulationen haben starke Auswirkungen und öffnen günstige Perspektiven für die Landwirtschaft und die Medizin: Es ist unmöglich, sie pauschal zu verbieten. Wenn man ein Gen entdeckt, mit dessen Hilfe Mais besser der Kälte widerstehen kann und mit dem man zwei Ernten statt einer bekommen kann, warum sollte man in diesen Zeiten des Hungers eine solche Entdeckung nicht nutzen? Andererseits, wenn ein Verrückter beschließt, zehntausend völlig identische Soldaten zu fabrizieren, die sehr stark, aggressiv und darauf dressiert sind, blind Befehlen zu gehorchen ... Aber im Grunde glaube ich, wenn wir schon so weit wären, wenn jemand wirklich in der Lage wäre, so etwas zu machen, wären wir schon aus anderen Gründen bereits verloren. Das ist eine politische Frage und keine wissenschaftliche Debatte.

Ein neuer Blick auf die Vergangenheit

Was werden die Archäologen im Jahr 3000 sagen, wenn sie unsere großen digitalisierten Bibliotheken entdecken? Werden sie noch Elektrizität haben, um unsere Maschinen zu benutzen? Was werden wir ihnen als Nahrung, als zu Verstehendes hinterlassen? Der Dieb der *Komödie* von Aristoteles konnte sie lesen beziehungsweise essen, aber können all diese virtuellen Informationen, die im Web gespeichert sind, nicht im Nu verschwinden?

Nun, hoffentlich nicht ... Unsere Epoche will alle Archive der Vergangenheit sammeln. Das ist vielleicht eine Illusion, aber ich hoffe, daß wir für unsere Nachkommen vorsorgen können und genügend unzerstörbare Exemplare hinterlassen. Wenn man es richtig bedenkt, ist der größte Teil der antiken griechischen Kultur verschwunden. Wir haben Glück, daß Aristoteles und Platon gerettet wurden, aber von den Texten der Vorsokratiker gibt es nur noch Fragmente. Wir haben bestimmt mehr Dinge verloren als gerettet.

Welche Art von Fossilien werden wir unseren Nachkommen hinterlassen?

Darwin hat einmal gesagt, daß unsere Fossilien-Archive mit einer Bibliothek zu vergleichen sind, von der nur einige Seiten, Wörter und

Buchstaben übriggeblieben sind. Das ist eine verblüffende Metapher, finden Sie nicht?

Wir entwickeln uns in einem Ozean des Vergessens.

Alles ist von einer unvorhersehbaren geschichtlichen Kontinuität abhängig. Aber wenn es uns gelingt, unsere Kultur zu entwickeln und unsere Vergangenheit dabei zu respektieren, haben wir gute Chancen, sie zu bewahren. Die Kultur ist so fragil ...

Sie haben sehr viel Mühe darauf verwandt, die Erinnerung an untergegangene Epochen zu bewahren.

Ja, mir ist bewußt, daß ein schrecklicher Krieg genügt, um die gesamte Geschichte unserer Kultur auszulöschen, selbst wenn unsere Gattung nicht vernichtet wird. Mir ist das bewußt, ich weiß, daß so etwas geschehen kann, es ist in der Vergangenheit bereits vorgekommen. Allerdings glaube ich, daß wir klug genug sind, Mittel zu finden, um all das zu schützen. Insgesamt gesehen haben viele Dinge bereits in wunderbarer Weise Jahrhunderte überdauert. Man denke nur an die Felsmalereien in den prähistorischen Höhlen. Dank ihrer wissen wir, wie manche prähistorischen Säugetiere aussahen!

Aber für Sie ist das noch nicht lange her, 35.000 Jahre!

Ja, aber diese Malereien sind 30.000 Jahre älter als die Schrift! Diese Menschen haben uns regelrechte Archive über die Fauna ihrer Zeit hinterlassen.

In *Zufall Mensch* beschreiben Sie die mehrzellige Fauna des Kambriums, dann sagen Sie: Diese kleinen Tiere sind so etwas ähnliches wie die antiken Schriftsteller, sie versuchen, uns etwas zu sagen ... Sie kommen immer wieder auf diese Botschaften zurück, die die Zeiten überdauern.

Sicher, wir wissen nichts über den größten Teil dessen, was einmal existiert hat. Anstatt darüber zu jammern, sollten wir anerkennen, daß wir wie durch ein Wunder so viele Dinge wiedergefunden haben.

Die Vergangenheit ist nicht mehr, was sie einmal war ...

Wir haben sie neu interpretiert. In der Bibliothek der Geschichte der Paläontologie findet man weltweit Hunderte von Männern und Frauen, die ihr Leben damit verbracht haben, die Archive des Lebens zu katalogisieren und zu erhalten. In Wirklichkeit ist unsere Arbeit recht mühsam, und unser Fachgebiet ist in Verruf geraten, aber auf dieser Ebene haben wir unser Bestes gegeben. Unsere intellektuelle Geschichte ist bewundernswert!

Hat sich Ihr Blick auf die Geschichte sehr verändert?

Sicher. Als ich mit meinen Studien begann, hatte ich mir alles viel zu einfach vorgestellt. Ich hoffte noch, einige allgemeine Gesetze zu finden, mit Hilfe derer wir fast alle Phänomene voraussagen könnten. Ich glaubte, daß die ganze Geschichte trotz ihres konfusen und verschlungenen Aussehens eines Tages eine chemische Grundformel preisgeben würde. Heute glaube ich zwar nicht, daß die Dinge unerklärbar sind, ich bin nicht zum Mystiker geworden, aber ich denke, daß die Evolutionsgeschichte eine Erzählung ist, die man unmöglich wiederholen oder reproduzieren kann, eine Angelegenheit von Historikern und nicht eine Reihe logischer Folgen eines Naturgesetzes. Würde man den Film des Lebens zurückspulen und noch einmal ablaufen lassen, würde die Evolutionsgeschichte ganz anders verlaufen.

Ihr Blick ist komplexer geworden.

Ich habe schon immer gewußt, daß es sich um äußerst komplexe Fragen handelt, ganz gleich, ob es nun einfache, unsichtbar vorhandene Gesetze gibt, die erlauben, alles zu erklären, oder nicht. All diese Bereiche sind komplex, selbst die Experimente der klassischen Physik. Und es gibt immer zahlreiche Faktoren, die wir übersehen oder nicht zur Kenntnis nehmen, damit wir weitermachen können. Das Besondere an der Geschichte des Lebens ist, daß uns jedes Detail wesentlich erscheint. Das ist eine Frage des Standpunktes. Selbst die Chemie ist nicht einfach; jedes Quarzkristall unterscheidet sich von den anderen, aber wir suchen nicht nach diesen Unterschieden. Wir untersuchen die Kristalle und sagen: Sie sind alle gleich, sie haben alle dieselbe chemische Struktur. Aber so etwas kann man mit den Menschen nicht machen. Man kann nicht sagen: Sie haben alle eine DNS. Wir sagen, daß Jean sich von Jacques unterscheidet, und genau für diesen Unterschied interessieren wir uns. Wiederum eine Frage des Maßstabs ...

Interessieren Sie sich vor allem für die Mannigfaltigkeit?

Was uns interessiert, ist die menschliche Geschichte. Wir würden uns gern besser kennen, wir wissen, daß wir nicht das schlichte Produkt unserer Gene oder der Erziehung durch unsere Eltern sind, wir wissen, daß wir weitgehend determiniert sind, und dennoch ...

Wir haben die Wahl.

Und wir können uns sogar ändern, wenn wir das wollen ...

Auf der Suche nach anderen Lebensformen

Wir haben das Gefühl, in einer ganz besonderen Epoche zu leben, in einem entscheidenden Moment der Menschheitsgeschichte. Aber meinen Sie nicht auch, daß alle menschlichen Wesen zu jeder Zeit diesen Eindruck gehabt haben müssen?

Sehen Sie sich nur die Literatur der letzten Jahrhundertwende an: Man war auf dem Gipfel des Optimismus! Alfred Russel Wallace, der Miterfinder der Evolutionstheorie, hatte ein Buch mit dem Titel *The Wonderful Century* geschrieben, in dem er sagte, daß er in der aufregendsten aller Epochen lebte, und in dem er die Neuerungen, die Züge, das Telephon und den Telegraphen pries. Andererseits hat es Epochen der Stagnation gegeben. Das 20. Jahrhundert ist vor allem grauenhaft gewesen, mit entsetzlichen Kriegen. Und heute gibt es technische Weiterentwicklungen mit unvorhersehbaren Folgen. Niemand weiß, wohin uns die Revolutionen der Informatik und der Biologie führen werden. Wenn ich daran denke, daß die DNS erst 1953 entdeckt wurde ... Da war ich zwölf Jahre alt!

Ist das wichtiger als die Mondlandung?

Auf dem Mond zu landen, ist an sich nicht wichtig, aber wenn dieser erste Schritt zur Erforschung ferner Planeten führt ...

Glauben Sie daran?

Möglich ist es! Es würde mir viel Freude machen, wenn man einen Paläontologen auf den Mars schickte, um dort nach Fossilien zu suchen. Der Mars hatte in den ersten Milliarden Jahren seiner Geschichte fließendes Wasser, es hätte sich dort durchaus Leben entwickeln können.

Wenn es dort fließendes Wasser gab, gab es bestimmt Leben!

Aber nein, das ist nicht sicher, wir wissen nichts darüber. Soweit wir wissen, gibt es kein Leben ohne Wasser. Aber es kann Wasser ohne Leben geben. Im Grunde haben wir, wie ich schon sagte, nur ein einziges Beispiel, die Erde. Auf der Erde gab es Wasser, und das Leben ist entstanden. Das ist also nur eine einzige Erfahrung. Ich weiß nicht, ob jedesmal, wenn günstige Bedingungen zusammentreffen, Leben entsteht, oder nur einmal von drei Malen, einmal von zehn ... Wir wissen nur, daß es zumindest einmal geschehen ist. Aber es ist möglich, daß es auch woanders geschehen ist.

Glauben Sie, daß die Menschen andere Sterne erreichen werden?

Theoretisch ist das möglich. Das Problem ist nur, daß die Menschen nicht sehr lange leben und daß die Sterne so weit weg sind, daß es schwierig ist, sie im Laufe eines Menschenlebens zu erreichen. Wenn Einstein recht hat, können wir uns nicht schneller als das Licht bewegen, und wir werden noch sehr lange brauchen, um das zu erreichen. Aber vielleicht hat er unrecht. Vielleicht gibt es ein Mittel! Das ist der Grund dafür, warum sich so viele Science-fiction-Geschichten mit den Zeitlöchern beschäftigen.

Wie sehen Sie die Erde in tausend Jahren?

Ich sehe sie nicht. Die Dinge, die man voraussagen kann, sind ziemlich uninteressant. Die Sonne wird weiterhin scheinen ... Aber die menschliche Geschichte, und darauf bezieht sich wohl Ihre Frage, besteht nur aus unvorhersehbaren Ereignissen. Was wir am wenigsten voraussehen können, ist die technologische Evolution. Ich kann nicht voraussagen, was in fünfzig Jahren geschehen wird, und erst recht nicht in tausend Jahren. Die Kultur kennt einen Lamarckschen Evolutionsmodus, in dem Sinne, daß sie eine Übermittlung von erworbenen Eigenschaften erlaubt. Wir übermitteln direkt an die folgenden Generationen, was wir gelernt haben; und deshalb ist die technologische Evolution übermächtig, akkumulativ, zielgerichtet ...

Was Sie interessiert, ist also auch die menschliche Geschichte. Indem Sie die Bakterien in den Mittelpunkt gerückt haben, haben Sie eine provozierende Sichtweise gewählt.

Oh, wenn man aber von einer planetaren Sichtweise ausgeht, sind die Bakterien viel wichtiger als wir! Wir kommen wieder auf das Problem des Maßstabs. Ich weiß nicht, ob unser Handeln die Erde grundsätzlich prägen wird, und ich weiß nicht, wie die künftige Technologie aussehen wird. Aber ich weiß, daß es eher möglich ist, uns selbst zu vernichten, als den Planeten aus dem Gleichgewicht zu bringen. Aus der Sicht der Erde muß man sich die Frage stellen, warum man sich mit dieser seltsamen Gattung beschäftigen soll, die gerade mal seit 200.000 Jahren existiert, obwohl es die Bakterien schon seit 3,5 Milliarden Jahren gibt?

In *Illusion Fortschritt* schreiben Sie, daß man tief im Inneren der Erde und auf dem Meeresgrund Bakterien gefunden hat. Sie folgern daraus, daß das Leben möglicherweise überall im Universum, im Inneren der Planeten existiert. Die Bakterien wären also die universelle Form des Lebens. Hätten Sie gern eine Bestätigung dafür?

O ja, das wäre toll! Wir können ein Raumschiff zum Mars schicken und darüber berichten. Das wäre fabelhaft.

Im Grunde ist das, was Sie schon immer interessiert hat, Ihr einziges Studienthema, das Leben.

Das ist die Grundfrage. Ich wiederhole, das irdische Leben ist die Folge eines einzigartigen Experiments, mit einem einzigartigen Ursprung und mit einzigartigen Mechanismen der Wiederholung und der Replikation. Aber für das Phänomen des Lebens selbst gibt es keine Replikation, wir kennen keine andere Lebensform, und deshalb wäre es so spannend, andere Welten zu besuchen. Alle Lebensformen auf der Erde basieren auf der DNS. Aber das beweist nicht, daß dies die einzige Modalität ist. Wer weiß? Um darauf antworten zu können, müßte man eine Lebensform finden, die einen eigenen Ursprung hat und in einer anderen Welt lebt, und ihre biochemischen Komponenten analysieren, um sie mit den uns bekannten zu vergleichen. Da hätten Sie dann Ihre Replikation des Phänomens des Lebens.

Falls man aber Leben auf dem Mars findet, könnte es denselben Ursprung haben.

Das ist richtig. Marsmeteoriten fallen auf die Erde und umgekehrt. Die Planeten können sich gegenseitig befruchten. Drücken wir uns also anders aus: Wenn man Leben auf dem Mars findet und es dieselbe Konfiguration wie auf der Erde hat, ist nichts bewiesen. Aber wenn wir Leben finden, und sich dieses Leben von dem unseren unterscheidet, dann wird es wirklich höchst spannend.

(Die Gespräche fanden am 6. und 7. Mai 1998 in New York statt.)

Jean Delumeau

Apokalypse revisited

Um die geschichtliche Bedeutung der Ängste und eschatologischen Erwartungen unserer Zeitgenossen zu bewerten, ist niemand besser geeignet als Jean Delumeau, der Angst und Hoffnung zu seinen Hauptforschungsthemen gemacht hat. Für diesen bedeutenden Historiker und Professor am Collège de France, der als einer der besten Fachleute für die abendländische Geistesgeschichte des 14. bis 18.

Jahrhunderts gilt, ist das Ende der Zeiten in erster Linie ein immer wiederkehrendes Thema der umfangreichen apokalyptischen Literatur und jener Funke, der seit Jahrhunderten das Pulverfaß der millenaristischen Bewegungen zur Explosion bringt. Seitdem das jüdischchristliche Denken den Zeitpfeil in die menschliche Vorstellungswelt eingeführt hat, stellt sich die logische Frage nach dem Zeitpunkt des Weltuntergangs – und somit auch nach dem Zeitpunkt der Schöpfung. Diese unfehlbare Logik hat zu gelehrten Berechnungen und langen Abhandlungen geführt, die immer wieder leidenschaftliche Debatten auslösen. Aber warum diese beharrliche Vermischung von Jahrtausend und Tausendjährigem Reich, die auf der Grundlage der christlichen Tradition entstanden ist? Welche Rolle spielte die Offenbarung des Johannes beim regelmäßigen Wiederauftauchen eschatologischer Ängste? Was bedeutet Millennium in der Sprache der Theologie? Wieso hat der heilige Augustinus erklärt, das Tausendjährige Reich sei bereits angebrochen? Und wieso konnten die enttäuschten Erwartungen des Millenarismus (zum angekündigten Zeitpunkt fand nie ein Weltuntergang statt) tragischerweise von Enttäuschungen abgelöst werden, die sich aus der Realisierung der marxistischen Utopie ergeben haben?

Als gewissenhafter Forscher und Liebhaber großer Jahrhundertgemälde denkt Jean Delumeau schon seit Jahren über diese Fragen nach. Sein Renommee in Universitätskreisen ist groß: 1997 erschien unter dem Titel Homo religiosus *eine Festschrift über ihn. Und durch die sechsundvierzigteilige Fernsehserie* Über Religionen und Menschen *im Jahre 1996 ist er auch einem größeren Publikum bekannt geworden. Als weltoffener Katholik tritt er für eine Kirche ein, die Galilei rehabilitiert hat, die Evolutionstheorie anerkennt, sich ihrer*

jüdischen Wurzeln bewußt ist und 1986 in Assisi ein Treffen der Ver-
treter verschiedener Religionen organisiert hat.

Nach seinem berühmten Werk Angst im Abendland: Die Geschichte kollektiver Ängste im Europa des 14.–18. Jahrhunderts*
und mehreren Büchern über die Geschichte der materiellen und
geistigen Heimsuchungen des Abendlands seit der Renaissance
hat er sich die Frage gestellt, wie die Menschheit Gründe zu ihrer
Beruhigung finden konnte. Diese Untersuchungen fanden ihren
Niederschlag in seinem Buch Sich beruhigen und schützen: das
Sicherheitsgefühl im früheren Abendland**. *Dann inspirierte ihn*
die Geschichte des Paradieses zu zwei umfangreichen Bänden. Man
ahnt schon, daß die Aufeinanderfolge seiner Interessenschwerpunkte
bei Delumeau nicht nur auf der Logik der Geschichtsschreibung be-
ruht, sondern auch auf einer persönlichen Suche. Auf die Angst folgt
der Trost und dann die Hoffnung. Ob es sich um die Erwartung der
Parusie handelt oder um die Angst, der Himmel könne uns auf den
Kopf fallen, Delumeau vergißt nie, daß die menschlichen Träume, die
den Gegenstand seines Werkes als Historiker bilden, ebenso dazu bei-
tragen, das menschliche Schicksal zu gestalten wie die menschlichen
Taten.

---

*   Reinbek bei Hamburg 1982.
** Jean Delumeau, *Rassurer et protéger: le sentiment de sécurité dans l'Occident d'autrefois*,
    Paris 1989.

Hat die Bibel den religiösen Begriff vom Anfang und Ende der Zeiten erfunden?

Sicherlich gibt es einen wichtigen Unterschied zwischen der jüdisch-christlichen und einer Reihe anderer Traditionen. Vor allem der Hinduismus, der in dieser Hinsicht vom Buddhismus fortgesetzt wird, glaubt an einen zyklischen Lauf der Dinge. Nach mehreren Jahrhunderten oder Perioden gelangt man schließlich wieder an den Ausgangspunkt zurück. Auch die Griechen hatten diese Vorstellung.

In der jüdisch-christlichen stufenweisen Abfolge hat man die Geschichte dagegen als Vektor angesehen. Es gibt einen Anfang und ein Ende. Gott hat die Welt, das Leben und den Menschen geschaffen, und dieser ist seitdem der Zeit unterworfen. Dann wird Gott eines Tages beschließen, das kosmische Abenteuer, das Abenteuer des irdischen Lebens zu unterbrechen, und das wird das Ende der Welt sein, das Ende der Geschichte oder das Ende der Zeiten – was auf das gleiche hinausläuft. Ich denke, daß die Juden, in dem, was wir aus Bequemlichkeit Altes Testament nennen – obwohl es sich um einen christlichen Ausdruck handelt, der die hebräische Bibel bezeichnet –, zunächst nicht deutlich wahrgenommen haben, wie das Ende der Geschichte aussehen könnte. Aber seit dem Exil in Babylon im 6. Jahrhundert vor Christus sind sie davon ausgegangen, daß ihr Schicksal auf die Erscheinung eines rettenden und befreienden Messias ausgerichtet ist. Ich bin nicht kompetent genug, um Ihnen sagen zu können, was sie für die Zeit nach der Ankunft des Messias annahmen, aber man hat festgestellt, daß etwa im 2. Jahrhundert vor Christus im Judentum die Idee eines Urteils über die Toten aufgetaucht ist, mit einer Belohnung für die Gerechten und einer Bestrafung der Bösen. Eine solche Auffassung beinhaltet, ohne daß dies ausdrücklich gesagt würde, eine Art von Überleben und am Ende eine Auferstehung. Ich erinnere in diesem Zusammenhang an die erstaunliche Vision des Propheten Hesekiel, dem Gott zeigt, wie er verdorrten Gebeinen wieder Leben geben und die Toten auferstehen lassen

kann:»So spricht der Herr von diesen Gebeinen: Ich will euch Adern
geben und Fleisch lassen über euch wachsen und euch mit Haut über-
ziehen und will euch Odem geben, daß ihr wieder lebendig werdet ...
Und ihr sollt erfahren, daß ich der Herr bin, wenn ich eure Gräber
geöffnet und euch, mein Volk, aus denselben gebracht habe. Und
ich will meinen Geist in euch geben, daß ihr wieder leben sollt.«
(Hesekiel 37, 1–14)
Man sieht also, wie bei den Juden nach und nach der Begriff eines
Urteils und eines Horizonts jenseits des Todes mit einer ewigen Belohnung auftaucht. Im Christentum wurde diese Intuition weiterentwickelt. Jesus verspricht und verkündet ein Ende der Zeiten, das von
Gott beschlossen wird, mit Auferstehung aller Toten, gefolgt von
einem allgemeinen Gericht. In allen Evangelien wird ausdrücklich
bekräftigt, daß es ein Jenseits des Todes gibt, und somit ein Jenseits
der Geschichte und ein ewiges Leben. Mir scheint, daß das Christentum in diesem Zusammenhang beträchtlich präzisiert hat, was sich in
den letzten Jahrhunderten des Judentums vor unserer Zeitrechnung
angebahnt hatte.

Für die Israeliten und im späteren Judentum ist die messianische
Erwartung nicht unbedingt die Erwartung eines Menschen. Sie
kann auf ein Reich oder auf eine friedlichere Welt gerichtet sein.

Das stimmt. Die Erwartung eines Reiches wurde eventuell sogar
auf die Dimensionen der Schöpfung erweitert. Man hat auch gesagt,
daß das Reich Gottes im jüdischen Denken keine Welt sein soll, die
die unsere überlagert, sondern ihre Erneuerung, ihre Neuerschaffung,
eine neue Erde, die der ausschließlichen und grenzenlosen Souveräni-
tät Gottes unterstellt ist. Das wird besonders deutlich beim Propheten
Jesaja:»Denn siehe, ich will einen neuen Himmel und eine neue Erde
schaffen, daß man der vorigen nicht mehr gedenken wird noch sie zu
Herzen nehmen; sondern sie werden sich ewiglich freuen und fröhlich sein über dem, was ich schaffe ... Und soll nicht mehr darin gehört werden die Stimme des Weinens noch die Stimme des Klagens

... Wolf und Lamm sollen weiden zugleich, der Löwe wird Stroh essen wie ein Rind ...« (65, 17–25)

Sieht die christliche Vision genauso aus?

Das alte Judentum hat am Ende der Geschichte die Heraufkunft eines irdischen Reiches anvisiert, oder, genauer gesagt, eine von Gott radikal umgestaltete Erde verkündet. Das Christentum hat dieses Thema aufgegriffen, insbesondere in der Apokalypse (Kap. 21), aber Jesus hat in den Evangelien immer mit dem Finger auf ein Reich gedeutet, das nicht von dieser Welt sei, das jenseits dieser Welt liege, als Verklärung derjenigen, in der wir leben.

Wie ist das im Islam?

Als Buchreligion ist der Islam mit dem Judentum und dem Christentum vergleichbar. In dieser Hinsicht ist er schlicht und einfach ein Erbe der jüdisch-christlichen Tradition und postuliert ganz formal ein Ende der Zeiten, eine Auferstehung und ein letztes Gericht, ein ewiges Jenseits des Glücks oder der Strafe. Man kann in der Weltgeschichte also den Block der drei Buchreligionen isolieren, die an eine vektorielle Zeitvorstellung mit einem Anfang und einem Ende glauben, im Gegensatz zur zyklischen Auffassung der Griechen und Asiens.

Der biblische Begriff »Ende der Zeiten« entspricht also dem Begriff »Ende der Geschichte«?

Vollkommen. Das Zeitenende bedeutet, vor allem im Christentum, das Ende der Geschichte. Die Menschheit hat ihre Rolle gespielt, im Guten oder im Schlechten. Man rechnet ab und geht ins ewige Leben über. Das ist das Ende der Zeiten. Und das ist auch das Ende der Zeit. Aber das ist nicht das Ende des Menschen. Im Gegenteil, er erreicht in der Ewigkeit seine volle Blüte.

Meinen Sie damit, daß das »Ende der Zeiten«, verstanden als Ende der Welt, als Ende des geschaffenen Universums, das »Ende der Zeit«, das heißt der Geschichte beinhaltet?

Ja, das Ende der Zeiten ist das Ende der Zeit. Man kann diese Gleichung übrigens in die Begriffe des heiligen Augustinus übersetzen. Eine Grundidee im *Gottesstaat* von Augustinus ist, daß die Zeit ein Ort der Unsicherheit ist. Sie ist gefährlich, denn sie bietet zugleich die Möglichkeit zur Verbesserung und zur Verschlechterung. Sie ist der Ort eines riskanten Übergangs, bei dem alles passieren kann: das Beste und das Schlechteste. Aber wenn die Zeit einmal angehalten und die Geschichte zu Ende ist, dann gibt es keine Möglichkeit mehr zu sündigen, Böses zu tun und Sühne zu leisten; dann ist es zu spät. Das ist die Bedeutung des Endes der Zeiten. Die Zeit ist verschwunden. Sie ist durch die Ewigkeit ersetzt worden.

Die Prüfung der Zeit

Die Freimaurerbewegung wird symbolisch auch als Suche nach dem verlorenen Wort verstanden: von dem Moment an, in dem wir in die Welt und die Zeit geworfen wurden, ist das Wort sozusagen in der Schwebe.

Ich kann diese Sichtweise sehr gut verstehen, und zwar in dem Sinne, daß die Zeit, insbesondere im augustinischen Denken, unaufhörlich verdirbt und zerstört. Folglich ist nicht einzusehen, wie ein ewiges Wort sich hier voll ausdrücken könnte; es kann sich hier nur in verschleierter Weise ausdrücken. Man muß auf das Ende der Zeiten warten, bis die totale Offenbarung ans Licht treten und sich verständlich machen kann. Das entspricht meiner Ansicht nach voll und ganz dem jüdisch-christlichen Denken.

Muß das Ende der Zeiten – das diesen Übergang aus der Zeit zur Ewigkeit erlaubt – aus der Sicht des Gläubigen nicht eher eine großartige Hoffnung als eine ängstliche Erwartung sein?

Es handelt sich in der Tat um die Hoffnung, endlich aus der Düsternis herauszukommen und in die Klarheit einer totalen Offenbarung einzutreten. Was verborgen war, sagt der heilige Paulus, wird klar. Jetzt sehen wir, sagt er, »durch einen Spiegel«; dann aber »von Angesicht zu Angesicht« (1 Kor. 13, 12). Worin bestand in der christlichen Sprache aller Epochen das Glück des Paradieses? Es bestand im »Angesicht zu Angesicht« mit Gott. Wir sehen ihn vor uns, mit seiner ganzen Liebe, seinem unermeßlichen Reichtum und seiner unendlichen Schönheit. Deshalb ist der Ausdruck »von Angesicht zu Angesicht« von der christlichen Theologie ständig verwendet worden, um das größte Glück des Paradieses zu bezeichnen. Daneben wird es weitere Formen von Glück geben, die sich allerdings aus dieser ableiten. Das menschliche Leben und das Abenteuer der Menschheit werden also als eine Reise begriffen, und diese Reise hat ein Ziel. Was allerdings weder Prüfungen noch Schwierigkeiten aller Art noch das Gefühl der Sinnleere oder Perspektivlosigkeit verhindert, das wir hier und da empfinden können. Aber für den Gläubigen hat diese Reise, ob sie nun kurvenreich sei oder nicht, ein Ergebnis, das absolutes und endgültiges Glück ist. Ich möchte noch präzisieren, daß man im Unterschied zu den griechischen oder asiatischen Formen des Reinkarnationsglaubens niemals wieder von vorn beginnt.

Symbolisieren die Labyrinthe der großen Kathedralen nicht diese Initiationsreise unserer ganzen menschlichen Existenz?

Genau so ist es. Die Labyrinthe, insbesondere das von Chartres, illustrieren des Denken des heiligen Augustinus. Das Leben ist schwierig, kompliziert und verschlungen. Man läuft Gefahr, sich zu täuschen, in Sackgassen zu geraten. Aber schließlich gibt es einen Ausweg, und zwar nur einen einzigen.

Die große Metapher für die Zeit und das Abenteuer des menschlichen Lebens in der Bibel ist die Flucht aus Ägypten und der
Marsch der Israeliten durch die Wüste.

Mein Institutskollege André Caquot, zweifellos einer der besten
Kenner der hebräischen Geschichte in Frankreich, sagt, daß das Leben
für die Juden – und das gilt sicher auch für die Christen und Muselmanen – eine Pilgerfahrt sei. Wie schon gesagt, eine Pilgerfahrt ist
eine Reise, die ein genaues Ziel hat und die eine Suche beinhaltet. Für
die Juden endete diese Pilgerfahrt im verheißenen Land. Die Christen
haben dieses Bild aus dem Alten Testament übernommen, und die
Kirchenväter haben das menschliche Leben, die Geschichte der
Menschheit und den Weg der Kirche oft mit einem schwierigen Um-
herreisen in einer Wüstenei verglichen. Man ist unterwegs, aber man
verfolgt ein genaues Ziel. Es gilt also, nicht nach links oder rechts zu
schauen, sich nicht ablenken oder entmutigen zu lassen. Man weiß,
wohin man geht, da man volles Vertrauen zu Gott hat, der uns in
einen guten Hafen führen wird, trotz der auftauchenden Prüfungen
und der manchmal scheinbaren Sinnlosigkeit der Situation. Das ist
die zentrale Idee im *Gottesstaat* von Augustinus: die Zeit ist eine Prüfung. Wir werden von allen Seiten von der Zeit gebeutelt, aber wir
sehnen den Moment herbei, in dem wir ihr entkommen werden. Das
Ende der Zeiten ist wahrhaftig der Moment des Übergangs, man tritt
unvermittelt in eine andere Realität ein, die zeitlos ist und die man
Ewigkeit nennt. Das ist ein Hafen, wenn man so will, und man wird
diesen Hafen nicht wieder verlassen, ganz gleich, ob es der Hafen des
Glücks oder des Unglücks ist. Während der ganzen Überfahrt wird
der Mensch durch den Glauben gestützt, der sich am Zeitenende
realisieren wird.

Kann man aus dieser biblischen Sicht sagen: Je weiter die Geschichte voranschreitet, um so mehr nähert sie sich einer Vollendung, einer Vervollkommnung? Oder muß das nicht zwangsläufig
so sein?

Ich denke, sowohl für das Christentum wie für den Islam steht nicht von vornherein geschrieben, daß die Menschheit voranschreitet, indem sie sich verbessert. Gewiß ist nur, daß die Geschichte in einem bestimmten Moment – den allein Gott kennt – anhalten wird und daß Gott über alle Menschen richten und die Spreu vom Weizen trennen wird. Aber es ist keineswegs gesagt, daß man sich im Sinne einer Progression bewegt. Diese Idee hat es zwar bei einigen griechischen Kirchenvätern – ich denke insbesondere an den heiligen Irenäus – gegeben, die angesichts des von Christus gebrachten Heils dachten, daß die Menschheit von nun an einer Blüte, einer Vervollkommnung entgegengehen würde. Aber diese Auffassung ist, insgesamt gesehen, in der abendländischen Theologie nicht vorhanden, die bekanntlich vom heiligen Augustinus geprägt wurde, der keine optimistische Sicht von den Menschen besaß. Eine andere von Augustinus im *Gottesstaat* entwickelte Idee besagt, daß Gut und Böse in der menschlichen Geschichte miteinander verschränkt sind und daß diese Verschränkung erst mit dem Jüngsten Gericht enden wird. Anders gesagt, im Laufe der Geschichte der Menschheit, die von Zufälligkeiten der Zeit geprägt ist, kann immer alles geschehen, das Beste und das Schlimmste. Bis zum Ende der Zeiten ist nichts entschieden, es gibt keine Sicherheit, keine Gewißheit über das Schicksal der Menschheit im allgemeinen und über das jedes einzelnen Menschen im besonderen.

Im Grunde warten die Christen nicht auf die Realisierung irgendeines irdischen Paradieses. Sie gründen ihre Hoffnung auf das Schicksal des Individuums *post mortem* und auf ein Jenseits der Geschichte.

In der Tat. Ich würde sagen, die Religionen im allgemeinen und das Christentum vielleicht mehr als andere gehen von der Feststellung aus, daß es im Leben mehr Prüfungen als Momente der Freude gibt. Das ist und bleibt schwierig, trotz aller möglichen Verbesserungen. Der Mensch muß daraus die Konsequenzen und eine Lehre für sein alltägliches Leben ziehen, also für seine geistige Natur, seine Art und Weise, mit den Prüfungen zu leben, und für seine Suche nach dem Glück, das auf dieser Erde niemals vollkommen sein wird. Ganz persönlich und als Christ bin ich davon überzeugt, daß es niemals ein Paradies auf Erden geben wird, sondern daß all die Leiden, die Ungleichheiten und das Böse eines Tages jenseits der Zeit aufhören werden. Das ist wirklich eine »Utopie« im buchstäblichen Sinne des Wortes. Man sieht andererseits, zu welchen Greueln die religiösen oder atheistischen – wie der Marxismus – Utopien führen, wenn sie in voluntaristischer Weise die Heraufkunft einer vollkommenen Welt auf Erden bewirken wollen. Ich glaube ganz einfach, daß man hier unten mit unserem Menschenleben zurechtkommen muß.

Bedeutet das, daß Sie darauf verzichten, die Menschheit weiterzu-entwickeln und sich dafür einzusetzen, die Welt menschlicher und brüderlicher zu machen?

Keineswegs! Die ganze Botschaft von Christus ist im Gegenteil eine Aufforderung, das Leid des anderen zu lindern. Ich will einfach sagen, daß ich nicht glaube, daß das Erdenleben eines Tages vom Bösen und vom Leiden befreit werden wird. Eine solche Überzeugung hindert nicht daran, daß zahllose Christen sich in den Dienst ihres Nächsten stellen und, wie Sie sagen, die Welt brüderlicher machen. Sehen Sie nur Mutter Theresa. Sie hat unaufhörlich wiederholt, daß sie keine Sozialarbeiterin sei und daß das Ziel ihres Handelns nicht darin bestünde, das gesamte Elend der Welt abzuschaffen. Ihr Ziel war es, die Ärmsten der Armen zu lieben, wie Christus sie geliebt hätte. »Ich versuche nicht, die Menschheit im allgemeinen zu verän-dern, sondern jedes einzelne menschliche Wesen zu lieben, das ich treffe«, pflegte sie zu sagen. Ich mißtraue dagegen Ideologen, die die Menschheit verändern wollen und eine bessere Welt verkünden, sich aber dennoch nicht bedingungslos um diejenigen kümmern, die ih-nen am nächsten stehen. Die christliche Botschaft, die sicherlich eine Botschaft der Brüderlichkeit und der Liebe ist, spricht nur von einer persönlichen Liebe, die jede Person zu einem Engagement gegenüber anderen Personen verpflichtet. Wenn die Menschheit dadurch verändert wird, um so besser! Aber das ist nicht das erste angestrebte Ziel. Was die Christen übrigens nicht daran hindert, sich aktiv in den Lauf und die Geschäfte dieser Welt einzumischen.

Das Böse und das Leiden

Hat das Leiden einen Sinn?

Für mich hat das Leben einen Sinn. Und wenn das Leben einen Sinn hat, hat auch das Leiden einen, selbst wenn es empörend und sogar unbegreiflich sein mag. Die Christen, Juden und Muselmanen glauben, daß Leiden und Tod nicht das letzte Wort haben werden. Dieser Gedanke ist allen Buchreligionen gemeinsam. Sagen wir es ganz deutlich: Im Unterschied zu anderen philosophischen oder religiösen Systemen liefert die Bibel keine Erklärung für die Existenz des Bösen, sondern nährt die Hoffnung, daß das Böse in all seinen Formen einschließlich der Form des Schmerzes und des Leidens am Ende der Zeiten endgültig eliminiert wird.

Und erst dann werden die Menschen den Sinn des Leidens begreifen?

Genau. Solange wir uns in der Zeit befinden, können wir den Grund für dieses schwere Rätsel (meiner Meinung nach sind alle anderen Geheimnisse im Verhältnis zu diesem leicht) nicht begreifen: Warum muß ein Kind leiden? Das ist unbegreiflich. Die Bibel, insbesondere das Buch Hiob, legt uns nahe, nicht nach Gründen für die Existenz des Bösen zu suchen. Es gibt dafür innerhalb des Laufs der Zeit und unserem Verständnis nach keine formulierbaren Gründe.

Ist nicht die Theorie der Erbsünde dazu da, eine Erklärung für die Frage des Bösen zu liefern, zumindest aus moralischer Sicht?

Da bin ich mir nicht so sicher. Die Erzählung vom Sündenfall Adams und Evas und vom verlorenen Paradies in der Genesis ist, wohlgemerkt, keine reale Geschichte. Es handelt sich um einen Mythos. Es ist nicht unnütz, ihn genauer zu untersuchen! Man stelle sich vor, daß die Erzählung der Genesis in manchen integralistischen Kreisen, die in den USA besonders zahlreich sind, immer noch wörtlich genommen wird. Aus wissenschaftlicher Sicht wissen wir sehr wohl, und das ist auch meine persönliche Überzeugung, daß die Menschheit Hunderttausende von Jahren gebraucht hat, um in Erscheinung zu treten und sich als solche zu konstituieren. Ich sehe somit nicht, wie man an den Ursprung der Menschheit einen groben Verstoß setzen könnte, der überdies Auswirkungen auf ihr ganzes spätere Schicksal haben soll. Aber soweit man zurückblicken kann, sieht man Menschen, die sich bekämpfen. Seitdem es einen Menschen gegeben hat, der dieses Namens würdig war, hat es Bosheit, Eifersucht, Hochmut und Mord gegeben. Die Sünde war also mit dem ersten Menschen gegeben; und das will der Mythos von der Erbsünde zweifellos zum Ausdruck bringen. Aber ich möchte hinzufügen, daß es seit dem Ursprung sicherlich auch die Liebe und das Gute gegeben hat. Glücklicherweise gibt es in der menschlichen Geschichte nicht nur das Böse! Aber wir sind viel empfänglicher für das Böse als für das Gute, da das Gute keinen Lärm macht und nicht so spektakulär ist. Man hat zweitausend Jahre gebraucht, um eine Stadt zu errichten, und heute kann man sie in zwei Minuten zerstören ...

Sie haben eben hervorgehoben, daß die monotheistischen Religionen keine Antwort auf die Frage nach dem Bösen geben. Ist nicht gerade das einer der Gründe für den zunehmenden Erfolg der östlichen Religionen im Westen, wie zum Beispiel dem Buddhismus, die Erklärungen für das Problem des Bösen, des Leidens und der Ungleichheiten liefern?

Gewiß. Aber ich muß Ihnen sagen, daß ich diese Erklärungen
im Grunde etwas zu einfach finde. *Grosso modo* bekommt man im
nächsten Leben die Belohnung – im Guten wie im Schlechten – für
das, was man im vorherigen Leben getan hat oder gewesen ist. Anders gesagt, wenn man blind oder behindert ist, wenn man auf tragische Art und Weise ums Leben kommt, zahlt man für die schlechten
Taten, die man in einem früheren Leben begangen hat. Man muß also
nicht gegen unsere aktuellen Lebensbedingungen revoltieren: Man
hat sie sich in einem früheren Leben verdient. Diese Erklärung mag
manche beruhigen, aber ich persönlich finde diese Kausalität, die auf
dem universellen Gesetz des *Karma* beruht, wenig befriedigend. Das
jüdisch-christliche Denken und der Islam argumentieren nicht so.

Wie argumentieren sie?

Wie gesagt, sie lehnen es ab, eine rationale oder vereinfachende
Erklärung für das Böse zu liefern, und legen ihr Schicksal in einem
Akt des Glaubens in Gottes Hand. Zu seinen Aposteln, die glaubten,
daß der Blindgeborene für seine Sünden oder die seiner Eltern be-
straft worden sei, sagt Jesus ausdrücklich: »Es hat weder dieser ge-
sündigt, noch seine Eltern« (Joh. 9, 3), was sehr gut zeigt, daß er es
ablehnt, etwas zur Ursache des Bösen zu sagen, und auch, daß er
keineswegs an irgendeine Theorie des *Karma* und der Reinkarnation
glaubt, wovon manche uns heute überzeugen wollen. Und genauso
äußert er sich über die Opfer beim Zusammenbruch des Turms in Si-
loah und die von Pilatus massakrierten Galiläer (Lukas 13, 2–4). Diese
Frage nach dem Bösen und nach dem ungerechten Leiden des Un-
schuldigen steht im Mittelpunkt eines ergreifenden Buches des Alten
Testaments: des Buches Hiob, auf das ich bereits hingewiesen habe.
Hiob wird als ein Gerechter dargestellt, der plötzlich allen möglichen Prüfungen ausgesetzt wird. Die »Weisen« sind davon überzeugt,
daß er »von Gott gestraft« wird, wegen seiner »zu großen Bosheit«
und seiner »endlosen Missetaten«. Das ist sein *Karma*, würden wir
heute sagen! Doch Hiob erwidert, sich seines Rechtes sicher: »Von

meiner Gerechtigkeit, die ich habe, will ich nicht lassen; mein Gewissen tadelt keinen meiner Tage.« Schon zu Beginn des Buches hatte Gott zu Satan gesagt: »Hast du nicht achtgehabt auf meinen Knecht Hiob? Denn es ist seinesgleichen nicht im Lande, schlecht und recht, gottesfürchtig und meidet das Böse.« Gott hat all diese Kalamitäten, die ihm widerfahren, zugelassen, um seinen Glauben und seine Treue zu prüfen, und nicht, um ihn wegen seiner Sünden zu strafen, wie die »Weisen« glauben.

Anders gesagt, dieser Text rät uns zu der Bescheidenheit, keine Erklärung zu geben, wo es keine Erklärung gibt. Eines Tages befinden wir uns alle in der Situation von Hiob, und darum ist es interessant, sich diesen wesentlichen Text wieder ins Gedächtnis zu rufen. Auf Hiobs bohrende Fragen nach dem Unglück, das über ihn hereinbricht, antwortet Gott mit einer Nicht-Antwort: »Wo warest du, da ich die Erde gründete? ... Kannst du die Bande der Sieben Sterne zusammenbinden? ... Kannst du den Morgenstern hervorbringen zu seiner Zeit? ... Weißt du des Himmels Ordnungen? ... Will mit dem Allmächtigen rechten der Haderer? Wer Gott tadelt, soll's der nicht verantworten?« (Hiob 38–40) Beeindruckende Erwiderungen, die die unergründlichen Geheimnisse des Universums und die Unbegreiflichkeit des Leidens hervorheben. Also lenkt Hiob ein: »Ich erkenne, daß du alles vermagst, und nichts, das du dir vorgenommen, ist dir zu schwer. Wer ist der, der den Ratschluß verhüllt mit Unverstand? Darum bekenne ich, daß ich habe unweise geredet, was mir zu hoch ist und ich nicht verstehe.« In der Tradition des Buches Hiob hat Jesus sich geweigert, die Sünde und Strafen wie Krankheit, Bankrott etc. miteinander zu verbinden.

Im Gegensatz zu manchen Integristen, die zum Beispiel Aids als Gottesstrafe ansehen.

Ich will noch einmal betonen: Jesus hat keine Erklärung für das Böse und das Unglück geliefert. Der Gläubige geht davon aus, daß, wenn er im ewigen Licht angekommen sein wird, alle Dinge klar und einfach erscheinen werden. Aber im Moment weiß er nicht, was es mit dem Bösen und dem Unglück auf sich hat.

Gibt es auf einer etwas anderen Vorstellungsebene, zumindest im Christentum, nicht ein Beharren auf dem Leiden als Vorbedingung des Heils, was eben dadurch zum Bild einer wesentlich vom Opfer und von Masochismus geprägten Religion führt?

Es ist eine Tatsache, vor allem im Abendland und in gewissen Epochen, daß das Christentum dem Schmerz, dem Opfer und dem erlösenden Leiden eine große Bedeutung beigemessen hat. Das ist unleugbar, und das ist vornehmlich das Thema meines Buches *Die Sünde und die Angst**. Es hat etwas gegeben, was ich als Abtriften in den Schmerz bezeichnen würde. Aber dieses Abtriften steht im Widerspruch zum Leben und zum Wort Jesu. Denn wenn man sich auf die Evangelien bezieht, so fleht Jesus am Ölberg, am Tag vor seinem Tod, kurz vor seiner Verhaftung seinen Vater an:»Laß diesen Kelch an mir vorübergehen«. Er hat sich keineswegs gewünscht, dieses Leiden durchzumachen. Die Evangelien sagen uns, daß er dieses Gebet dreimal wiederholt hat. Aber er hat sogleich hinzugefügt:»Dein Wille geschehe«, anders gesagt, wenn dieser Tod unvermeidlich ist (als logische Folge seiner Bestimmung, die viele erschütterte), dann werde ich sterben, um meiner Botschaft bis zum Ende treu zu bleiben. Das Drama ist, das man den Tod Jesu oft im Sinne einer Opferhandlung interpretiert hat, als ob also Gott der Vater das Blut seines Sohnes brauchte, um die Menschen zu retten. Aber wenn man sich die Evangelien ansieht, stellt man fest, daß Jesus niemals den Tod oder das Leiden gesucht hat. Man hat ihm übrigens schon damals vorgeworfen, kein Asket zu sein.

Man warf ihm in der Tat vor, mit seinen Schülern zu trinken und sich zu Festgelagen einladen zu lassen.

---

* Jean Delumeau, *Le Péché et la Peur: la Culpabilisation en Occident (XIIIe–XVIIIe siècles)*, Paris 1984.

Ja. Es hat Festgelage gegeben. Man sagt sogar, er habe auf der Hochzeit zu Kanaa, als es keinen Wein mehr gab, Wasser in Wein verwandelt, was für einen Propheten recht ungewöhnlich ist. Bei Lazarus, Martha und Maria, die wohlhabende Leute waren, wurde er prunkvoll empfangen. Jesus scheint den Schmerz nicht gesucht zu haben. Aber die Evangelien berichten immerhin, daß er, bevor er sein öffentliches Leben begann, vierzig Tage betend und fastend in der Wüste verbracht hat. Er hat also eine asketische Kur durchgemacht. Alle großen Religionen der Welt, insbesondere der Buddhismus, schreiben diese Art von geistigem Rückzug vor, der eine Reinigung von Leib und Seele bewirken soll. Aber diese zeitlich begrenzte Erfahrung hat nichts Masochistisches.

Während es also richtig ist, daß Jesus das Leiden akzeptiert hat, ohne es jemals gewollt zu haben, kommt es im Christentum sehr bald zu einem Abtriften in den Schmerz, das sehr lange gedauert hat, aber jetzt dabei ist, zu verschwinden.

Besteht dieses Abtriften in den Schmerz darin, dem Leiden an sich einen Wert zu verleihen?

Das Leiden zu suchen und zu denken: »Je mehr man leidet, um so christlicher ist man«. In den ersten Jahrhunderten nach dem Tod Jesu haben viele christliche Asketen oder Athleten gedacht, daß sie niemals genug leiden könnten, um ihre Fehler zu sühnen. Das ist die Folge eines sehr starken Gefühls für die Sünde.

Die christliche Ikonographie hat jahrhundertelang einen wiederauf-erstandenen und ruhmreichen Christus dargestellt. Dann breiteten sich im Abendland die Bilder mit dem am Kreuz leidenden Christus aus. Warum dieser Wechsel der bildlichen Darstellung?

In der lateinischen Christenheit hat es hier tatsächlich eine Um-deutung gegeben, vor allem seit dem 13. Jahrhundert, wahrscheinlich unter dem Einfluß des heiligen Franziskus von Assisi und der Fran-

ziskaner. Franziskus hat versucht, sich mit dem leidenden Christus zu
identifizieren, und an seinen Händen und Füßen die Spuren der Nä-
gel der Passion empfangen. Das bezeichnet man als »Stigmata«. Das
Ansehen des heiligen Franziskus im Mittelalter war enorm; man bezeichnete ihn sogar als »anderen Christus« oder als »neuen Christus«.
Für die Leute der damaligen Zeit war er der größte Heilige seit Jesus.
Mitfühlend und hingebungsvoll wollte er für den leiden, den er lei-
denschaftlich liebte. Und die franziskanische Spiritualität, die sich in
der gesamten Christenheit ausbreitete, vervielfachte auch die Bilder
von der Kreuzigung, im Gegensatz zum ruhmreichen Christus der
vorherigen Phase. Aber das gesamte Christentum läßt sich nicht auf
dieses Abtriften in den Schmerz reduzieren, das je nach Ort und
Epoche unterschiedliche Formen angenommen hat. Ein Christ, der
dem Geist der Evangelien treu ist, ist jemand, der sich sagt: Wenn das
Leiden und der Schmerz kommen – was Gott nicht gefällt! – na gut,
dann muß ich das Beste für mich und die anderen daraus machen.

Individuelles Gericht und Jüngstes Gericht

Gibt es nicht zumindest im Christentum einen Unterschied zwischen
einem individuellen Seelengericht, das nach dem Tode stattfindet,
und dem kollektiven Gericht, bei dem über die gesamte Menschheit
geurteilt wird und das am Ende der Zeiten kommen soll?

Die traditionelle christliche Theologie hat vor allem im Mittelalter
und in der modernen Zeit in der Tat zwischen einem individuellen
Gericht, das sofort nach dem Tod stattfindet, und dem allgemeinen
Gericht über die Menschheit unterschieden.

Welches nach dem Zeitenende stattfindet?

Genau am Ende der Zeiten, wenn Gott beschließt, den Lauf der
Zeit und der Geschichte anzuhalten. Also kommt, den synoptischen

Evangelien (Matthäus, Markus und Lukas) und der Apokalypse zufolge, ein kosmisches Ereignis, das »Parusie« genannt wird. Die Parusie ist die Wiederkehr des auferstandenen und ruhmreichen Christus, der das Urteil über Lebende und Tote sprechen wird. Jesus kündigt sie explizit an: »Aber zu der Zeit, nach dieser Trübsal, werden Sonne und Mond ihren Schein verlieren; und die Sterne werden vom Himmel fallen, und die Kräfte der Himmel werden sich bewegen. Und dann werden sie sehen des Menschen Sohn kommen in den Wolken mit großer Kraft und Herrlichkeit. Und dann wird er seine Engel senden und wird versammeln seine Auserwählten von den vier Winden, von dem Ende der Erde bis zum Ende des Himmels.« (Markus 13, 24–27)

Wer werden die Auserwählten sein?

Ich bin nicht befugt, das zu sagen. Aber ich halte es für wichtig, sich bei diesem Thema auf Matthäus (Kap. 25) zu beziehen. Hier kann man lesen, daß das Urteilskriterium kein Kriterium der Theologie, des Glaubens oder der religiösen Überzeugung sein wird, sondern ein Kriterium der Liebe und des Dienstes, den man anderen geleistet hat. Es lohnt die Mühe, sich an diesen berühmten Text zu erinnern, der im Mittelpunkt unseres Themas steht: »Wenn aber des Menschen Sohn kommen wird in seiner Herrlichkeit und alle heiligen Engel mit ihm, dann wird er sitzen auf dem Stuhl seiner Herrlichkeit, und werden vor ihm alle Völker versammelt werden. Und er wird sie voneinander scheiden, gleich als ein Hirte die Schafe von den Böcken scheidet. Und er wird die Schafe zu seiner Rechten stellen und die Böcke zur Linken. Da wird dann der König sagen zu denen zu seiner Rechten: Kommt her, ihr Gesegneten meines Vaters, ererbet das Reich, das euch bereitet ist von Anbeginn der Welt! Denn ich bin hungrig gewesen, und ihr habt mich gespeist. Ich bin durstig gewesen, und ihr habt mich getränkt. Ich bin ein Fremdling gewesen, und ihr habt mich beherbergt. Ich bin nackt gewesen, und ihr habt mich bekleidet. Ich bin krank gewesen, und ihr habt mich besucht. Ich bin gefangen gewesen, und ihr seid zu mir gekommen. Dann werden ihm die Gerechten antworten und sagen: Herr, wann haben wir dich hungrig gesehen und haben dich gespeist, oder durstig, und haben dich getränkt? Wann haben wir dich als einen Fremdling gesehen und beherbergt, oder nackt und haben dich bekleidet? Wann haben wir dich krank oder gefangen gesehen und sind zu dir gekommen? Und der König wird antworten und sagen zu ihnen: Wahrlich, ich sage euch: Was ihr getan habt einem unter diesen meinen geringsten Brüdern, das habt ihr mir getan.« (Matthäus 25, 31–40)

Wodurch unterscheidet sich dieses Urteil am Ende der Zeiten, das alle Individuen betrifft, von dem Urteilsspruch des individuellen Seelengerichts nach dem Tod?

Es wird keine Änderung des Urteilsspruchs geben. Aber das individuelle Seelengericht bezieht sich auf denjenigen, der gerade gestorben ist, während am Zeitenende eine Art von allgemeiner Rekapitulation stattfindet, bei der von der gesamten Menschheit Bilanz gezogen wird. Die diesbezüglichen theologischen Fragen sind in den ersten Jahrhunderten der Kirche und zum Teil im Mittelalter heftig diskutiert worden. Man hat sich vor allem gefragt, ob die Auserwählten nach dem Tod und vor dem Jüngsten Gericht schon in den vollen Umfang des paradiesischen Glücks kommen würden. Oder ob es nicht, unabhängig vom Fegefeuer, vor dem endgültigen Eingang in den Himmel eine Art Wartebereich und -zeit geben würde, ein im Jenseits wiedergefundenes irdisches Paradies. Diese Vorstellung ist von der katholischen Kirche verworfen worden, als sich die Päpste im 14. Jahrhundert in Avignon befanden. Man muß also präzisieren, daß die Lehre, geschichtlich gesehen, den Schwerpunkt zuerst vor allem auf das Jüngste Gericht gelegt hat. Dann, in dem Maße, wie sich die Seelsorge und der Katechismus entwickelten, hat man vor allem auf das individuelle Gericht beharrt. So spricht man in den Moralpredigten des 17., 18. und 19. Jahrhunderts viel mehr vom individuellen als vom Jüngsten Gericht. Heute sind diese Unterscheidungen viel schwammiger geworden. Ich meine, daß die Kirchenlehre praktisch gar nicht mehr davon spricht.

Es gibt anscheinend noch eine weitere Debatte, die die Christenheit beschäftigt hat, nämlich die der Wiederauferstehung des Leibes. Nach dem Tod sollte die Seele auf einen »vervollkommneten und verherrlichten Körper« warten, den sie erst am Jüngsten Gericht bekommen würde.

Im christlichen Glaubensbekenntnis – zunächst im »Apostolischen Glaubensbekenntnis«, das das älteste ist, und dann in dem von Nicäa aus dem Jahre 325 – heißt es: »Ich glaube an die Wiederauferstehung des Fleisches und an das ewige Leben.« Das ist der Schluß des Glaubensbekenntnisses. Wieder einmal spreche ich als Historiker; ich spreche nicht meine persönliche Meinung aus, sondern beschreibe die traditionelle Auffassung. Das individuelle Gericht ist das über die Seele.

Sie haben mehrere Bücher über das Paradies geschrieben. Können Sie uns in wenigen Worten sagen, wie das Paradies in der jüdischen, christlichen und muselmanischen Vorstellung aussieht?

Ich bin kein Spezialist für das Judentum und den Islam. Ich werde daher vorsichtig antworten. Mir scheint, daß das alte Judentum den Schwerpunkt vor allem auf den messianischen Gedanken legte. Die Schöpfung wurde nicht mehr von der göttlichen Welt getrennt. Die Verehrung des einzigen Gottes und die universelle Brüderlichkeit markierten das Ende der Zufälligkeiten der Geschichte. Außerdem wurde die Prophetie von Hesekiel, in der die Wiederauferstehung der verdorrten Gebeine verheißen wird, später zweifellos als Ankündigung einer Wiedergeburt für das ewige Leben verstanden. Von dessen Realität scheint zu Lebzeiten von Jesus der größte Teil der Juden überzeugt gewesen zu sein, mit Ausnahme der Sadduzäer. Das Beharren auf der Existenz eines Paradieses im Jenseits scheint mir ganz allgemein im Judentum präsent gewesen zu sein oder noch immer zu sein. Einen noch größeren Raum scheint es im Koran einzunehmen, der in zahlreichen Versen versichert, daß es ein Jüngstes Gericht, eine ewige Belohnung für die Gerechten und eine endgültige Bestrafung für die Bösen geben wird. Das jenseitige Paradies wird immer als ein wiedergefundener Garten Eden mit sehr konkreten Freuden beschrieben. In Sure 44 heißt es: »Die Gottesfürchtigen werden sein an sicherer Stätte, in Gärten und Quellen; gekleidet werden sie sein in Seide und Brokat, sitzend einander gegenüber. Wir vermählen sie mit Mädchen mit großen Augen, in denen das Schwarze und Weiße stark hervortritt. Rufen werden sie dort nach allerlei Früchten in Sicherheit. Nicht werden sie dort schmecken den Tod außer dem ersten Tod, und hüten wird Er sie vor der Strafe des Höllenpfuhls.«*

Schon vor dem Islam kündigte das Christentum in schlichterer Weise das Jüngste Gericht und die »Wiederauferstehung des Fleisches« an, die durch die Auferstehung Christi möglich geworden war. Daher verkündete der heilige Paulus den Römern (8, 11) folgendes: »So nun der Geist des, der Jesum von den Toten auferweckt hat, in euch wohnt, so wird auch derselbe, der Christum von den Toten auferweckt hat, eure sterblichen Leiber lebendig machen«. Aber abgesehen von den zahlreichen Beschwörungen des himmlischen Jerusalem in der Apokalypse muß man feststellen, daß die Evangelien und die anderen Texte des Neuen Testaments keinerlei Beschreibung des Jenseits enthalten. Später wiederholen die Kirchenväter – und auch noch der heilige Benedikt in der Regel, die er für seine Mönche schrieb – unaufhörlich das Wort des heiligen Paulus und wenden es auf die selige Ewigkeit an: »Was kein Auge gesehen hat und kein Ohr gehört hat und in keines Menschen Herz gekommen ist, was Gott bereitet hat denen, die ihn lieben.« (1. Kor. 2, 9) Ich möchte diese christliche Zurückhaltung angesichts des Mysteriums des Jenseits betonen.

Und was ist mit der Hölle?

---

* Vgl. *Der Koran*, übers. von Max Henning, Stuttgart 1991, S. 480.

Was den Katholizismus betrifft, so postuliert die traditionelle Lehre, wie zum Beispiel die von Augustinus, einen Ort des ewigen Leidens für diejenigen, die in diesem Leben viel Böses getan und niemals bereut haben. In unseren Tagen macht man sich in der katholischen Kirche, wenn auch nicht offiziell, viel Gedanken über die Hölle. Für mich steht diese Frage an erster Stelle.

Wie sieht Ihr persönlicher Standpunkt aus?

Für mich ist die Hölle der »zweite Tod«, von dem der heilige Johannes spricht. Ich glaube, daß beim Tod tatsächlich eine Bilanz gezogen wird, daß man Rechenschaft ablegen muß über das, was man im Leben getan hat. Von denen, die begünstigter als andere waren und die mehr Gaben und Möglichkeiten bekommen haben, wird mehr verlangt werden. Aber man muß auf jeden Fall in dem Maße Rechenschaft ablegen, wie man für sein Leben verantwortlich gewesen ist.

Wie können diejenigen, die wirklich und ernstlich Böses getan haben, Zugang zum ewigen Glück bekommen? Ich stelle mir vor, daß sie einen »zweiten Tod« erleiden müssen. Es handelt sich dabei nicht um einen ewigen Ort oder um einen ewigen Leidenszustand – diese Vorstellung ist für mich unerträglich –, aber trotzdem um eine ewige Strafe. Eine endgültige Verurteilung zum Tode.

Wollen Sie damit sagen, daß sie ins Nichts zurückkehren sollen?

Sie werden ins Nichts verdammt werden, das ihre Strafe sein wird. Während die wiederauferstandenen Gerechten zu ewigem Glück berufen werden. Anders gesagt, die Zurückgewiesenen werden im Moment der Wiederauferstehung die Freude der Auserwählten sehen, eine Freude, von der sie wissen, daß sie ewig dauern wird, und sie werden begreifen, daß sie unwiderruflich zum Tode verurteilt sind.

Sie glauben also an die Vorstellung einer ewigen Strafe?

Ja, aber nicht an endlose Leiden. Die ganze Bibel sagt uns, daß
»Gott Gerechtigkeit und Barmherzigkeit ist«. Das ist der gemeinsame
Glaube der drei Buchreligionen. Wenn nun die Gerechtigkeit Gottes
eine Strafe für böse Untaten fordert, so verbietet mir seine Barmherzigkeit, zu glauben, daß diese Strafe ewiges Leiden sein könnte. Deshalb halte ich mich an die Lösung des »zweiten Todes«, der eine endgültige Vernichtung ist. Ich habe diese Lösung nicht erfunden, sie
stammt unter anderem vom heiligen Irenäus im 2. Jahrhundert nach
Christus. Irenäus sagte im wesentlichen: Wenn ausgemachte, hart-
näckige Sünder sich von Gott entfernt haben, so haben sie sich auch
vom Leben entfernt. Wenn sie sich vom Leben entfernt haben, wie
können sie dann weiterleben? Das ist die Argumentation von Irenäus,
die ich mir zueigen gemacht habe.

Wenn sie aber um Vergebung bitten?

Sie haben recht, denn ich glaube, daß die Vergebung Gottes unendlich ist, aber ich spreche von denjenigen, die so verstockt sind,
daß sie keine Vergebung verlangen.

Und was ist mit dem Fegefeuer?

Das Fegefeuer ist noch eine andere Lösung, die seit der Zeit der
Urkirche ins Auge gefaßt wurde, und vor allem von Origines. Aber
der Ausdruck ist nicht gut, denn, wie Jacques Le Goff gezeigt hat,
sind das Wort und der Ort erst im 12. Jahrhundert aufgetaucht. Der
Begriff der läuternden Strafe ist dagegen viel älter als der Ort oder das
Substantiv »Purgatorium«. Laut Origines werden alle sündigen Menschen (mit Ausnahme der Heiligen, die direkt ins Paradies gehen)
nach ihrem Tod einer Art Recycling unterworfen, also aufeinander
folgenden Läuterungen, zu denen ein gewisses Leiden gehört, aber
mit der Hoffnung ewigen Glücks am Horizont. Einige werden die

verschiedenen Etappen dieser »Überholung« leicht durchlaufen, andere müssen sich deutlich bessern, um letztlich der höchsten Glückseligkeit teilhaftig zu werden. Aber alle werden dahin gelangen. Dann gibt es keine wie auch immer geartete Hölle mehr. Die christliche Theologie hat also sehr schnell zwei mögliche Lösungen erdacht, die des Origines und die von Irenäus, um die Vorstellung eines Ortes ewiger Leiden zu beseitigen. Ich ziehe die des Irenäus vor, die besser zu den Szenen des Jüngsten Gerichts paßt, wie sie in den Evangelien beschrieben werden. Aber das ist nur eine persönliche Überzeugung!

Um auf das Zeitenende zurückzukommen, es gibt auf jeden Fall – ob man der Lösung von Irenäus, Origines oder auch von Augustinus folgt – nach der letzten Wiederauferstehung und dem Jüngsten Gericht einen Übergang von der Geschichte zur Ewigkeit.

Jesus leitet das Ende der Zeiten ein

Im Neuen Testament wird das Auftreten von Jesus an vielen Stellen als Vorbereitung auf das Ende der Zeiten dargestellt. Laut Paulus zum Beispiel kommt Jesus, wenn die »Zeiten erfüllt« sind oder die »Fülle der Zeit« eingetreten ist (Eph. 1, 10). Was soll das bedeuten?

Für die Verfasser des Neuen Testaments ist das völlig klar: Jesus leitet die letzten Zeiten ein und beginnt mit der Verwirklichung der eschatologischen Versprechen, die sich auf das letzte Schicksal des Menschen und der Welt beziehen. Die Formulierung »die Zeiten sind erfüllt« bedeutet, daß die Menschheit in die letzte Phase ihres Abenteuers eintritt und daß das definitive Ende der Geschichte näherrückt. Das Reich steht kurz bevor. Die Christen unterscheiden zwischen zwei Ankünften von Christus: die erste war die Geburt Jesu, die Inkarnation des Wortes Gottes. Die zweite wird die »Parusie« sein, das heißt, wie schon gesagt, die Wiederkehr des auferstandenen Christus in all seiner Herrlichkeit, der über Lebende und Tote richten wird. Mit der ersten Ankunft sind wir in die letzten Zeiten der Geschichte eingetreten, und diese wird sich mit der endgültigen Ankunft Christi vollenden.

Der zweite Brief des heiligen Petrus (3, 8–13) ist sehr erhellend, was die Erwartung und die Ungeduld der ersten christlichen Gemeinden in bezug auf die letzten Zeiten betrifft. Erlauben Sie, daß ich einen Auszug vorlese: »Eins aber sei euch nicht verborgen, ihr Lieben, daß ein Tag vor dem Herrn ist wie tausend Jahre und tausend Jahre wie ein Tag. Der Herr verzögert nicht die Verheißung, wie es etliche für eine Verzögerung achten; sondern er hat Geduld mit euch und will nicht, daß jemand verloren werde, sondern daß sich jedermann zur Buße kehre. Es wird aber des Herrn Tag kommen wie ein Dieb in der Nacht, an welchem die Himmel zergehen werden mit großem Krachen; die Elemente aber werden vor Hitze schmelzen, und die Erde und die Werke, die darauf sind, werden verbrennen ... Wir warten aber eines neuen Himmels und einer neuen Erde nach seiner Verheißung, in welchen Gerechtigkeit wohnt«.

Ich werde in unserem Gespräch später sicher noch die Gelegenheit haben, auf die Komplikation zurückzukommen, die die Apokalypse in die eschatologischen Erwartungen eingeführt hat. Sagen wir für den Moment einfach, daß sie sie verstärkt hat, indem sie erstens eine ruhmreiche Rückkehr Christi ankündigt, der tausend Jahre auf der Erde herrschen wird, und zweitens die Heraufkunft des endgültigen Jerusalem im Himmel.

Können Sie etwas über Henoch und Elia sagen, diese beiden geheimnisvollen Gestalten im Alten Testament, die kurz vor dem Ende der Zeiten wiederkehren sollen?

Henoch ist eine der rätselhaftesten Gestalten der Bibel. Er gehört zu den ersten Nachkommen von Adam und Eva, also zu jenen Patriarchen vor der Sintflut, die sehr lange lebten. Laut dem Bericht der Genesis – den ich wiederum als mythisch ansehe – lebte Henoch insgesamt dreihundertfünfundsechzig Jahre und starb nicht. »Und dieweil er ein göttliches Leben führte, nahm ihn Gott hinweg, und er ward nicht mehr gesehen«, heißt es in der Bibel (Gen. 5, 24). Elia ist ein großer Prophet Israels, der um das 9. Jahrhundert vor Christus gelebt haben soll. Laut Bibel ist er nicht gestorben, sondern vor den erstaunten Augen seines Schülers Elisa in einem Feuerwagen in den Himmel geführt worden: »Und da sie miteinander gingen und redeten, siehe, da kam ein feuriger Wagen mit feurigen Rossen, die schieden die beiden voneinander; und Elia fuhr also im Wetter gen Himmel.« (2. Könige 2, 11) Der Bibel zufolge haben diese beiden Gestalten also eines gemeinsam, nämlich daß sie von Gott in den Himmel geführt wurden, ohne zu sterben; und ich glaube, daß sie die beiden einzigen sind, denen dies widerfahren ist. Es hat sich dann eine jüdische apokalyptische Tradition im Zusammenhang mit der Idee entwickelt, daß diese beiden Gestalten am Ende der Zeiten wiederkehren würden, um die Ankunft des Messias vorzubereiten. Zur Zeit von Jesus, einer Epoche mit starker messianischer Erwartung, erwarteten zahlreiche religiöse jüdische Gruppen die Rückkehr von Henoch und vor allem des Propheten Elia. Deshalb fragten die Abgesandten der Hohepriester Johannes den Täufer, der im Jordan taufte: »Bist du Elia?« (Joh. 1, 21), und deshalb glaubten mehrere religiöse Juden, daß Jesus Elia sei (Markus 6, 15).

Gibt es eine Verbindung zwischen Henoch und Elia einerseits und den berühmten »zwei Zeugen« der Apokalypse andererseits?

Gewiß. Da die Apokalypse des Johannes, die das Neue Testament abschließt, von der jüdischen apokalyptischen Tradition inspiriert ist, nimmt sie auch dieses Thema der beiden Propheten am Zeitenende auf. Der Apokalypse zufolge wird der Rückkehr von Christus eine große eschatologische Auseinandersetzung vorausgehen. Während dieses Kampfes wird Gott zwei Zeugen entsenden, die weissagen sollen und dann von dem »Tier«, einer Art Inkarnation des Bösen, getötet werden. Aber »nach drei Tagen und einem halben fuhr in sie der Geist des Lebens von Gott, und sie traten auf ihre Füße«, sagt uns die Apokalypse. »Und eine große Furcht fiel über die, so sie sahen; und sie hörten eine große Stimme vom Himmel zu ihnen sagen: Steiget herauf! Und sie stiegen auf in den Himmel in einer Wolke, und es sahen sie ihre Feinde.«(Off. 11, 11–12) Die Namen Henoch und Elia werden nicht explizit genannt, aber die christliche Tradition hat sie oft mit diesen beiden»Zeugen«des Zeitenendes in Verbindung gebracht. Besonders im Mittelalter, insbesondere in der Ikonographie. Man stellte zum Beispiel Weltkarten her, auf denen oben und im Osten der Garten Eden liegt, wobei Adam und Eva zu beiden Seiten des Baumes stehen, und im Westen, symmetrisch, Henoch und Elia, um das Ende der Zeiten anzukündigen. So ging selbst die Kartographie vom Garten Eden aus, um beim Jüngsten Gericht zu enden. So sah für die damaligen Christen die Geschichte der Menschheit aus.

Da wir gerade von der Apokalypse sprechen, können Sie uns sagen, wie das Ende der Zeiten in diesem Text beschrieben wird? Wie sehen die Vorzeichen für das Ende der Welt und das Jüngste Gericht aus?

Die Johannes zugeschriebene Apokalypse ist nicht der einzige Text im Neuen Testament, in dem das Ende der Zeiten beschworen wird. In den synoptischen Evangelien hält Jesus manchmal eschatologische Reden. Zu seiner Zeit stand dieses literarische Genre hoch in Blüte. Die vorherrschende Idee war, daß man keinen Zugang zum himmlischen und ewigen Jerusalem bekommen wird, ohne daß es zuvor einen endgültigen Kampf zwischen Gut und Böse gegeben habe. Diese Vorstellung war bereits weit verbreitet. In den Evangelien und in der Apokalypse erreichte sie ihren Höhepunkt. In den Evangelien findet sich eine gewisse Zahl von Vorzeichen, die Jesus als Hinweis auf das Zeitenende beschreibt: Kriege, Erdbeben, Zeichen am Himmel, die Himmelskräfte werden bewegt, die Menschen werden in Angst leben, es wird eine allgemeine Unruhe geben.»Wird es dann noch Glauben auf der Erde geben?«fragt sich selbst Jesus. Aber er präzisiert auch:»das Evangelium wird in der ganzen Welt gepredigt werden … und dann wird das Ende kommen«(Matth. 24, 14). Das ist

einer der Gründe, weshalb Christoph Kolumbus bei der Entdeckung
Amerikas gewiß war, in den letzten Zeiten zu leben, da das Evange-
lium nun bei bisher unbekannten Völkern verkündet wurde. Und
dann gibt es die Prophetie von Jesus, der die baldige Zerstörung des
Tempels von Jerusalem (die etwa vierzig Jahre nach seinem Tod statt-
finden sollte) ankündigte, und das erschütternde Wort über das
Schicksal des Volkes von Israel: »Und sie werden fallen durch des
Schwertes Schärfe und gefangen geführt werden unter alle Völker;
und Jerusalem wird zertreten werden von den Heiden, bis daß der
Heiden Zeit erfüllt wird.« (Lukas 21, 24) Ausgehend von diesem
Wort haben einige die Rückkehr des jüdischen Volkes nach Israel
in diesem Jahrhundert sogar als eines der von Jesus angekündigten
Zeichen interpretiert, das auf das unmittelbare Bevorstehen des Zei-
tenendes hinweise.

Die Abendländer haben im Laufe ihrer ganzen Geschichte immer
wieder die unfaßbaren oder dramatischen Ereignisse ihrer Epoche
als Zeichen für das Ende der Zeiten interpretiert.

Selbstverständlich! Und insbesondere einige besonders tragische
Ereignisse: die Pest, die große Kirchenspaltung am Ende des 14. und
zu Beginn des 15. Jahrhunderts, die Religionskriege. Man hat diese
dramatischen Ereignisse der abendländischen Geschichte zweifellos
durch die Brille der apokalyptischen Literatur interpretiert. Man kam
leicht zu der Schlußfolgerung, daß die »eschatologischen Fälligkeitsdaten« – ich verwende diesen Ausdruck mit Absicht – nahe waren.
Fälligkeitsdaten, die sowohl das Ende der Zeiten als auch der Übergang zu tausend Jahren Glückseligkeit auf Erden sein konnten. Es
hat zwei Kategorien von eschatologischen Fälligkeitsdaten gegeben.

Sie spielen hier auf die millenaristischen Glaubensformen an, die
von der Apokalypse inspiriert wurden. Bevor wir darauf kommen,
lassen Sie uns noch über diesen Text sprechen, der die Geschichte
des Abendlandes so sehr geprägt hat. Wer war der Autor der
Apokalypse?

Die Überlieferung schreibt dieses Buch dem heiligen Johannes zu, dem inniggeliebten Schüler von Jesus, der auch der Verfasser des vierten Evangeliums und von mehreren Briefen ist. Viele heutige Exegeten lehnen diese Zuordnung ab und neigen eher zu der Meinung, daß es sich um ein Kollektivwerk handelt, das aus Christenkreisen in Ephesus stammt, die sich als Erben der Lehre des Apostels Johannes betrachteten. Ich möchte zu dieser Frage nichts sagen, da sie nicht zu meinem Kompetenzbereich gehört. Man ist sich zumindest sicher, daß dieses Buch am Ende des 1. Jahrhunderts verfaßt wurde, um das Jahr 90, während der Christenverfolgungen von Domitian. Diese apokalyptischen Propheten wollten den verfolgten Leuten wieder Mut machen. Für die meisten Kommentatoren gibt es keinen Zweifel, daß »das Tier«, »der Drache«, von dem im ganzen Buch geredet wird, nichts anderes als Rom ist – das Rom, das die Christen verfolgte. Es ging im wesentlichen darum, den christlichen Opfern der Verfolgung zu sagen: Ihr leidet wegen eures Glaubens, aber haltet durch, der Sieg des Guten über das Böse ist sicher.

Was bedeutet »Apokalypse«?

»Offenbarung«. Es handelt sich um das »Buch der Offenbarungen«, das entschleiert, was verborgen war. Das Werk beginnt übrigens so: »Offenbarung: Weissagung des Gesalbten, ihm eingegeben von Gott, auf daß er seinen Knechten verkünde, was – bald und rasch! – geschehen muß. Durch seinen Engel hat er seinem Knecht Johannes das Geheimnis enträtselt. Und Johannes sagt aus: So sprach Gott, so hat es der Gesalbte bezeugt. Ich aber sah alles mit an in Traum und Gesicht: Es ist wahr. Selig, wer die Weissagung liest. Selig, wer ihre Worte vernimmt. Selig, wer achtgibt auf die Zeichen der Schrift. Denn der Tag ist nah, an dem Er kommen wird.«[*]

---

[*] Übersetzung: Walter Jens, *Das A und das O. Die Offenbarung des Johannes*, Stuttgart 1987.

Wie ist dieses Buch aufgebaut?

Zunächst richtet sich die Apokalypse an sieben Gemeinden in Asien, die aufgeführt werden. Sie kündigt das letzte Gericht über die Menschheit an, dem allerdings drei Phasen vorausgehen. Zunächst eine Zeit langer und schmerzhafter Prüfungen: Kataklysmen, Katastrophen etc. Dann eine tausendjährige Phase des irdischen Friedens, in der der Teufel gefesselt ist. Und schließlich eine dritte, sehr kurze, aber schreckliche Phase, der Endkampf zwischen Gut und Böse, der dem Ende der Zeiten unmittelbar vorausgeht, also dem Jüngsten Gericht und der immerwährenden Ewigkeit, in der die Auserwählten sich um den Thron des Lamms scharen, das Jesus den Erlöser repräsentiert.

Sie können uns also beruhigen: Es ist gewiß, daß das Gute siegen wird!

Es gibt keinen Zweifel, die Geschichte ist sehr bald zu Ende! Man muß die großartigen Seiten am Ende des Buches immer wieder lesen. Sie sind vor allem von den Visionen des Propheten Jesaja inspiriert und beschreiben die »Neuen Himmel«, das heißt die Ewigkeit: »Und ich sah einen Neuen Himmel und sah die Erde, die neu war; denn vergangen ist der erste Himmel, vergangen die erste Erde, und auch das Meer ist nicht mehr. Gesehen habe ich die Neue Stadt, das Heilige Jerusalem, herniedergekommen, von Gott gesandt aus den Himmeln und geschmückt wie eine Braut, ein schönes Kind, das seinen Bräutigam erwartet: Komm, Du! Laß mich nicht allein! Und ich hörte, vom Thron her, eine gewaltige Stimme, die sprach: Ich sage Dir, und das ist wahr: Gott hat sein Zelt aufgeschlagen unter den Menschen. Und er wird mit ihnen wohnen, und sie werden sein Volk sein, und Gott selbst ist bei ihnen und wird abtrocknen die Tränen in ihren Augen, und Tod wird nicht mehr sein und auch kein Weinen, keine Trauer, keine Mühsal mehr: denn die alte Zeit ist vergangen. Und dann sprach er zu mir – Er! Zu Johannes! – und rief: Ich sage Dir, und das ist wahr: Neu mache ich alles. Und dann sagte er: Schreib! Schreib sie auf, meine Worte. Sie sind verläßlich und wahr. Und dann redete er abermals zu mir und sagte: Es ist geschehen. Die Worte sind in Erfüllung gegangen. Ich bin das Alpha und das Omega, ich bin Anfang und Ende. Ich werde dem Durstigen Wasser vom Lebensquell geben, und er braucht's nicht zu entgelten.« (Apo. 21, 1–6) Dann läßt sich der Autor von den Visionen des Propheten Hesekiel inspirieren und beschreibt die Heilige Stadt, in der die Auserwählten leben werden: »Und er [ein Engel] führte mich … auf einen hohen, großen Berg, und von dort zeigte er mir die heilige Stadt, Jerusalem, das, gottgesandt, herabschwebt vom Himmel, eingetaucht in den Glanz und die Anmut und die Herrlichkeit Gottes. Wie der kostbarste Stein erstrahlte die Stadt: kristallen leuchtend wie der Jaspisstein.« (Apo. 21, 10–11) »Und auch eine Sonne und einen Mond, die leuchtenden Gestirne, braucht die Stadt nicht; denn sie erstrahlt in der Herrlichkeit Gottes, und das Lamm ist ihr Feuer und Licht. Einhergehen werden die Völker – alle! – im Glanz dieser Stadt, und die Könige der Erde bringen ihre Schätze mit, wenn sie ins heilige Jerusalem kommen, die Stadt des Herrn, deren Tore offenstehen in der Helligkeit von Morgen zu Morgen; denn Nacht wird nie mehr hier sein« (Apo. 21, 23–24). Und das Buch endet mit den Worten Christi: »Ja! Ich komme bald.«

Umberto Eco weist darauf hin, daß man bei der Apokalypse spontan an ein Buch der Verwünschung denkt, obwohl es sich um ein Buch der Hoffnung handelt.

Er hat völlig recht! Es handelt sich um ein Buch, das Trost und Hoffnung spendet. Man hat dieses Buch immer als ein entsetzliches Drama gelesen, indem man die Aufmerksamkeit auf die katastrophischen Episoden lenkte. Aber letzten Endes ging es darum, den verfolgten Gemeinden in Asien zu sagen: Ihr macht eine Zeit der Prüfung durch, aber die wird bald zu Ende sein. Dann wird es endgültig Glückseligkeit geben, und das Böse wird für immer besiegt sein.

Tausend Jahre Glückseligkeit

Eine Besonderheit der Apokalypse ist auch, daß sie das Neue Testament abschließt; sie ist das letzte der »offenbarten« Bücher.

Gewiß, aber man muß wissen, daß man sich im Abendland schwer tat, die Apokalypse unter die kanonischen Bücher aufzunehmen, und zwar gerade wegen der Frage des Millenarismus, wegen dieser berühmten tausend Jahre des Glücks auf Erden. Die religiösen Autoritäten befürchteten, daß diese millenaristische Interpretation die Gläubigen von spirituellen Fragen ablenken könnte. Es hat mehrere Jahrhunderte gedauert, bis dieses Buch in den Kanon der Bibel aufgenommen wurde.

Sie haben kürzlich ein ganzes Buch über diese spannende Frage des Millenarismus veröffentlicht.

Ich habe 1992 unter dem Titel *Der Garten der Freuden* den ersten Band einer *Geschichte des Paradieses** veröffentlicht. Ich wollte damit die Sehnsucht nach dem verlorenen Paradies, so wie sie sich in unserer abendländischen Zivilisation ausgedrückt hat, wiederbeleben. Es war logisch, daß ich dann einen zweiten Band – mit dem Titel *Tausend Jahre Glückseligkeit** – über die andauernde Hoffnung, in der Zukunft das irdische Paradies der Ursprünge wiederzufinden, geschrieben habe. Diese Hoffnung kann als »Sehnsucht nach der Zukunft« bezeichnet werden. Als ich dieses neue Buch schrieb, bewegte ich mich weiterhin innerhalb eines umfassenden Projekts, an dem ich seit zwanzig Jahren arbeite und das zum Ziel hat, nach und nach in der Vergangenheit die Ängste und das Sicherheitsbedürfnis unserer Zivilisation zu erforschen und dabei die Träume von der Glückseligkeit wiederaufleben zu lassen. Die amerikanische Historikerin Marjorie

---

*   Jean Delumeau, *L'Histoire du paradis, Le Jardin des délices*, Paris 1992.
** Jean Delumeau, *Mille ans de bonheur*, Paris 1995.

Reeves hat zu Recht geschrieben: »Die Träume der Menschen bilden einen Teil ihrer Geschichte und erklären viele ihrer Handlungen.«

Wenn man von »Millenarismus« spricht, meint man im allgemeinen die Erwartung von Katastrophen, die angeblich das Jahr 1000 oder 2000 prägen sollen. Aber, wie uns Stephen Jay Gould erklärt hat, handelt es sich keineswegs darum, sondern um einen Glauben an tausend Jahre irdischer Glückseligkeit.

Kurz vor dem Jahr 2000 gibt es in der Tat eine beharrliche Vermischung der Angst vor dem Ende des Millenniums und des »Millenarismus«, der die Hoffnung auf tausend Jahre irdischer Glückseligkeit ist, wobei die Zahl im Laufe der Zeitalter mal ganz wörtlich und mal symbolisch verstanden worden ist. Die Sehnsucht nach einem Land oder einer Erde ohne Böses und ohne Unglück hat es in vielen Kulturen gegeben, wie zum Beispiel in der der Guarani, aber ich habe mich bei meiner Forschung nur mit der abendländischen Zivilisation beschäftigt.

Ist die Apokalypse der Ausgangspunkt für die millenaristischen Glaubensformen?

Im Abendland sicher. Aber man muß ein weiteres Mal sehen, daß die Apokalypse in einer sehr lebendigen apokalyptischen jüdischen Tradition wurzelt. Im Alten Testament gibt es zahllose Weissagungen, die dem jüdischen Volk, das in Gefahr war, verfolgt, verschleppt oder erniedrigt wurde, eine strahlende Zukunft verkündeten. Die bewegendsten wurden Jesaja zugeschrieben: »Die Wölfe werden bei den Lämmern wohnen und die Parder bei den Böcken liegen. Ein kleiner Knabe wird Kälber und junge Löwen und Mastvieh miteinander treiben. Kühe und Bären werden auf der Weide gehen, daß ihre Jungen beieinander liegen, und Löwen werden Stroh essen wie die Ochsen. Und ein Säugling wird seine Lust haben am Loch der Otter, und ein Entwöhnter wird seine Hand stecken in die Höhle des Basilisken....

Und der Herr wird die Tränen von allen Angesichtern abwischen und wird aufheben die Schmach seines Volkes in allen Ländern; denn der Herr hat's gesagt.« (Jesaja 11, 1–9, und 25, 6–9)

Zu den Texten des Alten Testaments, die den christlichen Millenarismus grundlegend geprägt haben, gehört auch der berühmte Traum, den Daniel Nebukadnezar erklärt. Eine Statue, die aus vier Materialien von abnehmendem Wert bestand, wurde von einem Stein umgestürzt, der sich auf geheimnisvolle Weise vom Gebirge gelöst hatte. Laut Daniel symbolisierte die Statue vier Königreiche, die nacheinander zusammenbrechen und die durch ein fünftes ersetzt werden würden, das kein Ende hätte. Im 16. Jahrhundert bezog der Revolutionär Thomas Münzer diesen Text auf die Fürsten von Sachsen, und im 17. Jahrhundert bezeichneten sich die englischen Millenaristen selbst als »Fifth Monarchy Men«.

Aber es ist sicher die Apokalypse, die dem heiligen Johannes zugeschrieben wird, die die Hauptgrundlage für den christlichen Millenarismus liefert, hier wird der Ausdruck »tausend Jahre« explizit erwähnt. Der Autor sieht tatsächlich, wie ein Engel vom Himmel herabsteigt und den Drachen, das heißt das Böse, »für tausend Jahre« in Ketten legt. Daraufhin sind die Märtyrer und alle, die sich weigerten, das Tier und sein Bild zu verehren »lebendig geworden; *die* herrschen nun tausend Jahre mit dem Gesalbten und sprechen Gericht«. Das ist die »Erste Auferstehung« ... »Sind aber die Jahre vollendet, dann ist er frei, der Satan, und verläßt seinen Kerker tief drunten, um alle Völker aus den vier Ecken der Welt zu verführen.« (Apo. 20, 1–7) Dann werden die letzte Schlacht Gottes gegen das Böse, die allgemeine Wiederauferstehung – denn während der tausendjährigen Herrschaft sind nur die Gerechten auferstanden – und schließlich das Jüngste Gericht kommen. Die Grundlage des millenaristischen Glaubens ist also die Überzeugung, daß es zwischen der Zeit, in der wir leben, mit all ihren Mißgeschicken und Verbrechen, und der nach dem Jüngsten Gericht kommenden Ewigkeit eine friedliche und glückliche irdische Zwischenphase gibt, die von Christus und den wiederauferstandenen »Gerechten« beherrscht wird. Dieses

Reich wird von zwei Perioden mit Katastrophen und Kriegen einge-
leitet und abgeschlossen, wobei die zweite, wie schon gesehen, viel
kürzer ist als die erste.

Von wann an finden sich in der Geschichte der christlichen
Gemeinden Spuren des millenaristischen Glaubens?

Bei den Christen der ersten Jahrhunderte war der Millenarismus
anscheinend sehr verbreitet. Das war normal in einer Zeit, die von
Verfolgungen geprägt war. Die Märtyrer sollten, ausgehend von der
Apokalypse, glauben, daß auf ihren Tod sehr schnell eine Wiederauferstehung folgen würde, dank derer sie durch eine völlige Umkehrung der Situation zusammen mit Christus über die Erde ihrer Mar-
tern herrschen würden. Unter den christlichen Millenaristen der
ersten Jahrhunderte finden sich namentlich Papias, der Bischof von
Hierapolis in Kleinasien, der ein Zuhörer des heiligen Johannes gewesen war, der heilige Justin, ein Palästinenser, der um 165 in Rom
den Märtyrertod fand, der heilige Irenäus, Bischof von Lyon und
202 gestorben, Tertullian, gestorben 222, und, nach dem »Kirchen-
frieden«, der bedeutende Schriftsteller Laktanz.

Laut Irenäus stellte sich Papias, dessen Schriften verlorengegangen sind, das Millennium folgendermaßen vor: »Es werden Tage
kommen, an denen Weinstöcke wachsen werden, die jeder zehntausend Äste haben, und an jedem Ast zehntausend Zweige, und an jedem Zweig zehntausend Knospen, und an jeder Knospe zehntausend
Reben, und an jeder Rebe zehntausend Trauben und jede ausgepreßte
Traube wird fünfundzwanzig Maß Wein liefern.« Das gleiche gilt für
Korn, Früchte und alle Samen. »Alle Tiere, die diese Nahrung zu sich
nehmen, die sie von der Erde bekommen, werden friedlich miteinander leben und den Menschen voll und ganz untertan sein.«

Was Justin betrifft, so bekräftigt er, daß man im herrlichen Jerusalem des Millenniums »weder die Stimme des Jammerns noch die
Stimme des Klagens vernehmen wird; es wird weder vorzeitig geborene Kinder noch Greise geben, die ihre Zeit nicht vollenden kön-

nen ... Man wird Häuser bauen und selber darin wohnen; man wird Weinstöcke anbauen und selber ihre Früchte essen«. Die Fortpflanzung wird weiterhin bestehen, aber es wird eine gesegnete Rasse daraus entspringen. Daß der Millenarismus eine quasi offizielle Lehre war, zeigt eine andere Erklärung Justins: »Was mich und die Christen der einheitlichen Lehre betrifft, so wissen wir, daß eine Wiederauferstehung des Fleisches binnen tausend Jahren im wiederaufgebauten, geschmückten und vergrößerten Jerusalem stattfinden wird, wie die Propheten Hesekiel, Jesaja und andere bestätigen.«

Für Irenäus wird das erneuerte Jerusalem des Millenniums das endgültige Jerusalem des Himmels vorbereiten, sich aber nicht mit ihm vermischen. »Diese Ereignisse«, versichert der Bischof von Lyon, »dürfen keinen Platz an den über-himmlischen Orten haben ...«, sondern finden in der Zeit des Königreiches statt, nachdem die Erde vom Herrn erneuert und Jerusalem nach dem Vorbild des himmlischen Jerusalem wiederaufgebaut wurde.« Das erste Jerusalem wird also das zweite vorbereiten. Und schließlich präzisierte Laktanz, der heidnische Rhetor, der zum Christentum konvertiert und zum Erzieher von Konstantins Sohn geworden war: »Nach der Wiederauferstehung wird der Sohn Gottes tausend Jahre unter den Menschen regieren, und er wird über sie mit einer sehr gerechten Herrschaft herrschen. Wer am Leben ist, wird also nicht sterben, sondern tausend Jahre lang eine zahllose Mannigfaltigkeit erzeugen ... Dann wird die Sonne siebenmal wärmer werden als jetzt. Die Erde wird ihre Fruchtbarkeit zeigen und von sich aus reichliche Ernten bringen. Honig wird sich von den Bergen herabgießen. Wein wird in den Bächen fließen. Die Welt wird endlich in Freude leben, befreit vom Reich des Bösen. Die Tiere werden sich nicht mehr von Blut ernähren.«

Sie sagten, die Kirche habe sich wegen des Millenarismus schwergetan, die Apokalypse unter die kanonischen Bücher aufzunehmen, aber wenn man Ihren Ausführungen folgt, hat man eher den Eindruck, daß die Urkirche dieser Vorstellung voll ergeben war.

Es hat immer erbitterte Gegner der Millenniumstheorie gegeben, und Augustinus hat am meisten dazu beigetragen, den millenaristischen Glauben zurückzudrängen, dem er selbst zuvor allerdings auch angehangen hatte. Er weigerte sich, Zukunftsperspektiven zu unterstützen, die ihm eher fleischlich als spirituell erschienen. Er schlug daher eine symbolische Auslegung der Apokalypse vor und lehrte, daß mit der Geburt Christi die tausend Jahre seiner Erdenherrschaft begonnen hätten und direkt danach das Jüngste Gericht und die Heraufkunft der himmlischen Stadt kommen würden. Es gab also keinen Grund, auf eine Zwischenphase zu warten. Die offiziellen Instanzen der Kirche machten sich nun Augustinus' Interpretation der Apokalypse zueigen. So zählt das berühmte Dekret von Papst Gelasius vom Ende des 5. Jahrhunderts, in dem die kanonischen und die apokryphen Schriften unterschieden wurden, die Apokalypse weiterhin zu den ersteren, betrachtet aber die millenaristischen Schriften von Tertullian, Justin, Laktanz etc. mit Argwohn. Daß die Autoritäten der Kirche eine buchstäbliche Lektüre des 20. Kapitels der Apokalypse ablehnten, erklärt vielleicht, warum die Ikonographie, die sich im Laufe der Zeitalter mit dem »Buch der Offenbarungen« beschäftigte, es meistens unterlassen hat, sich auf die tausendjährige Erdenherrschaft Christi zu beziehen. In der orthodoxen Kirche hat es übrigens viel länger gedauert, die Apokalypse unter die kanonischen Schriften aufzunehmen. Das geschah nicht vor dem 14. Jahrhundert, und immer noch mit reichlichen Vorbehalten. Seit dem 5. Jahrhundert ist der Millenarismus also marginalisiert worden, was allerdings nicht heißt, daß er keine geschichtliche Bedeutung gehabt hätte, ganz im Gegenteil.

Sie zeigen in Ihrem Buch, daß der Millenarismus im 12. Jahrhundert wieder an Einfluß gewinnt, und zwar mit dem kalabrischen Mönch Joachim von Fiore.

Ohne jemals das Wort »Millennium« zu verwenden, kündigte Joachim von Fiore in der Tat die Ankunft einer Zeit des Geistes an, während derer die Menschheit in heiliger Armut, Frömmigkeit und Frieden leben würde. Für ihn ließ sich die gesamte Geschichte in drei Phasen einteilen: die Zeit »vor der Gnade«, die »der Gnade« und schließlich »die, die wir erwarten, die nah ist« und welche diejenige der »größten Gnade« sein wird. Übersetzen wir: die Zeit des mosaischen Gesetzes vor Christus – das Zeitalter des Vaters; die Zeit, die vom Auftreten Christi »unter dem Buchstaben des Evangeliums« geprägt ist – das Zeitalter des Sohnes; und schließlich die Zeit, die nahe bevorsteht, in der die »spirituelle Intelligenz« triumphieren wird – das Zeitalter des heiligen Geistes und des »ewigen Evangeliums«.

In seinem bekanntesten Werk *Concordia veteris et novi Testamenti* (*concordia* ist hier mit Konkordanz zu übersetzen) schrieb Joachim: »Der erste Zustand war der des Erkennens [d. h. der, in dem man gezwungen war, zu lernen]; der zweite ist der der Weisheit; der dritte wird der der Fülle der Intelligenz sein. Der erste war der der Knechtschaft; der zweite ist der der kindlichen Abhängigkeit; der dritte wird der der Freiheit sein. Der erste fand unter der Peitsche statt; der zweite steht unter dem Zeichen des Handelns; der dritte wird der der Kontemplation sein. Den ersten Zustand hat die Angst charakterisiert; den zweiten der Glauben. Der dritte wird von der Nächstenliebe geprägt werden. Der erste war die Zeit der Sklaven; der zweite ist der der freien Menschen; der dritte wird der der Freunde sein. Der erste war die Zeit der Greise; der zweite ist der der Erwachsenen; der dritte wird der der Kinder sein. Der erste lag in der Nacht der Sterne, der zweite in der Morgenröte, der dritte wird der des Tageslichtes sein.« Joachim, der im Jahre 1202 starb, ging davon aus, daß eine kritische Phase unmittelbar bevorstünde, die bis 1260 dauern würde, und daß nach dieser Zeit der Turbulenzen die »monastische Religion« den Frieden auf der Welt zur Herrschaft bringen würde. Er hat diese Zukunft spirituellen und dennoch irdischen Glücks nur äußerst zurückhaltend beschrieben. Wichtig ist jedoch, daß er durch seinen Bruch mit der augustinischen Interpretation der offiziellen Kirche zur Eschatologie der ersten christlichen Generationen zurückkehrte – die eine Phase der irdischen Glückseligkeit zwischen unsere wechselhafte Geschichte und das Jüngste Gericht schob. Man hat seine Botschaft als »Wiederaufstieg des eschatologischen Verdrängten« bezeichnet.

Warum hat dieser pazifistische Mönch revolutionäre und manchmal sogar äußerst gewalttätige Auswirkungen hervorgerufen?

Ich sehe zwei Gründe dafür. Zunächst kündigte er an, daß auf die Kirche der Kleriker die Kirche der Kontemplativen, also der Mönche folgen würde, die alle arm sind. Damit hatte er unabsichtlich einen Schlag gegen die Kirche als Institution geführt. Dann hat er oft die evangelische Formulierung »die Letzten werden die Ersten sein« benutzt, die er durch die schon genannte Behauptung ergänzte, daß die Zeit der Greise und der Erwachsenen durch die der Kinder abgelöst werden würde: die *parvuli* würden die Welt regieren und die Hochmütigen und Mächtigen strafen. Diese Formulierungen erklären die Rolle der Franziskaner, die für die Armut eintraten, bei der Verbreitung der Ideen Joachims. Sie erklären auch, daß Denker, die weniger irenäisch als Joachim waren, seine Ideen in einen radikalen und gewaltsamen Millenarismus umwandeln konnten. Aber sein Einfluß ging weit über extremistische und sogar christliche Kreise hinaus. Dante hat ihn als »Propheten« bezeichnet. Christoph Kolumbus und Campanella haben ihn mehrfach zitiert. Im 19. Jahrhundert haben Hegel und Auguste Comte seine Einteilung der Geschichte in drei Abschnitte wiederaufgegriffen. George Sand stellte ihn in den Mittelpunkt ihres Romans *Spiridion*, in dem es um die Entstehung einer neuen Religion der Menschheit geht. Michelet sieht in ihm den Verkünder des »Zeitalters des freien Geistes und der Wissenschaft«. Und noch 1921 zählt ihn der deutsche Marxist Ernst Bloch zu denen, die einen leuchtenden Funken aufscheinen ließen, der nicht erlöschen wird.*

---

* Vgl. Ernst Bloch, *Thomas Münzer als Theologe der Revolution*, Frankfurt a. M. 1962, S. 241.

War auch der berühmte Wahrsager Nostradamus, ein Schützling von Katharina von Medici, der in seinen berühmten *Centuries* die Heraufkunft eines »großen Monarchen« ankündigte, der über die Erde herrschen würde, von den millenaristischen Thesen und denen Joachims beeinflußt?

In den *Centuries* gibt es mehrere millenaristische Formulierungen. Aber eine geschichtlich viel bedeutendere Tatsache ist, daß die – mehr oder weniger verstandene – Botschaft von Joachim von Fiore sich seit dem 13. Jahrhundert mit einer anderen und viel älteren eschatologischen Tradition verbunden hat. Im 4. Jahrhundert, und dann erneut im 7. Jahrhundert wurden prophetische Texte geschrieben, die man als *Sibyllinische Weissagungen* bezeichnete.* Sie kündigten an, daß in etwa hundert Jahren (hundert Jahre waren für die Leute damals sehr viel länger als für uns) ein christlicher König oder Kaiser, der Herrscher der »letzten Tage«, der in Jerusalem residierte, unter seinem Zepter die bewohnte Erde vereinen, Frieden bringen und die gesamte Menschheit zur christlichen Religion bekehren würde. Am Ende seiner Herrschaft würde er seine Krone in Golgatha ablegen. Dann kämen die letzte Offensive des Antichrist und das Ende der Welt. Die *Sibyllinischen Weissagungen* waren während des ganzen Mittelalters im Umlauf und wurden am Ende des 15. Jahrhunderts gedruckt. Wie der traditionelle Millenarismus verkündeten sie, daß es vor dem Jüngsten Gericht ein Goldenes Zeitalter geben würde. Daher das Gemisch, das aus diesen beiden eschatologischen Perspektiven entstanden ist. Es ist sehr wahrscheinlich, daß der »große Monarch«, von dem Nostradamus spricht, dieser Herrscher der letzten Tage war.

Hat die Hoffnung, diesen Herrscher der »letzten Tage« in Jerusalem an der Macht zu sehen, nicht auch das Unternehmen der Kreuzzüge unterstützt?

* *Sibyllinische Weissagungen*, hrsg. u. übers. von A. Kurfeß u. J. D. Gauger, Düsseldorf-Zürich 1998.

Ganz offensichtlich. Die Könige von Frankreich, die deutschen Kaiser, die spanischen und portugiesischen Herrscher haben gleichzeitig oder nacheinander versucht, sich diese Hoffnung zunutze zu machen. Diese Hoffnung war auch in der Umgebung von Karl VIII. von Frankreich vorhanden und erklärt zumindest zum Teil seine Expedition nach Italien (1494), auf die die Rückeroberung Jerusalems folgen sollte. Und sie erklärt einen der Leitgedanken von Christoph Kolumbus. Sein Plan bestand darin, nach Westen zu den Ländern zu segeln, die angeblich reich an Gold, Silber und kostbaren Metallen waren – insbesondere China –, und mit den erbeuteten Reichtümern die Rückeroberung Jerusalems durch die Könige von Spanien zu finanzieren, die dann die Herrscher der letzten Tage geworden wären.

Höhepunkte des Millenarismus

Millenarismus und Gewalt sind häufig miteinander einher gegangen. Das ist zumindest die Überzeugung von Norman Cohn in seinem Buch *Die Sehnsucht nach dem Millennium*[*].

Ein bemerkenswertes Buch! Während der ganzen Geschichte wollten bestimmte Gruppen das Millennium mit Gewalt herbeiführen. Die gewaltsamsten Manifestationen dieses revolutionären Millenarismus waren die Bewegung der radikalen Tschechen um das Jahr 1420 (Hussitenkriege), der Bauernaufstand in Thüringen, dessen Führung Thomas Münzer 1525 übernahm, und die Besetzung von Münster (1534–1535) durch die Wiedertäufer, die glaubten, daß Christus zu ihnen herabsteigen würde, um ein neues Jerusalem zu schaffen.

Diese Episode wird von Marguerite Yourcenar in *Die schwarze Flamme* beschrieben.

---

[*] Norman Cohn, *Die Sehnsucht nach dem Millennium: Apokalyptiker, Chiliasten und Propheten*, Freiburg 1998 (früherer Titel: *Das Ringen um das tausendjährige Reich*).

So ist es. Ebenso gab es die Komplotte, die in England im 17. Jahrhundert von den »Fifth Monarchy Men« geschmiedet wurden. Ich habe all diese Fakten in meinem Buch zusammengestellt, wo sich insbesondere über die tschechischen Extremisten des 15. Jahrhunderts Dokumente finden, die bis jetzt außerhalb Böhmens unbekannt waren. Auch konnte ich eine detaillierte Analyse eines seltsamen Werkes machen, das den Titel *Buch der zehn Kapitel* trägt und um 1500 von einem anonymen schwärmerischen Elsäßer geschrieben wurde, der gemeinhin der »Revolutionär vom Oberrhein« genannt wird. Wie auch immer, ich wollte jedenfalls die Bedeutung und die Vielfältigkeit des Millenarismus zeigen, auch jenseits der aufrührerischen egalitären Bewegungen.

In welchen Ländern war die millenaristische Utopie am weitesten verbreitet?

Außerhalb der lusitanischen Länder ist ziemlich unbekannt, daß es in Portugal zwischen dem 15. und 17. Jahrhundert starke millenaristische Strömungen gegeben hat, ohne deren Kenntnis die Geschichte dieses Landes unverständlich bleibt. So hat man zum Beispiel geschrieben, daß in Portugal »das Fortbestehen des Messianismus so lange und in der gleichen Form die Mentalität eines Volkes bestimmte, ist ein Phänomen, das mit Ausnahme des jüdischen Volkes nicht seinesgleichen in der Geschichte hat«. Die jüngste Forschung hat gezeigt, daß man den Übersee-Plänen und -Expeditionen von Manuel I., genannt der Glückliche, eine eschatologische Bedeutung geben muß. Er strebte eine Art von universellem und messianischem Königtum an, das fünfte Reich Daniels, mit dem Portugal die christliche Religion zu allen nicht-christlichen Ländern bringen würde. Eine Besonderheit in Portugal: die *trovas* (Lieder), insbesondere die des erleuchteten Schusters Bandarra, die zwischen 1530 und 1546 komponiert wurden, verkünden die baldige Ankunft eines noch verborgenen Königs – *Encoberto* –, der der Retter der Welt sein würde. In diese Tradition ist die Hoffnung auf die Wiedererscheinung des

Königs Sebastian, der 1578 während einer Schlacht gegen die »Mauren« in Marokko getötet wurde, eingegangen. Der Sebastianismus verwandelte sich im 17. Jahrhundert in einen echten Millenarismus, und zwar vor allem dank Antonio Vieira.

Der Jesuit Antonio Vieira (1608–1697), der berühmteste portugiesische Prediger seiner Zeit, der in seinem Land zu den großen Namen der Barockliteratur gezählt wird, war in der Tat ein echter Millenarist. Er war in Brasilien geboren, lebte einen Teil seines Lebens dort und starb auch in Brasilien. Er war ein unermüdlicher Verteidiger der Indianer. Als Anhänger der Unabhängigkeit Portugals von Spanien begrüßte er in Johann IV. von Braganza den Wiederhersteller des Vaterlandes und den »verborgenen König«, den die *trovas* von Bandarra angekündigt hatten. Neben seinen eschatologischen Predigten hat Vieira seine millenaristischen Vorstellungen in drei Hauptschriften zum Ausdruck gebracht: die *Esperanças de Portugal* (1659), die *Historia do futura* (wahrscheinlich begonnen um 1649 und nicht vollendet) und der *Schlüssel der Prophetien* (in Latein), einem unvollendeten Werk, von dem er zum ersten Mal 1663 spricht und von dem nur Fragmente übriggeblieben sind.

Vieira hat in seinen Büchern viel Zeit darauf verwendet zu beweisen, daß die Prophetien von David, Jesaja und Daniel das fünfte Weltreich ankündigten, und in den Entdeckungsreisen bis zum Ende der Welt sah er den Beginn der Heraufkunft dieses Reiches. Nachdem er bewiesen hatte, daß es ein fünftes Reich geben würde, stellte er sich die Frage: Wird es in dieser Welt oder in einer anderen liegen? Er antwortete kategorisch: »Es ist die einhellige Meinung der Heiligen, die von allen Kommentatoren übernommen und befolgt wurde, daß diese Herrschaft und dieses Reich Christi, das von Daniel vorausgesagt wurde, ein Reich der Erde und auf der Erde ist.« In der Vorstellung von Vieira wird Christus nicht direkt über eine regenerierte Welt herrschen, sondern er wird seine Herrschaft durch seine beiden Vertreter ausüben, den Papst und den König von Portugal. Die Kirche wird dann den höchsten Grad ihrer Vervollkommnung erreichen. Jerusalem wird in all seiner Herrlichkeit wiederhergestellt werden. Die

Sünde wird durch die Bekehrung der Ungläubigen und durch den vorweggenommenen Tod der Sünder, die sich weigern, sich bekehren zu lassen, verschwinden. In dieser fünften Monarchie wird das Leben weitergehen wie bisher, mit Landwirtschaft, Handwerk und Handel, aber ohne Krieg. Dieser Zustand der Vollkommenheit wird tausend Jahre dauern – bis zur Rückkehr des Antichrist und dem Ende der Welt. Lissabon wird im Mittelpunkt dieses Reiches Christi auf Erden stehen, denn es hat, wie er sagt, »die besten Proportionen und ist am besten geeignet für die Bestimmung, die ihm der Höchste Architekt zugewiesen hat ... Es erwartet zwischen seinen beiden Landspitzen, die wie zwei offene Arme sind, ... den freiwilligen Gehorsam aller Länder, die ihre Solidarität entdecken werden, und zwar selbst zu Völkern heute noch unbekannter Länder«. Während der Papst der einzige geistige Hirte der Menschheit sein wird, wird der König von Portugal, der zum Herrscher der Welt geworden ist, zum weltweiten Schiedsrichter. Er wird alle Konflikte beenden, in denen sich die Nationen heute gegenseitig zerstören, und »er wird die ganze Welt im Frieden Christi erhalten, der von den Propheten besungen wurde«.

Gibt es neben Portugal noch andere europäische Länder, die von millenaristischen Strömungen stark beeinflußt wurden?

Selbst unter den Protestanten wissen viele in Frankreich nicht, daß Jurieu, der große, reformierte Widersacher von Bossuet und seit Rotterdam Triebfeder des Widerstands gegen Ludwig XIV., Millenarist war. Was die englische Geschichte des 17. Jahrhunderts betrifft, so ist sie unverständlich, wenn man den Stellenwert der eschatologischen Erwartungen übersieht. Zur Zeit von Cromwell hat der Millenarismus in England eine wichtige Rolle gespielt. Ganz allgemein erlaubte die Entstehung und Entwicklung des Protestantismus den millenaristischen Strömungen, sich offener und breiter als zuvor zu äußern, wenngleich auch zutrifft, daß die großen Reformatoren, insbesondere Luther und Calvin, der augustinischen Auslegung der

Apokalypse treu blieben. Es hat ganz allgemein immer eine Verbindung von Millenarismus und Ketzerei gegeben.

Andererseits hat der Auftritt Amerikas auf der Bühne der Geschichte der millenaristischen Hoffnung einen neuen Aufschwung gegeben. Marcel Bataillon und Georges Baudot haben gezeigt, daß die ersten Franziskaner, die 1524 in Mexiko ankamen, vom Denken Joachims von Fiore geprägt waren und glaubten, daß »das letzte Zeitalter der Welt« unmittelbar bevorstünde, das heißt, eine Phase des Friedens, der Versöhnung und der allgemeinen Bekehrung zum Christentum, die dem Ende der Geschichte voranginge. Die beiden bekanntesten Franziskaner der »spirituellen Eroberung« Mexikos im 16. Jahrhundert, Motolonia und Mendieta, waren davon überzeugt, daß sie auf der anderen Seite des Atlantiks, weit weg von der verkommenen europäischen Christenheit, bei den schlichten und einfachen Indianern das Goldene Zeitalter der Urkirche wiederherstellen könnten. Mendieta träumte davon, die Eingeborenen Neu-Spaniens »in Tugend und Frieden; im Dienste Gottes, wie in einem irdischen Paradies« leben zu lassen – eine Formulierung, der man ihre volle eschatologische Bedeutung geben muß. Das war auch die Hoffnung der Jesuiten, als sie in Paraguay die sogenannten »reducciones« schufen, also Siedlungen für die bekehrten Guarani.

Sie erinnern auch daran, daß die ersten Puritaner, die sich jenseits des Atlantiks niederließen, davon überzeugt waren, daß Amerika der Ort war, von dem aus sich die universelle Herrschaft Christi verbreiten würde.

Ja, das ist in Europa nicht genügend bekannt. Einer Gruppe von abfahrbereiten Emigranten in England, die man davon abhalten wollte, in See zu stechen, erklärte 1628 einer der Initiatoren des Abenteuers: »Zögert nicht, abzufahren ... Ihr müßt wissen, daß der Herr dort einen neuen Himmel und eine neue Erde, neue Kirchen und eine neue Republik (*Commonwealth*) schaffen wird.« Für den Theologen John Cotton, der im 17. Jahrhundert nach Amerika ausgewandert war, nahm Neu-England »eine beispiellose Situation in der Geschichte« ein. Seine Einwohner würden eine Gesellschaft gründen, die »befreit vom Tier [der Apokalypse]« sei. Für ihn war Amerika »in den Verheißungen lesbar«, das heißt in den Prophetien des Alten Testaments. 1652 bekräftigte John Eliot, der erste protestantische Indianermissionar, daß das Reich Christi jetzt dabei sei, »sich in den westlichen Teilen der Welt zu erheben«.

Und im Werk von Jonathan Edwards, dem Initiator der großen protestantischen Erweckungsbewegung (*The Great Awakening*) der Jahre 1740–1744, findet man den auffälligsten Ausdruck eines mit Nordamerika verbundenen Millenarismus. Er erklärte im besonderen: »Diese neue Welt ist wahrscheinlich in unseren Tagen entdeckt worden, damit der neue und herrliche Staat der Kirche Gottes auf Erden hier [d. h. in Amerika] ihren Anfang nehmen kann und damit Gott eine neue spirituelle Welt beginnen lassen kann, indem er die neuen Himmel und die neue Erde schafft ... Gott hat dem anderen Kontinent bereits die Ehre erwiesen, Christus, im buchstäblichen Sinne des Wortes, zur Welt zu bringen und dort die Erlösung beginnen zu lassen. Und da die Vorsehung auf eine gewisse Gleichheit bei der Verteilung der Dinge achtet, ist es nicht unvernünftig zu denken, daß die große spirituelle Geburt Christi und die herrlichste Anwendung der Erlösung hier beginnen müssen ... Der andere Kontinent hat Christus getötet und jahrhundertelang das Blut der Heiligen und Märtyrer von Jesus vergossen. Er war quasi mit dem Blut der Kirche überschwemmt. Die Ehre, den herrlichen Tempel zu bauen, hat Gott daher wahrscheinlich der Tochter [Amerika] vorbehalten, die nicht so viel Blut vergossen hat, und zwar in dem Moment, in dem diese Zeit des Friedens, des Wohlstands und der Herrlichkeit beginnen wird, die bereits durch die Herrschaft Salomons bezeichnet wurde ... Mehrere Anzeichen scheinen darauf hinzuweisen ..., daß die Sonne im Westen aufgehen wird.«

Haben Sie nicht den Eindruck, daß Amerika immer noch stark von diesen Vorstellungen geprägt ist? Ein einfaches Beispiel dafür ist die von George Bush nach dem Golfkrieg aufgestellte These, Amerika sei Vorkämpfer einer »neuen Weltordnung« des Friedens und der Gerechtigkeit.

Ich bin davon überzeugt, und es gibt gute Gründe dafür zu denken, daß der amerikanische Millenarismus eine der Komponenten der Identität der sich bildenden neuen Nation war. 1785 veröffentlichte Timothy Dwight, ein Enkel von Jonathan Edwards und Millenarist wie er, ein Gedicht mit dem bezeichnenden Titel *The Conquest of Canaan*. Die während des Unabhängigkeitskrieges gefallenen Soldaten wurden darin mit den Israeliten verglichen, die einst von Josua zum verheißenen Land geführt wurden. Ein neues Eden, das von Daniel angekündigte fünfte Reich werde sich erheben – ein »Reich des Friedens, der Gerechtigkeit und der Freiheit«. Die neue Republik wäre das Agens und die treibende Kraft des Millenniums. Ein Prediger versicherte 1795, daß die Einwohner der Vereinigten Staaten »sich gegenseitig mit fröhlichen Gesichtern sagen können: ›Wir sind ein Volk, das vom Himmel besonders begünstigt wird ... Die Vereinigten Staaten sind jetzt der Weinberg des Herrn‹«. Für einen anderen Millenaristen am Anfang des 19. Jahrhunderts, David Austin, kündigte der Stein, der sich nach der Weissagung Daniels vom Gebirge löst, um die ganze Erde zu füllen, ganz offensichtlich die Unabhängigkeitserklärung vom Juli 1776 an, also das Ereignis, nach dem die tausend Jahre Glückseligkeit beginnen konnten.

Bilden die millenaristischen Thesen den Ursprung der diversen Utopien, die die europäische Literatur seit der 1516 von Thomas Morus veröffentlichten *Utopia* geprägt haben?

Ich weiß nicht, ob die millenaristischen Thesen die Utopien hervorgebracht haben. Daß es Verbindungen zwischen ihnen gegeben hat, ist unbezweifelbar. Das literarische Genre der Utopie hat sich seit dem 16. Jahrhundert entwickelt und erreichte im 18. Jahrhundert einen Höhepunkt. Zuerst stellten sich die Autoren ferne

Inseln vor, deren Bewohner glücklich unter weisen Regierungen und gerechten Gesetzen lebten. Die Gleichheit oder der Gemeinbesitz der Dinge oder beides zugleich wurden am häufigsten als »goldene Regel« angeführt. Aber die Utopien neigten immer mehr dazu, Veränderungen für eine zugängliche Zukunft zu entwerfen, wobei sie ihre phantastischen Beschreibungen in ein irreales Irgendwo verlegten. Der Wunsch, radikale Verbesserungen auf der Erde zu fördern, war also den Millenaristen und den Autoren der Utopien gemeinsam.

Die Verbindung zwischen diesen beiden Arten von Abhandlungen wird ganz deutlich im Werk des italienischen Dominikaners Campanella (1568–1639). Die millenaristische Dimension von Campanellas Schriften wurde bis heute nur wenig oder gar nicht bemerkt, da die Werke, in denen sie zum Ausdruck kommt, erst in der zweiten Hälfte unseres Jahrhunderts veröffentlicht wurden. So kündigt Campanella, der sich zugleich auf Laktanz und Joachim von Fiore stützt, in *La Profezia di Cristo*, einem 1623, also zwanzig Jahre nach dem *Sonnenstaat* verfaßten Werk, an: »Die Guten werden von den Bösen getrennt werden, und es wird einen neuen Himmel und eine neue Erde geben. Der Glanz der Sonne wird siebenfach verstärkt werden, und der Mond wird sein wie die Sonne heute: und das für tausend Jahre … Diese erste Erneuerung der Geschöpfe wird nicht die sein, die sie unsterblich macht, da die Fortpflanzung und die Ernährung auf der Grundlage der Erzeugnisse der Erde weitergehen werden: was nur durch eine Beschmutzung der Elemente geschehen kann. In dieser Zeit werden die Sterne und die Elemente eine teilweise Läuterung erfahren und es werden sich die Ordnung und die Gebote durchsetzen, die dem Goldenen Zeitalter gemäß sind, während dessen die Heiligen die menschliche Welt besitzen werden.« Wie alle Millenaristen hat Campanella sich ausführlich mit komplizierten arithmetischen Spekulationen über die eschatologischen Fälligkeitsdaten beschäftigt. Sagen wir vereinfacht, daß er sie sehr nahe glaubte.

Es gibt auch eine enge Verwandtschaft zwischen dem millenaristischen Glauben und der modernen Fortschrittsideologie. Ist letztere die laizistische, weltliche Version des ersten?

Für die Millenaristen aller Epochen muß sich der Übergang zu den tausend Jahren irdischer Glückseligkeit entsprechend den Voraussagen der Apokalypse vollziehen, also am Ende einer Phase von Katastrophen. Als dagegen im Abendland am Ende des 17. Jahrhunderts unter der Feder von Denkern wie Fontenelle und Leibniz der Begriff des Fortschritts auftauchte, war dieser eher mit der Vorstellung eines schrittweisen und relativ stetigen Marsches der Menschheit in Richtung der Verbesserung ihres moralischen und materiellen Status verbunden. Allerdings gibt es, da stimme ich Ihnen zu, einen gemeinsamen Punkt von Millenarismus und Fortschrittsideologie: die Gewißheit, daß die Menschheit sich in Richtung eines besseren Erdendaseins bewegt und daß eine strahlende Zukunft am Horizont steht. Daraus ergibt sich der Gedanke, nach Bindegliedern zwischen diesen beiden Formen der Zukunftsforschung zu suchen. Ich bin davon überzeugt, daß es solche Bindeglieder gibt.

Der Fall von Priestley erlaubt es zum Beispiel in fast pädagogischer Weise die Verbindungen aufzuweisen, die es im 18. Jahrhundert zwischen dem Millenarismus und dem Fortschrittsglauben gab. Als Wissenschaftler zeigte er, daß das Gesetz der Wirkungen unter elektrischen Ladungen das gleiche wie bei der Gravitation ist. Er entdeckte den Sauerstoff und isolierte eine große Zahl von Gasen. Als unitaristischer Theologe lehnte er die Trinitätslehre ab. Was das Thema betrifft, mit dem wir uns hier befassen, so war er überzeugt, daß Gott wünscht, daß der Mensch schon auf dieser Erde glücklich sei, und in der Wissenschaft sah er das Hauptinstrument des Fortschritts. Durch sie würde man dem Millennium näher kommen. Dank ihrer »werden die Menschen von Tag zu Tag glücklicher, jeder einzelne, aber auch alle werden mehr und mehr dazu befähigt, das Glück mit den anderen zu teilen, und werden, davon bin ich überzeugt, immer stärker geneigt sein, das auch zu tun. Wie auch immer

der Anfang dieser Welt ausgesehen haben mag, das Ende wird herr-
lich und paradiesisch sein, jenseits von allem, was wir in unseren
Vorstellungen heute begreifen können«. Er unterstützte die Französische Revolution und sah in ihr die in der Schrift vorausgesagte Er-
schütterung der Erde, die den Übergang zum paradiesischen Zustand
beschleunigen würde. 1799 schrieb er eine Adresse an die Juden, in
der er ihnen, sich wie viele andere Millenaristen auf die Offenbarungen Daniels und der Apokalypse stützend, eine baldige Rückkehr
nach Palästina, die Vereinigung aller Religionen, die Vernichtung des
Papsttums, der Türken und der europäischen Reiche und schließlich
die Errichtung des Reichs Gottes auf Erden ankündigte.

Sind nicht auch die Haupttheoretiker des Sozialismus vor allem im
19. Jahrhundert von den millenaristischen Thesen inspiriert worden?

Die Hoffnung, das Glück der Menschheit auf Erden zu realisie-
ren, ist in der Tat ein Leitgedanke des 19. Jahrhunderts gewesen und
wurde von den unterschiedlichsten Denkern zum Ausdruck gebracht.
Victor Hugo wandte sich zum Beispiel 1830 an die Jugend und schrieb:
»Oh, wie wunderbar ist die Zukunft! / … Ein reines und friedliches
Jahrhundert / öffnet sich euren fester gewordenen Schritten; / …
Wir sehen majestätisch / wie ein Meer über die Ufer / erklimmen
Stufe für Stufe die unwiderstehliche Freiheit.« Der Fortschrittsglaube
inspirierte zugleich die Positivisten und die Sozialisten. Pierre Le-
roux, offenbar der Erfinder des Wortes »Sozialismus«, bekräftigte:
»Das Paradies muß auf Erden kommen«. Sie übertreiben also nicht
mit ihrer Bemerkung, die laizistische millenaristische Hoffnung sei
damals in den Sozialismus eingegangen. Marx versichert, daß das
Handeln des Proletariats die Ausbeutung des Menschen durch den
Menschen abschaffen und der Kommunismus »das Rätsel der Geschichte« lösen werde. Für Jaurès wird dank des Sozialismus »zum
ersten Mal die Menschheit die Dinge beherrschen« und die Kunst befreit werden. Noch 1921 schrieb der Marxist Ernst Bloch (der später zu
einem Dissidenten des Marxismus werden sollte), indem er sich auf

die gesamte millenaristische Tradition stützte, auf die er sich explizit bezog: »Es ist unmöglich, daß die Zeit des Reiches nicht kommt.«

Gab es nicht auch bei Hitler millenaristische Anklänge, als er dem deutschen Volk ein Tausendjähriges Reich versprach?

Als ich die Materialien für mein Buch zusammenstellte, habe ich mir diese Frage natürlich auch gestellt. Zusammen mit einem deutschen Kollegen habe ich einige Untersuchungen zu diesem Thema angestellt. Das Versprechen eines Tausendjährigen Reiches findet sich nicht in *Mein Kampf*, wenngleich Hitler 1937 in einer Rede in Nürnberg dem deutschen Volk tatsächlich »tausend Jahre ohne Revolution« versprach. Aber das ist alles, was wir gefunden haben. Ich glaube, daß die Idee des Tausendjährigen Reiches von den Parteiideologen verbreitet wurde. Aber sie stammt weder aus Hitlers Mund noch aus seiner Feder.

Wie dem auch sei, es hat seit der Aufklärung Wandlungen und eine Verweltlichung des Millenarismus gegeben. Besteht er heute trotzdem noch in seiner religiösen Form weiter?

Absolut! Während er die utopischen, positivistischen oder sozialistischen Strömungen inspirierte, setzte der traditionelle Millenarismus seine Karriere fort, insbesondere in den Vereinigten Staaten – was kein Zufall ist. Er war (und ist noch immer) ein wichtiges Element der Lehre der Mormonen, der Adventisten vom Siebenten Tag und der Zeugen Jehovahs. Im mormonischen Glaubensbekenntnis kann man zum Beispiel lesen: »Wir glauben, daß Zion auf diesem Kontinent [Amerika] gebaut wird; daß Jesus in Person die Erde beherrschen wird, daß die Erde erneuert wird und eine paradiesische Herrlichkeit bekommt.« Ich erinnere daran, daß die Zeugen Jehovas die weltweit am stärksten expandierende christliche »Sekte« (fast hundertsechzigtausend Anhänger in Frankreich) sind und daß der Glaube ans Millennium, dessen Heraufkunft sie seit einem Jahrhundert mehrfach angekündigt haben, im Mittelpunkt ihrer Lehre steht. Man könnte auch von einem anderen religiösen Millenarismus sprechen, der sich schon lange vom Christentum gelöst hat, nämlich von der aktuellen Erwartung des New Age. Für diejenigen, die in dieser Hoffnung leben, wird die paradiesische Ära von 2160 Jahren (die bald beginnen soll) im Zeichen des Wassermanns alle »positiven« Sehnsüchte konzentrieren, von denen die Menschen seit unvordenklichen Zeiten träumen.

Warum tausend Jahre?

Diese Zahl ist eine Erfindung der Apokalypse. Die Einteilung der geschichtlichen Phasen in Abschnitte von tausend Jahren ist dem Alten Testament lange fremd geblieben, das die Zeit eher in Perioden von sieben Jahreswochen (49 Jahre) berechnete, auf die ein Jubeljahr folgte. Der Ursprung der Jahrtausende liegt in Babylon und im Iran. Der erste Text, in dem von einer Periode von tausend Jahren die Rede ist, findet sich gerade im *Jubiläenbuch* (4, 29–31), das etwa hundert Jahre vor Christus geschrieben wurde und in dem es heißt: »Adam starb siebzig Jahre bevor er tausend Jahre erreichte, denn tausend Jahre sind im Himmel wie ein Tag.« Aber es war sicher die Apokalypse, die wegen ihres dauerhaften Erfolgs im Bereich der Christenheit zur Verbreitung der »tausend Jahre« beigetragen hat.

Die Angst vor dem Weltuntergang

Haben diese »tausend Jahre« der Apokalypse nicht auch zu der Vorstellung geführt, daß am Ende jedes Jahrtausends etwas Wichtiges geschehen wird, und somit eschatologische Erwartungen oder Befürchtungen, daß die Welt untergeht, nach sich gezogen?

Zweifellos, und vor allem, wenn man sich an die Interpretation von Augustinus hält. Er hatte die buchstäbliche Auslegung des 20.

Kapitels der Apokalypse abgelehnt und weigerte sich zu glauben, daß es von einem bestimmten Moment an eine Periode von tausend Jahren Glückseligkeit auf Erden geben würde. Er dachte, wie gesagt, daß die in der Apokalypse angekündigten tausend Jahre bereits mit der Geburt Christi begonnen hätten. Zwischen unserer Zeit und der Ewigkeit sei keine Zwischenphase zu erwarten, die eine Art von wiedergefundenem Goldenen Zeitalter darstellte. Man sei bereits in die Zeit des Reiches eingetreten. Und da die Apokalypse von tausend Jahren gesprochen hatte, war es um das Jahr 1000 nicht absurd zu denken, daß die Zeiten verstrichen seien und der letzte eschatologische Kampf bevorstehe. Aber, diese Präzisierung ist notwendig, was in den Klöstern oder von den führenden Köpfen der Kirche zweifellos erwartet wurde, hat dennoch nicht das ausgelöst, was man »die große Angst des Jahres 1000« genannt hat, also eine Panik, die in ganz Europa ausbrach: das ist nur eine Legende. Aber daß man in den Klöstern, wo man die Apokalypse las, dachte, die Zeiten seien vollendet und die letzte Phase der Geschichte erreicht, glaube ich wirklich.

In welcher Epoche ist diese Legende vom Schrecken im Jahre 1000 aufgekommen?

Sie ist in zwei Epochen entstanden. Zunächst, unmerklich, am Ende des 15. Jahrhunderts, als der deutsche Humanist Trithemius (das ist sein lateinisierter Name) die Aufgeklärtheit seiner Zeit der Finsternis der vorherigen Phase gegenüberstellen wollte, die wir heute Mittelalter nennen. Er stellte diese Phase als eine Zeit der Ängste dar. Und zu diesen Ängsten gehörten die des Jahres 1000. Aber die Hauptepoche der Legende über die Ängste zum Jahre 1000 war die romantische Geschichtsschreibung im 19. Jahrhundert. Mit demselben Bestreben, die Aufgeklärtheit der Gegenwart der Finsternis der Vergangenheit gegenüberzustellen. Das war zur Zeit von Michelet ein gängiger Gegensatz.

Wenn es im Jahr 1000 keine großen Ängste gegeben hat, wie können wir dann erklären, warum die eschatologischen Ängste seit dem Ende des 14. Jahrhunderts wieder aufgetaucht sind?

Ich glaube, das hängt mit der Aufeinanderfolge von Unglücken, die seit dem 14. Jahrhundert über das Abendland hereingebrochen sind, zusammen. Man muß sie sich einmal vor Augen führen. Am wichtigsten war zweifellos die Schwarze Pest von 1348, wahrhaftig ein demographisches Desaster. Ein Viertel, vielleicht sogar ein Drittel der europäischen Bevölkerung ist innerhalb von drei oder vier Jahren gestorben. Das ist enorm. Zweitens begann einige Zeit später die große Kirchenspaltung (1378–1417), mit zwei, manchmal sogar drei konkurrierenden Päpsten. Der französische Theologe Jean de Gerson (1363–1429) dachte, daß es sich nur um eine Bestrafung der sündigen Christenheit handeln könne, und fügte sogar hinzu, daß niemand ins Paradies kommen würde, solange das große Abendländische Schisma nicht beendet sei. Das Schisma wurde Anfang des 15. Jahrhunderts beendet, aber hundert Jahre später begann die protestantische Reformation. Dieses Mal wurde die lateinische Christenheit in zwei Teile gespalten, und das ist bis heute so geblieben. Fügen wir noch die unzähligen Hungersnöte, den Hundertjährigen Krieg, die Rosenkriege und die Türkengefahr hinzu: die Eroberung Konstantinopels im Jahre 1453, die Eroberung Kleinasiens und eines großen Teils des Balkans und die Einnahme von Ägypten zu Beginn des 16. Jahrhunderts, so daß sich das ottomanische Protektorat unter dem Schutz der barbareskischen Korsaren, die die europäischen Küsten verwüsteten, über ganz Nordafrika erstreckte, etc. Und dann brachen im 16. Jahrhundert die Religionskriege aus. In diesem dramatischen Kontext sind die Erwartungen und Befürchtungen zum Weltuntergang wieder aufgeblüht. Und gemäß der Anschauungsweise jener Epoche mußten angesichts dieser Unglücke Schuldige gesucht werden. Man hat eher zu viele als zu wenige gefunden!

Meinen Sie die Inquisition und die Hexenverfolgungen?

Ja. Zweihundertfünfzig Jahre lang, während derer so viel Unglück über das Abendland hereinbrach, wurde ständig nach Sündenböcken gesucht: die Türken, die Juden (das war die große Zeit des Antijudaismus), die Ketzer, die Hexen. Die große Zeit der Hexenverfolgung war nämlich nicht, wie man oft glaubt, das Mittelalter, sondern eine Phase, die sich vom Ende des 15. Jahrhunderts bis zum Anfang des 17. Jahrhunderts erstreckte, das heißt, die Renaissance. Und das läßt sich meiner Meinung nach durch das eschatologische Klima jener Epoche erklären. Denken wir nur an das tragische *Jüngste Gericht* von Michelangelo an der Altarwand der Sixtinischen Kapelle oder an die Holzschnittserie zur *Apokalypse* von Dürer, die ihn mit einem Schlag berühmt machte. Die Leute der damaligen Zeit hatten in ihrem geistigen Gepäck keinen Fortschrittsbegriff. Sie konnten sich nicht vorstellen, daß die Menschheit eine lange oder auch nur kurze Zukunft vor sich hätte. Sie hielten sie für alt und glaubten ihr Ende nahe. Christoph Kolumbus schrieb um 1500, daß das Ende der Welt in etwa fünfzig Jahren kommen werde. Nikolaus von Kues kündigte an, daß der Sieg über den Antichrist zwischen 1700 und 1734 stattfinden würde. Luther erklärte:»Die Zeit des apokalyptischen Reiters ist gekommen ... diese Welt wird keine hundert Jahre mehr dauern.« Man könnte noch unzählige solcher Zitate anführen. Die Millenaristen waren in der Minderheit. Für die meisten war das Zeitenende nahe; man näherte sich mit großen Schritten dem Jüngsten Gericht.

Es ist trotzdem erstaunlich festzustellen, daß diese Epoche, die wir heute als Renaissance bezeichnen und die von so vielen Entdeckungen und neuen Horizonten geprägt war, sich selbst als alt empfand und das Ende der Geschichte für nahe hielt!

Das ist in der Tat ein Paradoxon, das man erhellen muß. Man kann sich fragen, wie es den damaligen Intellektuellen gelang, diese eschatologischen Erwartungen mit der häufig formulierten Überzeugung zu verbinden, daß ihre Epoche die Wiedergeburt von Kunst und Literatur erlebt hatte. Die Antwort findet sich insbesondere bei Guillaume Budé und Luther. Der erstere schrieb in *De transitu hellenismi ad Christianismum* (1535): »O elendes und katastrophales Schicksal unserer Epoche, die dennoch in wunderbarer Weise die Herrlichkeit der Literatur wiederhergestellt hat, aber die durch das Verbrechen einiger und die Missetaten einer großen Zahl eine unheilvolle und unsühnbare Gottlosigkeit auf sich geladen hat ... Was mich betrifft, so bin ich eher geneigt zu denken, daß der letzte Tag begonnen hat hereinzubrechen und daß die Welt bereits im Niedergang begriffen ist, daß sie wirklich alt und sinnlos ist, daß sie ihr nahes Ende und ihren Fall andeutet, voraussagt und ankündigt.« Luther äußert sich ziemlich ähnlich, hebt aber deutlich folgenden Punkt hervor: Da die Menschheit auf einem »Gipfel« angekommen ist, sowohl in der Erkenntnis und den Künsten wie in der Ungerechtigkeit und Sünde, kann der Tag des Gerichts nur nahe sein.

Man kann auch noch hinzufügen, daß die Entdeckung Amerikas den eschatologischen Erwartungen in zweierlei Weise neuen Aufschwung gegeben hat. Vor allem für diejenigen, die ein nahes Ende der Welt erwarteten, sollte die Eroberung Amerikas eine Bekehrung bis dahin unbekannter Völker ermöglichen; die gesamte Welt würde entsprechend den Weissagungen des Neuen Testaments christlich werden. Da die gesamte Menschheit dabei war, christlich zu werden, stand das Zeitenende nunmehr unmittelbar bevor. Wenn man jetzt der millenaristischen Abfolge folgte (es gab natürlich Überschneidungspunkte der beiden Erwartungen), würde das Goldene Zeitalter, das vor den letzten Zeiten lag, in Amerika wiedergeboren werden. Ob nun in Mexiko, das hauptsächlich von den Franziskanern missioniert wurde, in Nordamerika, wo im 17. Jahrhundert die Puritaner an Land gingen, von denen die meisten Millenaristen waren, oder auch in den Guarani-Republiken, die die Jesuiten im 17. und 18. Jahrhundert in Paraguay gründeten – man versuchte christliche Ideale zu schaffen, die das Urchristentum wiederherstellten und die das Vorbild für die Kirche am Zeitenende darstellen sollten.

Wann verschwanden diese eschatologischen Ängste und Hoffnungen?

Sie sind seit der zweiten Hälfte des 17. Jahrhunderts zurückgegangen, insbesondere mit dem Dreißigjährigen Krieg (1618–1648). Das war ein Desaster, das insbesondere die deutsche Bevölkerung dezimierte, mit dem beständigen Hin und Her von Söldnern ... und der Pest. 1648 waren die Religionskriege in Europa zu Ende. Seit der persönlichen Herrschaft von Ludwig XIV. gelangte auch Frankreich in eine Phase des größeren inneren Friedens, die bis zur Französischen Revolution dauern sollte, oder fast. 1660 waren auch die Revolutionen in England zu Ende. Die zweite Hälfte des 17. Jahrhunderts ist somit unbestreitbar, trotz der Kriege Ludwig XIV., eine relativ spannungsfreie Phase, in der man die eschatologischen Ängste ein wenig beiseite legte. Und das um so mehr, als die katholische Kirche allem einen Dämpfer verpaßte, was das Ende der Zeiten ankündigte.

Aus welchen Gründen?

Weil der Protestantismus die Apokalypse als Waffe gegen den Katholizismus benutzt hatte, indem er behauptete – und ich meine, daß es sich dabei für Luther und viele Protestanten nicht nur um polemische Argumente, sondern um eine echte Überzeugung handelte –, daß der Papst das Tier der Apokalypse und Rom das moderne Babylon sei. Sie können sich vorstellen, daß man, ausgehend von dieser Diagnose, der katholischen Kirche alles mögliche vorwerfen konnte. Diese hat daher allen Ansätzen, die sich gegen sie wandten, einen Dämpfer verpaßt. Seit dem Konzil von Trient festigte sich die katholische Kirche wieder, befreite sich von einigen inneren Lasten und beharrte stärker auf dem individuellen Seelengericht als auf dem Jüngsten Gericht, das zu sehr mit den eschatologischen Prophetien verbunden war.

Die Hoffnung wiederfinden

Wenden wir uns dem Jahr 2000 zu. Haben Sie das Gefühl, daß es eschatologische Ängste oder Erwartungen gibt, die mit dem Näherrücken des Jahrtausendendes wieder auftauchen?

Zweifellos. Die kollektiven Selbstmorde, die von Sekten wie dem »Sonnentemplerorden« oder »Heaven's gate« begangen werden, sind ein Hinweis auf die Angst, die manche labilen Geister beim Näherrücken von Enddaten befällt, die ihnen als apokalyptisch erscheinen. Das Leben auf unserem Planeten ist ihrer Meinung nach unmöglich geworden und wird es beim Näherrücken von erwarteten Katastrophen immer mehr. Umfragen beweisen, daß dieses Gefühl im Westen weit verbreitet ist: Eine kürzlich veröffentlichte Studie belegt, daß 59% der Bewohner der Vereinigten Staaten mit unmittelbar bevorstehenden Katastrophen rechnen. Man kann auch an den Erfolg eines Buches wie *Kampf um die Erde* von Hubbard erinnern, das achtundzwanzig Millionen Mal verkauft wurde. Aber meiner Meinung nach fürchten sich die Leute weit weniger vor dem Jahr 2000 als vor der Arbeitslosigkeit! Außerdem hat dieses Datum für Nicht-Christen keinerlei Bedeutung. In den jüdischen, muselmanischen, hinduistischen, japanischen oder chinesischen Kalendern ist es kein besonderer Tag. Ich glaube daher, daß man die Dinge in diesem Zusammenhang wirklich relativieren muß.

Was hat Sie persönlich dazu gebracht, sich für die Angst im Abendland zu interessieren?

Kindheitserinnerungen. Als ich *Angst im Abendland* veröffentlichte, verspürte ich das Bedürfnis, mich am Ende der Einleitung kurz zu diesem Thema zu äußern: »Denn während ich mein Buch plante und Material dazu sammelte, überraschte ich mich bei der Feststellung, daß ich vierzig Jahre später noch einmal den psychologischen Weg meiner Kindheit beschritt und daß ich von neuem unter dem Deckmantel einer historischen Untersuchung die Stationen meiner Angst vor dem Tod durchlief. Die Abschnitte dieses zweibändigen Werkes* spiegeln in einer Art Übertragung meinen eigenen Weg wider: meine ersten Ängste, die schwierigen Anstrengungen, mich an die Angst zu gewöhnen, meine jugendlichen Betrachtungen über das Ende und schließlich eine geduldige Suche nach Ruhe und Zufriedenheit im Akzeptieren des Todes.«** Ich bin eigentlich nicht so sehr dafür, biographische Angaben zu machen, aber in dieser Einleitung schien es mir notwendig zu sein.

Glauben Sie, daß man seinen Ängsten die Stirn bieten muß, um sich von ihnen zu befreien?

Man muß ihnen ins Gesicht sehen. Bergsteigern gibt man den Rat, sich beim Abstieg vom Berg ab- und der Leere zuzuwenden (außer beim Abseilen natürlich).

Macht Ihnen die gegenwärtige Welt Sorgen?

Ich muß gestehen, ja. Vom Temperament her bin ich eigentlich kein Pessimist. Ich glaube, daß die menschliche Kreativität sehr groß ist. Es gibt mehr Gutes auf der Welt, als man glaubt und als man sagt, da man oft zu sehr auf das achtet, was Böses hervorbringt und schlecht läuft. Nebenbei gesagt, ich bin gerade von einer kurzen Reise nach Brasilien zurückgekehrt. Die Lage in diesem Land hat sich seit zwanzig Jahren verschlechtert. Die Städte sind immer größer geworden, es gibt immer mehr Arme, und offensichtlich bekommen die führenden Kräfte diese unübersehbaren Agglomerationen immer schlechter in den Griff. Und folglich hat sich die Lage in jeder Hinsicht – soziale Ungleichheiten, Umweltverschmutzung, Kor-

---

* Meine Untersuchung bekam während der Arbeit immer größere Dimensionen, als ich anfangs geplant hatte. Aber die große Linie ist immer noch die, die ich früher (1975) angekündigt habe: die Angst – das Sicherheitsgefühl – die Träume vom Glück.
** Jean Delumeau, *Angst im Abendland: Die Geschichte kollektiver Ängste im Europa des 14.–18. Jahrhunderts*, Bd. 1, Reinbek bei Hamburg 1985, S. 45–46.

ruption ... – verschlimmert. Wir müssen sehr aufmerksam und wachsam sein, denn die Menschheit hat nicht von vornherein ein gewonnenes Spiel.

Was ist für Sie die größte Bedrohung, die auf der Menschheit zu Beginn des 21. Jahrhunderts lastet?

Mir scheint, daß die aktuelle Bewegung der beschleunigten Modernisierung, die alle Länder und alle Individuen erfaßt, in ihrer Exzessivität, Blindheit und übertriebenen Geschwindigkeit die sozialen Ungleichheiten vergrößert, alle möglichen Arten von Umweltverschmutzung hervorruft und folglich eine echte Gefahr für die Menschheit darstellt. Ja, die Menschheit ist in Gefahr. Fügen Sie noch Krankheiten wie Aids hinzu, dessen Konsequenzen sicherlich weniger ernst sind als die der Pest im ausgehenden Mittelalter, aber trotzdem für manche Völker geradezu desaströs. Ich denke da insbesondere an die Afrikaner. Wir dürfen diese Gefahren nicht unterschätzen. Aber es kann auch nicht darum gehen, sich von vornherein geschlagen zu geben. Und die Lösungen, die es durchaus gibt, bestehen in einem Dialog der Nationen und in einer Art weltweiter Ethik.

Glauben Sie, daß unsere Epoche noch eine Epoche der Hoffnung ist?

Tatsächlich hat das, was man zutreffend »das Ende der Ideologien« genannt hat, und der zumindest relative Bedeutungsverlust der Religionen die uns gewährte Dosis Hoffnung verringert. Die Menschheit hat mehr denn je nötig, eine Hoffnung, Werte und den Sinn des Lebens wiederzufinden.

Erwarten Sie persönlich das Ende der Zeiten, das das Jüngste Gericht ankündigt?

Ich stelle die Frage nach dem Ende der Welt zurück, da die Erde den Wissenschaftlern zufolge noch einige Milliarden Jahre vor sich hat! Als Christ dagegen glaube ich, ohne jemals einen Hehl daraus gemacht zu haben, daß ich im Moment meines Todes Rechenschaft ablegen muß über das, was ich mit meinem Leben gemacht habe.

Aber ich setze meine Hoffnung auf die Gnade Gottes und hoffe, bei Ihm und mit meinen menschlichen Brüdern das Glück in der Liebe zu erfahren.

(Das Gespräch fand am 18. Dezember 1997 in Cesson-Sévigné statt.)

Jean-Claude Carrière

Die Fragen der Sphinx

*Die Idee, über das Ende der Zeiten nachzudenken, hat im frucht-
baren Geist von Jean-Claude Carrière tausend Glocken zum Tönen
gebracht. Wie man sehen wird, ist der »Zeitpfeil« mit seinen schwindelerregenden und paradoxen Implikationen eine Frage, die diesem
nicht auf eine Sparte festgelegten Schriftsteller mit vielfältigen Erfahrungen im zeitgenössischen Kunstschaffen und aktuellen Denken
keine Ruhe läßt. Im Zusammenhang mit dieser großen Frage ist für
ihn nichts trivial, weder der Rhythmus unserer Gesten, noch das
Ticken der Uhren, das Erlernen von Künsten der Langsamkeit wie
dem Tai Chi Chuan oder die bescheidene Aufgabe der Terminpla-
nung. Für ihn waren diese Gespräche eine Gelegenheit, Überlegungen
aus verschiedenen Bereichen zusammenzutragen, eine reiche Ernte
von Kenntnissen, die er im Theater, beim Film, in der Literatur, in der
Philosophie, in der Wissenschaft und im Alltagsleben gesammelt hat.*

*Zugleich Bühnenautor und Schauspieler, Drehbuchschreiber der
großen Filmemacher unserer Zeit (Étaix, Buñuel, Oshima, Schlön-
dorff, Malle, Godard, Forman …), hat Jean-Claude Carrière viele
Jahre eng mit Peter Brook zusammengearbeitet. Aber seine unersätt-
liche Neugier hat ihn sehr bald dazu gebracht, aus dem Rampenlicht
zu treten, und neue, weniger bekannte Wissensbereiche zu erforschen. Und fast alle Eskapaden des Autors von* Der Kreis der Lügner [*]
*scheinen ihn der fernen »terra incognita« näher gebracht zu haben,
zu der ihm seine Leser in großer Zahl gefolgt sind. Es ist unmöglich,
hier eine Liste all seiner Publikationen anzuführen oder auch nur
eine Vorstellung von ihrer Vielfältigkeit zu geben. Wir verweisen nur
auf seine umfangreichen Kenntnisse der indischen Zivilisation, die
ihn dazu brachte, dem französischen Publikum eine neue Lektüre des*
Mahabharata *vorzuschlagen, auf sein Interesse für den Buddhismus,
das durch* Die Kraft des Buddhismus [**] *belegt wird, in dem er über
seine Treffen mit dem Dalai-Lama berichtet, sowie auf seinen frucht-
baren Gedankenaustausch mit den Astrophysikern Jean Audouze*

---

[*]   Jean-Claude Carrière, *Le Cercle des menteurs, contes philosophiques du monde entier*, Paris
      1998.
[**] Jean-Claude Carrière, *Die Kraft des Buddhismus*, Frankfurt 1996.

und Michel Cassé, der in Gespräche über das Unsichtbare und Blicke auf das Sichtbare *seinen Niederschlag gefunden hat.**
Dieser Freigeist und fanatische Anhänger des Dialogs hat sich also schon immer für noch nie gestellte Fragen und weit zurückliegendes Wissen interessiert, für Grenzgänger, Querdenker, Ketzer und Wahrheitssucher, ob sie nun Krishna, Amadou Hampate Ba, Proust oder Einstein heißen. So hat er uns während drei denkwürdiger Treffen von den Nanosekunden der Teilchenbeschleuniger zu den Tausendstelsekunden olympischer Rekorde geführt, von Dalís geschmolzenen Uhren zur künstlichen Zeit, die in einem Film zwei Nachtszenen trennen soll, von der unberechenbaren Dauer des hinduistischen Kaliyuga zu den fünfzehn Milliarden Jahren des Universums . . . In diesen weitausholenden Gesprächen hat Jean-Claude Carrière den Stoff für eine regelrechte Metaphysik der Zeit geliefert, die zu schwindelerregenden Fragen führt. Wie haben es die Menschen geschafft, die Zeit zu zähmen, diesen Drachen, der sie nach und nach verschlingt? Wie reflektiert die Sprache das ambivalente Verhältnis der Menschen zur Zeit? Gab es in manchen Zivilisationen tatsächlich keine Zeit? Was bedeutet in den östlichen Kulturen der Begriff der zirkulären Zeit? In welchem Maße ist uns dieses völlig andere Realitätsverständnis zugänglich? Ist der Zeitpfeil eine Erfindung der Menschen oder eine im ganzen Universum geltende objektive Realität?
Aus dem Buddhismus, für den er sich unaufhörlich interessiert, dem er sich aber nicht angeschlossen hat, scheint Carrière das Gebot der Wachsamkeit bezogen zu haben: »Bewahrt euch den neuen Geist, den Geist des Anfängers«. *Daher die Frische dieses Gesprächs, in dem er engagiert gewagte Thesen formuliert. Wobei man nicht vergessen darf, daß für diesen Mann des Theaters das Ende der Zeiten gekommen ist, wenn der Vorhang fällt, die Lichter wieder angehen und alle nach Hause zurückkehren.*

---

* Jean-Claude Carrière, *Conversations sur l'invisible*, Paris 1988; ders., *Regards sur le visible*, Paris 1996.

Erleben wir das Ende der Zeiten?

Das erste, was mir dazu einfällt, und was unbestreitbar ist, ist, daß wir das Ende bestimmter grammatikalischer Zeiten erleben. Wo ist das zweite Futur geblieben? Was ist mit dem Passé simple passiert? Das Imperfekt des Konjunktivs wird nur noch sehr selten benutzt. Was bedeutet diese Vereinfachung? Was sind die grammatischen Formen, wenn nicht ein minutiöser Versuch unseres präzisen, gewissenhaften Verstandes, alle möglichen Formen ins Visier zu nehmen, also alle Beziehungen, die wir während unseres Handelns und Denkens zur Zeit unterhalten? Was ist die Konjugation? Ein Versuch, die gesamte Vielfältigkeit von Situationen in der Zeit zu denken und auszusprechen. Das ist, wohlgemerkt, eine unmögliche Aufgabe. Man wird die Zeit niemals in genügend »Zeiten« zerlegen können, um sie kontrollieren und in jedem Augenblick sagen zu können: Wir befinden uns in genau dieser Zeit, in dieser flüchtigen Entwicklung.

Das kommt wirklich unerwartet! Sie beginnen diese Gespräche über das Ende der Zeiten mit der Klage über den Verlust des zweiten Futurs.

Wir sollten sagen können: »Wenn ich Sie morgen sehen werde, wird meine Arbeit getan sein.« Aber das wird nicht mehr gesagt. Das zweite Futur, das eine Vergangenheit in die Zukunft einführt, ist Zeugnis einer außergewöhnlichen Raffinesse. Es zeigt den waghalsigen Aufbruch der Verben zur Eroberung des Unerreichbaren, unseres unwandelbaren großen Meisters. Die Fähigkeit unserer Sprache, die uns belebenden– beugbaren oder unbeugbaren – Bewegungen der Zeit zu übersetzen, hat einen sehr hohen Grad der Subtilität erreicht. Das Passé simple ist ein weiteres Wunder, aber heute wird es allenfalls noch in Südfrankreich verwendet. Meine vor drei Jahren gestorbene Großmutter benutzte es oft. »Lorsqu'il arriva, il me vit et me dit.« Das ist etwas anderes als: »Quand il est arrivé, il m'a dit.« Das Passé simple existiert nicht in allen Sprachen. Man sucht es vergeblich im Englischen, das nur die Vergangenheit, die wir Imperfekt nennen, und das Perfekt kennt: *I came*, ich kam, und *I have come*, ich bin gekommen. Aber es gibt kein *I came* im Sinne vom »je vins«. Das Passé simple scheint sich mit dem Imperfekt vermischt zu haben.

Dort, wo man im Französischen das Imperfekt verwendet, um eine dauerhafte oder sich wiederholende Handlung auszudrücken, greift das Englische auf das Partizip Präsens zurück. Anstatt zu sagen *he told me*, sagt man in diesem Fall *he was telling me* oder *he kept telling me*. Um diesen Begriff der Dauer oder der Rekurrenz auszudrücken, fügt man zum Partizip Präsens ein Hilfsverb hinzu. Es wäre interessant, zum Verschwinden von Zeitformen die Meinung eines Grammatikers zu hören, da dieses Phänomen allzu selten bemerkt wird.

Welche Überlegungen löst dieser neue Sprachgebrauch bei Ihnen aus?

Ich hüte mich davor, diesem Verschwinden von grammatikalischen Formen einen Sinn zu geben. Ich stelle das nur fest. Man neigt zu der Schlußfolgerung, diese Entwicklung führe zu einer Vereinfachung der Sprache, die notwendig wird, weil unser Leben sich immer mehr beschleunigt, ohne daß wir wüßten, warum. Offenbar sind wir unfähig, die Nuancen in der Musik von Couperin wahrzunehmen, weil unser Gehör beschädigt ist und zweifellos nicht nur unser Gehör. Vielleicht ist in unserem Verhältnis zur Zeit ein bestimmtes Gefühl verlorengegangen, und es hat sich eine neue Faulheit herausgebildet.

Im Hebräischen gibt es keinen Präsens ...

Die Beziehungen zur Zeit sind je nach Sprache verschieden. In dem Satz: »Wenn du kommen wirst, werde ich dir einen Kaffee anbieten«, wird das »wenn du kommen wirst« im Englischen zu »wenn du kommst«. Beim »wenn« wird im Englischen niemals das Futur verwendet. So könnte man sich über die unterschiedlichen Weisen

Gedanken machen, in denen die Menschen verschiedener Sprachen und Epochen die Zeit konjugieren. Es wäre zum Beispiel interessant, sich mit dem Sanskrit zu beschäftigen, von dem gesagt wird, es sei die ausgefeilteste und gelehrteste Sprache, die es jemals gegeben hat. Sie sagen, daß das Hebräische kein Präsens hat, aber was bedeutet das Fehlen einer Zeitform? Es gibt kein Präsens im Hebräischen, in der Wissenschaft gibt es auch keins. Das unendlich Kurze sollte das Äquivalent des unendlich Kleinen sein, aber einen Grundbaustein der Zeit gibt es nicht. Man kann das unendlich Kurze, die Essenz des Präsens oder der Präsenz weder finden noch fixieren oder messen. Es ist also grammatikalisch völlig gerechtfertigt, das Präsens auszuklammern. Die hebräische Sprache sagt uns – durch Auslassung – sehr viel.

Die Zeit von Kali

Ihre Bemerkung über das Sanskrit bringt uns darauf, über die Vorstellung nachzudenken, die die Hindus von der Zeit haben. Sind wir ihnen zufolge nicht am Ende eines Zyklus angekommen?

Für die Hindus befinden wir uns in dem, was man Kaliyuga nennt, in der Epoche der Zerstörung. Das ist eine unvermeidliche Entwicklung. Shiva hat ein weiteres Mal gesiegt. Was keine Überraschung ist, denn Shiva siegt immer. Am Ende des letzten der »Yugas«, die einen Zyklus bilden, verschwindet alles. Die uns bekannte Welt wird verschwinden, aber das wird nicht das erste Verschwinden sein. Es ist vergeblich, sich dieser Zerstörung widersetzen zu wollen, denn die Kräfte, die uns bewegen, sind unendlich viel stärker als wir. Die große Schwierigkeit im Kaliyuga ist, das »Dharma« aufrechtzuerhalten, die Ordnung der Welt und die Rechtschaffenheit unseres Handelns, welche im indischen Denken innerlich miteinander verbunden sind, da wir zum Teil für den guten Lauf des Universums verantwortlich sind. Wenn jeder von uns sich an sein persönliches Dharma hält, wenn jeder das erfüllt, wofür er auf die Welt gekommen ist, wird das Universum seinen Lauf fortsetzen und eines Tages wird die Welt wiedergeboren werden. Es geht also um die Frage, wie wir trotz dieser Perspektive unvermeidlicher Zerstörung weiterhin das Dharma aufrechterhalten können.

Wann sind wir in die Zeit von Kali eingetreten?

Um 3200 vor unserer Zeitrechnung, am Todestag von Krishna, der die achte Avatara oder Inkarnation des Gottes Vishnu ist. Aber wie lange wird die Zeit von Kali dauern? Es ist mir nie gelungen, das herauszukriegen, obwohl ich mindestens fünfzig Leute danach gefragt habe.

Der Komiker Fernand Raynaud hätte geantwortet: »Eine gewisse Zeit«.

Wenn die Zeit von Kali um 3200 vor Chr. begonnen hat, dann dauert sie schon mehr als 5000 Jahre. Wie lange noch? Einige sprechen von 50 Jahren, andere von 3 Millionen. Es ist sehr schwierig, etwas über die Dauer eines Yugas zu erfahren. Wahrscheinlich deshalb, weil dieses Problem die Inder nicht interessiert.

Da die Idee der Zeitmessung ihnen fremd ist.

Ja, denn man kann ein zirkuläres Phänomen nicht messen.

Was wird am Ende des Kaliyuga geschehen?

Wir erleben bereits einen immer brutaleren und deutlicheren Niedergang jeder Vorstellung von Zivilisation. In den heiligen Schriften Indiens, insbesondere im *Mahabharata*, finden sich sehr genaue Beschreibungen des Kaliyuga. Wir werden in einer Zeit leben, in der alle sozialen Bindungen verschwinden. Die Gesetze werden diskutiert, in Zweifel gezogen und schließlich nicht mehr befolgt werden. Die Texte sprechen von den »Gesetzen von Manu«, dem Namen des indischen Solon. Diese Gesetze bilden seit sehr langer Zeit das Knochengerüst der indischen Gesellschaft. Wenn sie nicht mehr befolgt werden, wird es zu Bürgerkriegen und zu allen möglichen Streitereien innerhalb der Staaten, Städte und Familien kommen. Die wilden Tiere werden über die Städte herfallen. Die Texte sind sehr präzise.

Ich erinnere mich an eine Bemerkung von Jean-Luc Godard vor fünfzehn Jahren: Die Tatsache, daß die Amseln das Land verlassen haben, um in den Städten zu nisten, erschien ihm als eines der wichtigsten Ereignisse am Ende des Jahrhunderts; das wildeste Tier wird in kurzer Zeit fast zutraulich ... Im *Mahabharata* ist auch zu lesen: »Das Verbrechen kommt in die Stadt. Die fleischfressenden Tiere schlafen auf den Hauptstraßen ... Die Geier kommen zum Gebet. Man hat Vögel mit eisernen Schnäbeln gesehen, die rufen: Reif! Es ist reif!« Und so weiter. Die Voraussagen zum Ende der Welt haben fast überall gemeinsame Zeichen.

Handelt es sich dabei um eine Metapher?

Sicherlich nicht. Das wird schlichtweg als eine Tatsache dargestellt. Die Texte sprechen auch von einer Degeneration der menschlichen Gattung: Verringerung der Größe, Erschlaffen der Muskeln, graue Haare schon mit fünfzehn ...

Wenn man sich umschaut, hat man den gegenteiligen Eindruck. Die neue Generation ist hoch aufgeschossen und gesünder als die früheren Generationen.

Es gibt in der Tat viele Leute, die achtzig oder neunzig werden. Aber die Inder würden Ihnen antworten, daß es sich um eine Generation handelt, die vor dem Zweiten Weltkrieg geboren wurde, die aufgewachsen ist, als über die Hälfte der Bevölkerung auf dem Land lebte und natürliche Nahrungsmittel zu sich nahm, Erzeugnisse ohne

Pestizide, keine chemischen Produkte, und daß sie eine saubere Luft atmete.

Werden die Nachkriegsgenerationen in Schwierigkeiten geraten, die wir noch nicht einmal erahnen?

Das ist gut möglich. Die Zukunft birgt häufig Überraschungen. Aber während, wie manche sagen, alles immer schlechter wird, wendet sich eines zum Guten: Die Qualität des Weins wird überall auf der Welt besser. Eine Abschweifung, die durchaus ihren Reiz hat! Daß der Durchschnittswein zum Beispiel bei mir zu Hause, im Hérault, besser als vor dreißig oder vierzig Jahren ist, steht außer Zweifel. Und das ist ermutigend. Wird der Wein dem Kaliyuga widerstehen?

Ist unser Geschmack nicht schlechter geworden?

Absolut nicht. Das bestätigen alle, angefangen bei den Winzern. Der Konsum von Rotwein minderer Qualität ist sehr zurückgegangen, man entdeckt überall Qualitätsweine. Ganz besondere, individuelle Weine, die keinem Trend folgen wollen. Die Winzer haben beträchtliche Anstrengungen unternommen, um die Rebsorten zu veredeln. Um nur von denen zu sprechen, die ich kenne, die Corbières-Weine sind im Begriff, zu großen Weinen zu werden, die mit den Bordeaux-Weinen verglichen werden können! Und selbst der Bordeaux ist besser geworden. Das ist ein guter Grund, nicht alle Hoffnung fahren zu lassen. Ein ernsthafter Widerstand ...

Diesen heiligen Schriften zufolge ist die Gattung aber trotzdem bedroht.

Ich erinnere mich an ein Gespräch mit einem indischen Freund im Jahre 1985 in Avignon, am Ufer der Rhone. Wir hatten unser Theaterstück aufgeführt, das wir nach dem *Mahabharata* geschrieben

hatten. Eine ziemlich lustige Situation: Frankreich hatte Indien vorgeschlagen, Wissenschaftler zu schicken, um die Verschmutzung des
Ganges zu bekämpfen. Und wir saßen da am Ufer der Rhone und
diskutierten über diese französische Mission, als wir sahen, wie vor
unseren Augen mehrere Schwärme toter Fische vorbeischwammen.
Da hat unser indischer Freund über dieses Land, das seinem zur Hilfe
kommen wollte und gleichzeitig vergaß, die Arten auf seinem eigenen Boden zu schützen, ganz einfach zu mir gesagt:»Sehen Sie sich
vor!« Die durchschnittliche Lebenserwartung hat zu allen Zeiten ge-
schwankt. Die Historiker meinen, in der griechisch-römischen Antike wurde man älter als im 15. Jahrhundert im Abendland. In der
Antike gab es nicht diese großen Epidemien, die im Mittelalter und
in der Renaissance die Bevölkerung dezimiert haben. Seitdem seit
den 60er Jahren massiv Chemie in der Landwirtschaft, in der Luft, im
Wasser und im Boden eingesetzt wird, kann niemand die langfristi-
gen Auswirkungen auf unsere Gattung voraussagen. Es ist aber auch
möglich, daß das keine schädlichen Wirkungen hat. Ich setze nicht
auf die Propheten des Unheils. Ich versuche nur, den naiven Glauben
an den»Fortschritt« unserer Zivilisation zu relativieren.

Und wie vollendet sich das Kaliyuga?

Die Folge der Gesetzlosigkeit, der Bürgerkriege und der Degene-
rierung der Gattung ist das Elend, ein allgemeines Elend. Dazu kommen kosmische Katastrophen, sintflutartige Regenfälle, rote und
gelbe Dämpfe und mörderische Wolken, die die Erde in ein riesiges
Sumpfgebiet verwandeln.

**Der Film *Soylent Green* von Richard Fleischer schien dieses elende
Ende anzukündigen.**

Ja, das war eine treffende Zukunftsvision ... Diese Zeit von Kali
ist schrecklich. Sie ist unvermeidlich. Es ist nutzlos, Widerstand zu
leisten. Unsere einzige Sorge in diesen dramatischen Zeiten: unser

Dharma schützen, und das unter Umständen, in denen diese Bemühung immer schwieriger wird.

Aber wozu das Dharma bewahren, wenn doch alles endgültig verloren ist?

Genau deshalb, weil wir uns in einer zyklischen Zeit befinden und weil eine Reihe von Werten, von Ordnungselementen der Welt niemals verlorengehen kann. Wenn auf unserem Planeten nur noch eine schlammig-graue Gattung übrig ist, dann wird, der Beschreibung in den Schriften zufolge, Vishnu seine Niederlage eingestehen: Shiva wird gesiegt haben und die Welt wird zerstört. In Indien gibt es zwei große Gottheiten, Vishnu und Shiva, und ein schöpferisches Prinzip, Brahma, das als dritte Gottheit bezeichnet wird. In Wirklichkeit greift Brahma nur sehr selten ein. Es gibt nur zwei oder drei Tempel in Indien, die ihm geweiht sind. Vishnu und Shiva sind in ständiger Rivalität: Der eine schützt die Welt, der andere will sie zerstören. Das *Mahabharata* ist ein großes vishnuistisches Epos zum Ruhme Krishnas, der eine Avatara von Vishnu ist. Vishnu steigt in schwierigen Zeiten herab, um Shiva zu bekämpfen und den Untergang eine Weile hinauszuzögern. Die indische Bildhauerkunst stellt Shiva oft mit vier Händen dar. Die beiden oberen Hände befinden sich auf gleicher Höhe; in der rechten Hand hält der Gott eine kleine Trommel, um anzuzeigen, daß die Welt im Rhythmus und Klang einer Trommel geschaffen wurde. In der anderen Hand hält er eine Flamme, die uns daran erinnert, daß alles Geschaffene zerstört werden wird. Die Geste, die Shiva mit seinem dritten Arm andeutet, ist auch eine der Gesten von Buddha, die berühmte *abhaya*, die bedeutet: »keine Furcht«. Die Furcht ist eine Illusion, es gibt sie nicht. Warum soll man sich aufregen, wenn alles, was geschaffen wurde, zerstört wird? Die vierte Hand deutet mit einem Finger auf die Füße des Gottes. Der auf einem Fuß stehende Shiva zermalmt mit seinem ganzen Gewicht einen Dämon. Er scheint uns zu sagen: Habt keine Furcht, denn seht, durch die Kraft meines Geistes habe ich bereits einen meiner Füße vom

Boden gelöst. Das ist eine der am meisten emblematischen und reichsten Gestalten im übrigens sehr umfangreichen hinduistischen Pantheon. Shiva hat gesiegt, aber es ist nicht alle Hoffnung verloren. Er bringt das selber zum Ausdruck. Vom erhobenen Fuß kehrt unser Blick zur ursprünglichen Trommel zurück: Eines Tages wird alles von neuem beginnen. Die Statue selbst ist ein Zyklus. Wir alle haben unser kleines Kaliyuga in uns, unser Gespür für die Apokalypse. Die Perspektive eines nahen Endes hat sogar etwas eigenartig Anziehendes. Wenn alle Epochen dieses Ende gekannt haben, so ist es wahrscheinlich, daß diese Empfindung in uns eingeschrieben ist, daß sie bei dieser oder jener Gelegenheit wieder zum Vorschein kommt, als Zeuge unserer Furcht, unserer Schuldhaftigkeit. Auch die Inder kennen dieses menschliche Grauen vor dem Ende. Sie antworten darauf auf ihre Weise.

Der Schlaf Vishnus

Was macht Vishnu während dieser Zeit?

Vishnu schläft. Er schläft während einer sehr langen Zeit über dem grenzenlosen Ozean. Während er schläft, muß er träumen, um nicht die Schönheiten der verschwundenen Welt zu vergessen. Wegen dieses Nicht-Vergessens Vishnus müssen wir um jeden Preis unser Dharma respektieren. Um Gott beim Träumen zu helfen. Wenn jeder Wert und jede Schönheit am Ende eines Zyklus zerstört werden, besteht die Gefahr, daß die Welt niemals wieder neu entsteht. Wenn etwas erhalten bleibt vom Gleichgewicht zwischen den Kräften der Zerstörung und der Erhaltung im Gedächtnis des großen Erhalters, der wir, Vishnu und wir selbst, zusammen sind, dann ist noch nicht alle Hoffnung verloren. Ein neuer Zyklus wird beginnen ...

Der Traum hat also die Funktion eines Gedächtnisses.

Des Nicht-Vergessens, des Kampfes gegen das Vergessen. Der
Traum bleibt im eingeschlafenen Geist wach. Wer entscheidet über
den Moment, in dem die Welt neu erschaffen wird? Das sagt keiner.
Ich glaube, davon ist in keinem Text die Rede. Das indische Denken
lehnt es ab, in Form oder Worte zu bringen, was diesseits der Form
ist und vom Formlosen abstammt. *Tat tvam asi*, sagt man über die
letzte Wirklichkeit: »Das bist du«.

Das ist die wesentliche Botschaft der *Bhagavadgita*.

Die *Bhagavadgita* ist ein sehr dichter Text, den man nicht auf
etwas »Wesentliches« reduzieren kann. Wir müssen aufhören zu
glauben, daß wir die großen, von anderswo stammenden Gedanken
oder Texte in einigen Sätzen zusammenfassen können. In gewissem
Sinne greift die *Gita* alles auf, was ihr vorausging, und entwickelt es
in bestimmten Punkten weiter. Das ist ein sehr komplexer Text. Man
kann sogar buddhistische Einflüsse darin ausmachen. Ich werde mich
davor hüten, das für Sie zu vereinfachen. Dazu bin ich einfach nicht
in der Lage.

Was das hinduistische Dharma betrifft (im Buddhismus hat dieses Wort eine andere Bedeutung), so weiß niemand, wer es geschaffen hat. Es ist eine Tatsache. So ist es. Es gibt viele, die sich, wie zum
Beispiel Jorge Luis Borges, über diese unerklärliche Verpflichtung ge-
wundert haben. Wiederholen wir noch einmal, daß es unmöglich
ist, das indische (oder chinesische oder Maya-) Denken mit unseren
westlichen Vorstellungen in Einklang zu bringen. Wir haben in keiner Weise ein Monopol des Denkens. Es gibt fast überall im Westen
einen Rassismus des Intellekts, dem wir mit Argwohn begegnen
müssen.

Die indische Zeit läßt sich nicht auf unsere reduzieren. Sie
sprengt die gesamte menschliche Arithmetik. An der Grenze dieses
Denkens kann eine Zivilisation in wenigen Sekunden verschwinden
und dann wieder auftauchen. In einigen Sekunden, in einigen Milliarden Jahren: Was macht das schon für einen Unterschied in den

erloschenen Augen des Kosmos? Das Nichts ist eine Nicht-Zeit. Brahma, der Schöpfer, handelt in einem Augenblick. Shiva ist länger, qualvoller in seiner Zerstörung. Aber das läuft auf dasselbe hinaus. Alles hängt von uns ab, von unserer Wahrnehmung, von unserem Blick, von unserem Verhalten.

> Krishna ist die vorerst letzte Avatara von Vishnu. Wird es vor dem Ende dieser Welt noch eine weitere geben?

Ja, und man weiß sogar, daß sie einen Pferdekopf haben wird. Bis heute gab es acht Avataras des erhaltenden Gottes; *avatara* bedeutet im Sanskrit »Herabkunft«. Sie hat sich vielleicht schon anderswo gezeigt, in anderen bewohnten Welten, denn das indische Universum ist unendlich größer in Raum und Zeit als das unsere. Die Hauptstadt des Universums liegt übrigens nicht auf der Erde, sie ist eine schwimmende Stadt, Amaravati. Sie ist der Sitz von Indra, dem König der Götter. Als umherwanderende Stadt ist sie niemals an derselben Stelle. Im *Mahabharata* stößt dort Arjuna zu Indra, und zwar in einer Maschine, die wie eine Rakete beschrieben wird, zumindest fast: es ist die Rede von »Schub«, »Dampf« und »unsichtbaren Pferden«. Mir scheint, daß es sich hier um die erste Reise ins Weltall handelt, die jemals beschrieben wurde. Selbst noch vor der von Elia.

> Wozu dienen die Avataras?

Vishnu ist da, um die Ordnung der Welt aufrechtzuerhalten. Von Zeit zu Zeit, wenn die Welt zu schlecht wird, steigt er herab und nimmt eine nicht nur menschliche, sondern irdische Gestalt an. Die Reihe der Avataras von Vishnu entspricht in etwas naiver und unvollständiger Weise dem, was wir von der Evolution der Arten zu wissen glauben. Er steigt zunächst in Gestalt eines Fisches, eines Wassertiers herunter. Seine zweite Avatara ist eine Schildkröte, ein amphibisches Lebewesen, das sowohl im Wasser wie auf der Erde lebt. Die dritte ist ein Eber, ein Säugetier, das nur auf der Erde lebt.

Die vierte ist ein Mann mit einem Löwenkopf: das erste Auftreten des Menschen, in Gestalt eines Hybriden. Durch eine ferne Eingebung lassen die indischen Texte die Tiere zu uns herabsteigen, auf jeden Fall von einem gemeinsamen Meeressockel. Die fünfte Avatara ist der erste vollständige Mensch, der allerdings noch recht klein und verwachsen ist. Wenn man mit aller Macht nach Analogien sucht, könnte er unser Cro-Magnon-Mensch sein. Dann kommt Parashurama, ein übermächtiger Asket, dessen Worte eine magische Kraft haben, »der Mann mit der Axt«. Er hält sich in den Wäldern auf und ist ein Holzfäller. Die beiden letzten Avataras sind Rama und Krishna, die Helden der beiden großen Epen, des *Ramayana* und des *Mahabharata*.

Wie wird die neunte Avatara aussehen?

Sie wird nicht so schnell herabsteigen, wie man versichert, da wir das Unveränderliche erreicht haben. Das Kaliyuga ist noch zu sehr beschäftigt, um sich irgendeine Rettung vorstellen zu können. Sie wird aber trotzdem kommen, wird man einwenden, denn, wenn Vishnu das Werk von Shiva akzeptiert, kann er gar nicht anders, als ein letztes Mal gegen ihn zu kämpfen. Von dieser neunten Avatara weiß man nur, daß es sich um einen Mann mit Pferdekopf handeln wird. Warum? Handelt es sich um eine Rückkehr zur Tierheit? Man weiß es nicht. Ein Einschub: In einer schon lange zurückliegenden Epoche hat der Hinduismus versucht, Buddha zur neunten Avatara von Vishnu zu machen – ein regelrechter Vereinnahmungsversuch. Glücklicherweise hat Buddha lange genug gelebt, um seine Lehre zu präzisieren und sich von vornherein gegen alle Versuche einer Vergöttlichung seiner Person (die er voraussah) zu wehren. Christus, der, wie es scheint, nur zwei Jahre oder höchstens zweieinhalb Jahre gepredigt hat, war ein solcher Zeitraum nicht gegeben.

»Wenn ihr Buddha trefft«, erklären die Zenmeister ihren Schülern, »tötet ihn«.

Ja, genau. Tötet denjenigen, der sich für Buddha ausgibt. Tötet den selbsternannten Gott. Findet euren Weg selbst. Wunderbarerweise hat sich diese Grundhaltung während der ganzen Geschichte des Buddhismus gehalten und es ihm erlaubt, jedem Versuch der Vergottung oder Vergöttlichung zu widerstehen, insbesondere zur Zeit von Aschoka im 3. Jahrhundert, in der der Hinduismus eine schwere Krise durchmachte und es zuließ, daß der Buddhismus für eine gewisse Zeit zur offiziellen Religion Indiens wurde.

Bereitet euch auf den großen Abend vor

Obwohl die Buddhisten der Versuchung, Buddha zu einem Gott zu machen, widerstanden haben, gibt es doch viele, die den letzten irdischen Buddha erwarten, den Buddha Maitreya, »der, der liebt«, eine Inkarnation der universellen Liebe. Der historische Buddha war immer nur ein vorletzter. Sprechen nicht die meisten großen Überlieferungen vom Kommen eines von der Vorsehung gesandten Wesens, dessen Auftritt in den meisten Fällen einer Vollendung der Zeit vorausgehen soll?

Was das Judentum und das Christentum betrifft, ist das richtig. Die Historiker des Christentums vermuten, daß das Christentum nicht überlebt hätte, wenn es nicht zur Zeit der ersten Prophetien eine präzise Androhung des Weltuntergangs gegeben hätte, die auf dem jüdischen Volk lastete. Christus hat gewissermaßen von günstigen geschichtlichen Umständen profitiert, die die Bekehrung bestimmter Juden seiner Umgebung beschleunigt haben. Alle großen Religionen fordern dazu auf, sich für ein unmittelbar bevorstehendes Ereignis vorzubereiten. Die Drohung ist schrecklich und mächtig. Die Zeit ist abgelaufen. Diese brutale und sinnlose Welt kann nicht mehr so weitergehen etc.

In dieser oft fieberhaften Erwartung, von der Jean Delumeau so schön spricht, kann das erste außergewöhnliche oder übernatürliche

Ereignis, das von den furchtsamen Flügeln des Gerüchts verbreitet wird, als Beginn der Vollendung eines Katastrophenszenarios angesehen werden, das die heiligen Texte beschreiben.

Meinen Sie damit die Offenbarung des Johannes?

Man stelle sich eine Epoche vor, in der man jeden Morgen aus dem Fenster schaut, um den Himmel zu betrachten und sich zu fragen: Ist es heute soweit? Die ersten Christen waren tief im Inneren davon überzeugt, und zwar viel stärker als die Leute im Jahre 1000. Das war scheinbar eine Phase, die von sich öffnenden Wolken besessen war, vom Würgeengel, der mit kosmischem Grollen auftreten würde, vom Blitz, der die Welt zerstören würde wie jener, der Sodom und Gomorrha verbrannt hat. Man mußte zum Aufbruch bereit sein ...

Die Evangelien sind voller Kassandrarufe: »Diese Generation wird noch erleben ...« Die Apokalypse des Johannes gehört zu einem literarischen Genre, das im Judentum besonders reich ausgebildet war. Zwar hat es bestimmte Formulierungen auch aufgegriffen, aber es hat dieses Genre auf seinen Höhepunkt gebracht, wobei es sich auf zwei Jahrhunderte apokalyptischer Literatur stützen konnte, die Johannes vorausgingen und ihn vorbereiteten.

Wir wissen nicht, ob der Johannes, der die Apokalypse oder Offenbarung geschrieben hat, derselbe ist, dem man das vierte Evangelium zuschreibt. Es handelt sich zweifellos um zwei verschiedene Personen. Das Johannesevangelium wurde viel später geschrieben als die Evangelien von Matthäus, Lukas und Markus. Seltsamerweise ist es das einzige, in dem bestimmte wichtige Geschehnisse wie die Auferweckung des Lazarus berichtet werden. Es ist erstaunlich, daß Matthäus, ein Schüler der ersten Stunde, davon nichts erwähnt. Er, der ständig bei Christus war, sollte dieses Ereignis mit Schweigen übergangen haben? Aus welchen Gründen? Hielt er es für unerheblich? In anderen Traditionen verschwindet diese von der Vorsehung gesandte Person plötzlich. Sie wird zur verborgenen Hoffnung. Das ist in Portugal mit dem »verborgenen König« und im schiitischen Iran mit dem »verborgenen Imam« geschehen. Diese allmächtigen Gestalten haben – gerechtfertigt durch den Zustand der Welt – beschlossen, sie zu verlassen. Sie halten sich irgendwo verborgen und warten auf ihre Stunde (im Grunde fast so wie Vishnu). Im Fall des verborgenen Imam sagt uns die Metapher deutlich, daß die wahre Macht, die gerechte und gerechtfertigte Macht, unsichtbar ist. Wenn diese Macht im heutigen Iran den Geistlichen gegeben wird, so ist das eine offensichtliche Ketzerei.

> Glauben Sie, daß die dramatischen Ereignisse, die die Menschheit im 20. Jahrhundert erlebt hat, als Vorzeichen für ein Ende der Zeiten wahrgenommen wurden?

Es erscheint mir sehr schwierig zu sagen, warum sich ein Volk in einem bestimmten Moment seiner Geschichte vom Verschwinden bedroht fühlt. Woher kommt dieses Gefühl eines menschlichen Abenteuers, das kurz vor der Vollendung steht? Aus einem kollektiven Schuldgefühl? Aus einer Anhäufung von Unglücksfällen und Befürchtungen? Aus dem deutlichen Bewußtwerden der skandalösen Unvollkommenheit unserer Welt?

Wir wissen darüber nichts. Aber ich bezweifle, daß die heutigen Bewohner der Erde vom unmittelbaren Bevorstehen eines Weltuntergangs in dem Sinne überzeugt sind, wie man ihn früher verstanden hat, also als brutales und endgültiges Ende. Wir vier sind uns in diesem Punkt einig. Trotz der atomaren Bedrohung und der Möglichkeit, daß wir letztendlich kollektiven Selbstmord verüben, gehen wir in unseren düstersten Träumen eher von einem langsamen Siechtum aus.

Ebenso wie Gould erscheinen auch mir die Mittel interessant, die die Völker sich ausgedacht haben, um die angekündigte Katastrophe zu überleben, wenn offenkundig wird, daß sie nicht stattgefunden hat. Heute war es also doch noch nicht so weit? Gut, dann bestimmt morgen. Am nächsten Tag immer noch kein Desaster. Dann wahrscheinlich übermorgen! Oder nächsten Monat, wer weiß? Nach und nach, in dem Maße, wie die Monate, Jahre und Jahrzehnte vergehen, beginnt man sich an die Vorstellung zu gewöhnen, daß uns die Zeit doch nicht so kümmerlich bemessen ist, wie wir dachten. Man muß also weiterleben und darauf warten, daß der Himmel uns vernichtet. Aber wie wandelt man eine Ausnahmesituation in einen Dauerzustand um? Ein umfangreiches Thema in der Geschichte der Religionen: das Vergängliche dauerhaft machen, ohne es zu verlieren.

Es muß eine Enttäuschung überwunden werden ...

In gewissem Sinne, ja. Die Enttäuschung, am Leben zu sein. Der Himmel ist uns nicht auf den Kopf gefallen, jetzt müssen wir hier unten weiterleben. Um zu leben, muß man sich organisieren; eine Kirche, Verwaltung, Regeln und Hierarchien müssen geschaffen werden. Daraus entstehen sehr schnell die Probleme, die mit der weltlich-zeitlichen Macht der Kirchen verbunden sind. Die Ausnahmesituation ist zu Ende. Jetzt geht es um Dauer. Man muß die Zeit akzeptieren, die beschlossen hat, nicht stehenzubleiben.

Dieses Verhalten findet sich im 15. und 16. Jahrhundert fast überall. Dann verschwindet es, um in abgeschwächter Form wiederzukehren. Bei mehreren Gelegenheiten haben im 19. Jahrhundert örtliche Propheten das Weltende für einen genauen Zeitpunkt angekündigt: Das ist ein Klassiker der Prophetie. Man muß das Ende der Daten datieren. Das Ende wird vom Seher zum Beispiel für den 15. Mai nachts festgelegt. Die Schüler, die Sektenmitglieder regeln am Abend des 14. Mai ihre Angelegenheiten. Sie steigen auf den Gipfel eines Hügels, ziehen sich nackt aus und warten zitternd darauf, daß der Himmel sich öffnet. Es sind zwei- oder dreihundert, die sich aneinanderklammern. Sie beten mit Inbrunst. Das Ende der Welt ist für Sonnenaufgang vorgesehen. Die Sonne geht auf, sie reißen die Augen auf. Nichts geschieht. Das Tageslicht überflutet die Erde wie jeden Morgen. Man beginnt sich anzusehen. Die Kleinkinder haben Hunger. Man muß wieder hinabgehen, die Kleider anziehen. Der Prophet, der sich klugerweise etwas abseits gehalten hat, bleibt unauffindbar. Man sucht ihn, und als man ihn schließlich gefunden hat, hängt man ihn auf. Wenn es ihm gelingt, Erklärungen abzugeben, kann er sich vielleicht herausreden:»Ich habe mich getäuscht, es war nicht der 15. Mai in diesem Jahr, sondern im nächsten«. Man muß das Leben wiederaufnehmen, das man verloren glaubte. Das ist vielleicht einer jener Momente, in denen man voll und ganz zum Menschen wird. Man lenkt den Blick vom Himmel ab und sieht die alltäglichen Probleme. Was an einem Morgen mit einer Gruppe von Fanatikern geschieht, erstreckt sich im Fall der christlichen Kirche über mehrere Jahrhunderte. Das hat mich schon immer fasziniert. Wir stehen nackt und zitternd bereit, um Christus zu folgen, weil Christus uns angekündigt hat, daß er wiederkommen würde. Aber er ist nicht wiedergekommen. Also sind wird in eine Situation versetzt, in der wir in aller Ruhe auf ihn warten müssen. Wir haben Stein für Stein eine Kirche errichtet, um uns zu schützen. Wir haben gelernt weiterzuleben, geduldig zu werden und uns zu organisieren, um unseren Glauben dauerhaft zu machen, der einst aus der Not geboren war.

Werden dieses Versprechen, das uns gegeben wurde, oder diese finale Katastrophe, die wir erwarten, nicht auch als eine Erleichterung, als ein Ausweg aus dem Gefängnis der Zeit empfunden?

Alles hängt davon ab, ob man an eine andere Welt glaubt oder nicht. Wenn Sie ein schrecklicher Verbrecher sind oder ganz einfach von einer Horde wildgewordener Gläubiger verfolgt werden oder auch, wenn Sie eine unheilbare Krankheit bekommen, ist der Tod, auf den das ewige Leben folgt, eine wunderbare Lösung. Das ist einer der Gründe, warum Sekten so leicht Zulauf finden. Alles, was wir in diesem Leben nicht geschafft haben, wird uns im anderen Leben gelingen. Und von diesem Leben des Leidens und des Scheiterns werden Sie, im Gegensatz zu Vishnu, nicht einmal eine Erinnerung bewahren. Ihre Existenz ist eine Puppe, aus der morgen ein Schmetterling schlüpfen und zu schöneren und unveränderlichen Himmeln fliegt. Wenn Sie dagegen an das Nichts glauben, können Sie, je näher das Ende Ihres Abenteuers rückt, ein ähnliches Gefühl der Erleichterung verspüren. Warum etwas fürchten, das es nicht gibt? Sie sind also nicht weit davon entfernt, dieses Ende zu beschleunigen, das auch als eine Erlösung wahrgenommen wird. Es gibt immer eine Möglichkeit, seinem Schicksal einen kleinen Schubs zu geben. Diese beiden Verhaltensweisen – Hoffnung auf ein ewiges Leben oder nüchterne Erwartung des Endes der Existenz – bestehen bis in unsere Tage weiter. Zwar entgegengesetzt, aber untrennbar.

Haben Sie mit solchen Gruppen, die sich auf das Ende der Welt vorbereiten, jemals etwas zu tun gehabt?

Ich habe Mitglieder der Sonnentempler-Sekte getroffen. Es ist erstaunlich, diejenigen zu beobachten, die übriggeblieben sind, aber zuvor am »Aufbruch« ihrer Kameraden teilgenommen haben – auch wenn wir niemals erfahren werden, auf welche Weise das geschehen ist. Diejenigen, die ich getroffen habe, waren ruhige, fröhliche Leute, die sich wieder im Leben eingerichtet haben. Wenn sie von diesen tragischen Ereignissen sprechen, hat man das Gefühl, als ob sie von einem anderen Ufer zurückgekehrt seien … Und trotzdem haben sie eine Erfahrung gemacht, bei der die Leichtgläubigkeit bis zum äußersten beansprucht wurde, bis hin zum Haß auf die Erde und das eigene Dasein.

Das außergewöhnlichste Beispiel ist vielleicht die »Heaven's Gate«-Sekte in San Diego. Zunächst, weil die Mitglieder dieser Gruppe zu denen gehörten, die den Cyberspace durchmessen haben, wie andere im Wald spazierengehen. Ein Journalist hat über sie geschrieben, daß sie »alle zu jenem Stamm der Perspektivlosen gehörten, die das Net abgeklappert haben, um der Leere ihrer mangelnden Anpassungsfähigkeit zu entgehen … Als Informatiker, die eine bemerkenswerte Kompetenz auf technologischem Gebiet hatten, haben sie sich von biblischen Mythen, Ufologien und Astrologien inspirieren lassen, um eine morbide Theorie zusammenzubrauen, deren einziger Ausweg der Selbstmord war.«

Ich habe gelesen, daß sie keinerlei sexuellen Umgang hatten, schwarze Kleidung trugen und kurze Haare hatten. Einige haben sich sogar kastrieren lassen. Dann haben sie an einem in ihrem Kalender festgelegten Termin (diese chronologische Präzision ist eine konstante Gegebenheit) Gift eingenommen und sich auf ihren Betten ausgestreckt, offenbar hatten sie ihre Pässe bei sich (dieses Detail ist seltsam und grauenhaft). Die Vorstellungen von Luc Jouret, einem der Gurus der Sonnentempler-Sekte, waren nicht weniger präzise. »Du wirst sehen«, sagte er am Telefon zu einem seiner Vertrauten, »es wird dort fabelhaft werden ...«

Diese Art von Ermutigung zum »Aufbruch« ließe sich auch schon in der gnostischen Literatur zu Beginn der christlichen Ära finden.

Wie auch immer die »Fortschritte« aussehen mögen, die die Zivilisation verzeichnet, wie immer die Entwicklung des Bewußtseins und der Gesetze voranschreiten mag und wie immer wir mit dem Cyberspace umgehen werden – irgend etwas in uns verharrt in der Gewißheit, daß die Zeiten zu Ende gehen werden. Woher kommt diese Gewißheit?

Die Vorstellung der unumkehrbaren linearen Zeit hat im Westen Denkweisen, eine Philosophie, eine Weltanschauung hervorgebracht. Für alles, was begonnen hat, rufen wir unbewußt einen Niedergang herbei. Wenn der Schöpfergott mit den Worten beginnt: »Es war einmal eine Welt, die bereit war, den ersten Mann und die erste Frau aufzunehmen«, dann kann man auch erwarten, daß derselbe Gott eines Tages einen Schlußpunkt hinter seine Erzählung setzt. Zweifellos, um eine neue zu beginnen.

Ich habe bereits erzählt, was dann folgt*, aber mir scheint es die Wiederholung wert. Auf der Grundlage eines Buches von Oliver Sacks, *Der Mann, der seine Frau mit einem Hut verwechselte**, haben wir mit Peter Brook über die Funktionsstörungen gearbeitet, die durch bestimmte Gehirnverletzungen hervorgerufen werden. Einmal habe ich Sacks gefragt: »Was ist ein normaler Mensch?« Eine ziemlich abgedroschene Frage, ein Thema für einen Schüleraufsatz ohne großes Interesse. Aber ich habe hinzugefügt: »Aus Ihrer Sicht als Neurologe?« Und er hat geantwortet: »Für uns ist ein normaler Mensch ein Mensch, der seine Geschichte erzählen kann«. Überraschend, daß er so etwas zu einem Drehbuchautor sagt. »Das heißt«, fügte er hinzu, »ein Mensch, der weiß, woher er kommt, der eine Vergangenheit hat und in der Zeit angesiedelt ist. Er erinnert sich an sein Leben und an alles, was er gelernt hat. Und er hat auch eine Präsenz, was nicht heißt, daß er in einer besonderen Zeit lebt, aber er hat eine Identität. Wenn er mit Ihnen spricht, ist er in der Lage, Ihnen korrekt seinen Namen, seine Adresse, seinen Beruf etc. zu nennen. Und schließlich hat er eine Zukunft, das heißt Pläne, und er hofft, daß er nicht stirbt, bevor er sie ausgeführt hat. Denn er weiß auch, daß er sterben muß«. Ein normaler Mensch ist also ein Mensch, der in der Lage ist, seine Geschichte zu erzählen und sich in der Zeit anzusiedeln.

Diese Definition gilt auch für eine Gesellschaft.

Aber eine Gesellschaft hat sehr viel mehr Schwierigkeiten als ein Individuum, wenn es darum geht, einzusehen, daß sie sterblich ist. Ich würde nur ein einziges Wort im Satz von Valéry ändern und ihn sagen lassen: Wir Zivilisationen jedenfalls wissen jetzt, daß die *anderen* sterblich sind. Keine Gesellschaft wird diese Feststellung für sich selber akzeptieren.

---

* In Jean-Claude Carrière u. Pascal Bonitzer, *Die Arbeit am Drehbuch/Eine Geschichte erzählen*, Berlin 1999.
** Reinbek bei Hamburg 1990.

Die Gesellschaften verkennen auch die Umstände, unter denen sie aufgetreten sind. Die Zukunft ist nicht klarer als die Vergangenheit. Wenn ein Mensch ein Mensch ist, der seine Geschichte erzählen kann, ist dann eine Gesellschaft, die fast nichts von ihrer Vergangenheit weiß und die die Gefahren verheimlicht, die auf ihrer Zukunft lasten, als normal anzusehen?

Nehmen Sie *Montaillou**, das Buch von Le Roy Ladurie, das Anfang des 14. Jahrhunderts in einem kleinen Pyrenäendorf spielt. Als die Richter, die aus Toulouse oder Pamiers kommen, die Bergbauern fragen: »Zu welcher Zeit lebte Unser Herr Jesus Christus?«, antworteten diese, daß er etwa zur Zeit ihrer Urgroßväter lebte. Die zwischen Christus und ihnen verstrichene Zeit erscheint ihnen sehr kurz. Und außerdem haben sie einige fromme Gemälde und Abbilder von Christus gesehen, der in der Kleidung des Mittelalters dargestellt war. Der Begriff einer geschichtlichen Betrachtungsweise existiert noch nicht. Die römischen Soldaten werden auf den mittelalterlichen Miniaturen mit zeitgenössischen Waffen dargestellt.

Wann hat man begonnen, die wirkliche Dauer der Geschichte zu ermessen?

Im 16. Jahrhundert, glaube ich. Innerhalb von zwanzig Jahren gab es zwei Phänomene, die auf eine Erweiterung des Horizonts hindeuten. Zum ersten Mal sieht man in den illustrierten Büchern zum Beispiel Kaiphas, den Hohepriester, der die Verurteilung von Jesus verkündete, in der jüdischen Kleidung seiner Zeit dargestellt. Ein erster, unbeholfener Versuch einer geschichtlichen Rekonstruktion. Die Ritterrüstungen werden zugunsten der römischen Uniformen weggelassen. Die Zeit tritt in die Geschichte ein. Zur gleichen Zeit veröffentlichte Thomas More auf Latein sein *Utopia*. Die Zeit wird zu

---

* Emmanuel Le Roy Ladurie, *Montaillou: ein Dorf vor dem Inquisitor 1294–1324*, Frankfurt a. M. 1990.

einem Gummiband, das man sowohl in die Vergangenheit als auch in die Zukunft ziehen kann. Die Science-fiction tritt auf den Plan, die Zukunft ist plötzlich ein Gegenstand des Interesses und der Reflexion. Sie wird existieren und andauern, daran haben wir keinen Zweifel mehr. Das Ende der Zeiten wird *sine die* verschoben. Zur damaligen Zeit verschwand auch der Mythos vom Goldenen Zeitalter, dieser idyllischen Zeit der Ursprünge, die wir neu erfinden wollen. Wir haben nicht aufgehört, an diesem Gummiband zu ziehen, auf der einen Seite bis zum Urknall, auf der anderen bis zum Erlöschen der Sonne, das in 4,5 Milliarden Jahren geschehen soll. Als ich Geschichte studiert habe, wurde gelehrt, daß der Mensch oder der Hominide seit dreihunderttausend Jahren existiert. Heute geht man von dreieinhalb Millionen Jahren aus. Was das Ende des Universums betrifft, so konnten sich die Wissenschaftler noch nicht einigen. Aber sie glauben zu wissen, daß es zu Ende gehen wird.

Rausch der Zeit

Kann die heutige Wissenschaft das Objekt Zeit besser definieren, als es der Syntax gelingt?

Sie sollten den Chemiker und Nobelpreisträger Ilya Prigogine befragen, der, wie Marcel Proust, sein Leben damit verbracht hat, nach der verlorenen oder, von Natur aus, ungreifbaren Zeit zu suchen. Ich habe Prigogine zwei- oder dreimal getroffen. Einmal haben wir beide uns mit Bernard Pivot getroffen, der in Begleitung des Astrophysikers Jean Audouze und des Schriftstellers Jean d'Ormesson war, und genau über die Frage der Zeit gesprochen. Zwischen Audouze und Prigogine, den beiden Wissenschaftlern, kam es zu einer lebhaften Diskussion, die d'Ormesson und ich mit dem Lächeln der Unkenntnis verfolgten. Die Diskussion drehte sich um den Urknall, vor dem feststellbaren Auftreten der Materie. Der Urknall ist vielleicht nicht der Beginn des Universums, aber er ist der Beginn unserer Möglichkeit, über das Universum zu sprechen. Vor diesem »Beginn«, der vielleicht keiner ist, können wir gegenwärtig nichts sagen. Mit dem Urknall entstehen Zeit und Raum, ein altes Begriffspaar, auf das wir sicher noch zu sprechen kommen werden. Prigogine versuchte, sich etwas vor dem Anfang der Zeit vorzustellen. Audouze sagte, daß das unfaßlich sei, daß man nicht von Zeit sprechen könne, bevor es einen Träger für die Zeit gab, eine Materie, in der die Zeit ihren Abdruck hinterlassen konnte. Die Zeit ist nicht, wenn ihr nichts unterworfen ist, sagte er.

Man muß wissen, daß Prigogine ein Chemiker ist und Audouze ein Physiker, der die Physik der Elementarteilchen untersucht. Beide waren zu einer verblüffenden Feststellung gelangt: Alles ist der Zeit unterworfen, alle Dinge, von denen wir sprechen können, werden vom Fluß der Zeit mitgerissen, der in eine einzige Richtung fließt. Daher der Ausdruck »Zeitpfeil«, den die Physiker benutzen, um diesen unerbittlichen Marsch zu beschreiben. Erste Kuriosität: Warum geht alles in dieselbe Richtung, warum bewegt sich nichts in die andere Richtung zurück, zur Entstehung, flußaufwärts? Warum altern alle Dinge? Die Wissenschaftler machen also folgende Feststellung: Während es mindestens zehn oder elf (und sogar noch mehr) Dimensionen des Raums gibt, gibt es immer nur eine einzige Dimension der Zeit. Alles wird von der Zeit ergriffen, alles »altert«, mit einer einzigen Ausnahme: die Elementarteilchen. Der Zeit unterworfen zu sein, bedeutet, daß es Transformation, Evolution gibt. Alles, was die Zeit berührt, verschleißt sich und wird vernichtet. Aber bis auf weiteres gilt, daß sich die Partikel nicht ändern. Sie transformieren sich nicht. Man hat noch nie gesehen, wie ein Elektron oder ein Neutron stirbt. Sobald eine Form veraltet ist, sobald die Zeit eines Körpers »abgelaufen« ist, werden die Teilchen, aus denen er bestand, freigesetzt und sind bereit für ein neues Abenteuer, für eine noch nie dagewesene Form ... Und eben diese unerschütterliche Materie, die viel zu glatt ist, als daß die Zeit sich an ihr festhalten könnte, ist das, was der Physiker fasziniert beobachtet, beziehungsweise zu beobachten versucht, denn auf dieser Ebene ist die »Realität« unfaßbar.

Wollen Sie damit sagen, daß es noch niemandem gelungen ist, diese Elementarteilchen zu sehen?

Soweit ich weiß, hat man bis heute nur Spuren von ihnen gefunden. Aus der Beobachtung dieser Spuren kann man ableiten, daß die Zeit kein Attribut der elementaren Materie, sondern der Form ist. Wenn die Teilchen beginnen, sich zu Atomen zusammenzufügen, und die Atome zu Molekülen, dann tritt genau in diesem Moment unerbittlich die Zeit auf und reißt diese Formen mit sich fort. Das ist der Preis, der zu zahlen ist – und erst recht, wenn es sich um komplexe Formen wie die unsrigen handelt. Wie immer die Formen aussehen mögen, die das Universum und die Körper, die es bilden, annehmen können, sie werden von der Zeit mitgerissen, in ein und dieselbe Richtung, während die innere Materie, aus der sie bestehen, indifferent bleibt. Das ist das Paradox, an dem Prigogine arbeitet.

Wenn Sie mich fragen, was ich davon zu verstehen glaube – die Texte sind oft sehr schwierig –, so meine ich, daß diese Irreversibilität der Zeit, die nur für Formen, für Systeme und nicht für die elementare Materie gilt, auf zwei verschiedene Arten interpretiert werden kann. Zum einen, indem man sagt, die Zeit ist nur eine Illusion. Eben das hat Einstein in einem Brief geschrieben, der von Étienne Klein in einem kürzlich erschienenen Gemeinschaftswerk* zitiert wird:»... für uns als überzeugte Physiker ist die Unterscheidung von Vergangenheit, Gegenwart und Zukunft jedenfalls nur eine Illusion, auch wenn sie so beharrlich ist.« Prigogine dagegen verschiebt die Illusion. Der Zeitpfeil existiert, selbst wenn die scheinbare Unveränderlichkeit der Teilchen uns zu der Annahme drängt, das Gegenteil zu glauben. Die Zeit »existierte« schon vor Beginn des Universums. Ein komplexer Beginn, mit unendlichen Verzweigungen ... Ich kann das leider nicht weiter ausführen, ohne einige dicke Bücher zu befragen.

---

* *Dictionnaire de l'ignorance: aux frontières de la science*, hrsg. von Michel Cazenave, Paris 1998.

Gibt es da nicht eine Analogie zu den Ursprungsmythen? Die Kosmogonien berichten eigentlich nicht vom Ursprung der Welt. Sie übermitteln einen göttlichen Willen, Ordnung in das Chaos zu bringen. Das Ritual wäre dieser, von seiten des Priesters jeden Tag wiederholte Wille, dafür zu sorgen, daß die Ordnung über das Chaos siegt. Aber ob nun die Ordnung über die Unordnung siegt oder umgekehrt, beide Realitäten koexistieren weiterhin, so wie im mikroskopischen Maßstab die der Zeit gegenüber indifferenten Teilchen und im makroskopischen Maßstab die Körper, die die Zeit gierig verschlingt, koexistieren.

Mit der »Schöpfung« der Welt siegt die Form über das Formlose. Aber der Preis für diese Formgebung, für dieses Schaffen von Ordnung ist die Zeit, und somit der Tod. Jede Form ist sterblich, und der Tod wird mit dem Leben geboren. Um die Wahrheit zu sagen, nicht alle Völker haben das Bedürfnis nach einer Schöpfung gehabt. Es gibt einige, wenn auch seltene Traditionen, wie zum Beispiel bei den Aborigines in Australien, bei denen die Welt als schon ewig existierend gegeben ist. Aber die meisten Traditionen haben einen Gründungsmythos, ein manchmal äußerst verwickeltes Ursprungsszenario. Selbst im zyklischen indischen Denken hat es zwangsläufig einen Anfang gegeben. Die Frage nach den Ursprüngen wird in Indien auf verschiedene Weisen angegangen, quer durch die unterschiedlichen Mythen. In einer der am meisten verbreiteten Überlieferungen wird erzählt, daß am Ursprung die Musik steht oder genauer gesagt eine Reihe von harmonischen Schwingungen, so wie Wellen, die sich in unermeßlichen Zeiten im All ausbreiteten. Die Wellen begannen Töne zu formen. Die Töne haben Modulationen geformt. Aus diesen Modulationen sind nach und nach Stimmen hervorgegangen, die das »Om« formuliert haben, den Grundton. Und nach und nach hat das All durch seine Modulationen die Veden geformt. Die Veden haben keinen Autor. Die Veden sind ein Text, dessen Authentizität man nicht bezweifeln kann. Sie wurden uns vom All gegeben. Gleichzeitig oder etwas zuvor taucht im Kosmos ein Ei auf, das man entweder

Hirynia Garba oder *Brahmanda*, das Ei des Brahma, nennt. Dieses Ei ist explodiert, und ihm entsprang ein undefinierbares Wesen, das *Prajapati* genannt wird, das schöpferische Prinzip. *Prajapati* fiel auseinander und seine Glieder haben verschiedene Teile des Universums gebildet. Dieses Universum strebt, wie in der aztekischen Tradition, danach, sich neu zusammenzufügen. Seine verstreuten Glieder streben danach, sich wiederzuvereinen, und die Kraft, die an dieser Wiedervereinigung arbeitet, heißt Liebe.

Ähnliche Ursprungsmythen lassen sich in vielen Überlieferungen finden.

Die Besonderheit der hinduistischen Erzählung liegt in dem Versuch, einen Ursprung der Zeit zu begründen, den die Inder dennoch als einen ewigen Wiederbeginn sehen.

Sie haben sich mit den großen Mythologien Indiens beschäftigt. Wie nehmen die Inder das wahr, was wir als Zeit bezeichnen?

Einer der wenigen Wissenschaftler, die es heute wagen, sich der Urknalltheorie zu widersetzen, ist gerade ein Inder: der Astrophysiker Narlicar, den seine europäischen und amerikanischen Kollegen, die ihn als großen Gelehrten sehr bewundern, gern einen heimlichen Metaphysiker nennen. Er lehnt den Urknall in eher literarischer und übrigens recht witziger Weise ab, weil er viel Humor hat und das Wissen seiner Kultur ihn daran hindert, die Idee eines einzigen Ursprungs oder einer einheitlichen Zeit nachvollziehen zu können.

Unsere wissenschaftliche Einstellung wird von unserer Tradition bestimmt …

Das ist offenkundig.

Die Urknalltheorie – ob man sie nun akzeptiert oder bestreitet – hat uns die tatsächliche Dimension der Zeit bewußt gemacht. Newton glaubte noch, daß das Universum 6000 Jahre alt sei, während die Astrophysiker heute von 15 Milliarden Jahren sprechen. Versetzt die Zeit uns nicht in einen Rausch?

Wir sind nicht in der Lage, uns eine solche Zeitspanne vorzustellen. Unser Gehirn ist dazu gemacht, einen bestimmten geschichtlichen Ablauf, eine bestimmte »Zeit« zu erfassen. Ob das einer der Gründe ist, weshalb einige das Prinzip der Evolution der Arten immer noch ablehnen? Vielleicht. Unser Leben dauert fünfzig bis hundert Jahre. Bestenfalls kennen wir unsere Urgroßeltern und unsere Urenkel. Unser Blick überschaut also bis zu zweihundert Jahre um uns herum, die sichtbar oder greifbar sind. Ein alter Onkel stirbt, ein Kind wird geboren. Unsere geschichtlichen Studien erlauben es uns, diese Perspektive zu erweitern, den Lauf der Zeit zwei-, drei-, fünfoder zehntausend Jahre zurückzuverfolgen. Mit großer Anstrengung unserer Vorstellungskraft kommen wir bis zur Combe d'Arc, der Höhle von Chauvet, die vor drei Jahren im Ardèche-Tal entdeckt wurde: zweiunddreißigtausend Jahre, das ist schon eine Menge. Und dennoch sind zwischen der Combe d'Arc und der Höhle von Lascaux, die aus unserer Sicht zur gleichen Epoche gehören, hundertsechzig Jahrhunderte vergangen. Wie ist das möglich, fragt man sich? Sechzehntausend Jahre liegen zwischen den Höhlenmalereien in der Höhle von Chauvet und denen von Lascaux! Das kann doch nicht wahr sein! Und dennoch ...

Der zeitliche Abstand zwischen der Combe d'Arc und Lascaux ist fast genauso groß wie zwischen Lascaux und uns ...

Fast. Ein Anlaß für eine interessante Überlegung, finden Sie nicht? Combe d'Arc ist nicht das Relikt irgendeiner primitiven Welt. Ganz im Gegenteil, es handelt sich bereits um ein sehr hoch entwickeltes, geradezu raffiniertes Werk, das von bedeutenden Künstlern geschaffen wurde. Das bestreitet niemand. Wir beginnen also, uns über die erstaunliche Dicke des Fundaments, auf dem wir fußen, Gedanken zu machen. Wenn wir heute von der Combe d'Arc zu »Lucy« weitergehen, wird deutlich, daß wir Gefahr laufen, uns zu verlieren. Wie soll man die Zeit begreifen, in der diese junge Frau lebte, unsere entfernte Cousine, die von Coppens und Johanson in Afrika entdeckt wurde und 3,5 Millionen Jahre alt ist? Wie soll man die Evolution einer Gattung vom *Australopithecus afarensis*, der in Äthiopien entdeckt wurde, bis zum modernen Menschen begreifen? Und wie kurz ist die Geschichte des Menschen im Verhältnis zu anderen Arten! Die Ameisen sind hundert Millionen Jahre alt. Die Termiten dreihundert Millionen! In China hat man Relikte von lebenden Organismen gefunden, die auf fünfhundertsiebzig Millionen Jahre datiert werden. Wie soll man diese Zeitspanne mit unserer organisch begrenzten »Gehirnzeit« begreifen und verstehen? Daher hängen wir immer noch der äußerst vereinfachten und offenkundig falschen Idee der Schöpfung an, denn wir leiden nicht unter Denkfaulheit, sondern an einer regelrechten Unfähigkeit zu verstehen, wie alt die Zeit ist.

Andererseits bewegen sich die Astronomen munter in zeitlichen Dimensionen, die für uns unbegreiflich sind. Und je weiter sie in den 15 Milliarden Jahren unserer Zeit zurückgelangen auf den berühmten Urknall zu, um so mehr verlangsamt sich ihr Vormarsch, um so unüberwindlicher werden die Probleme und um so mehr spürt man sie jubeln, wenn es ihnen gelingt, das Milliardstel einer Milliardstelsekunde weiter in Richtung der Nullzeit vorzurücken.

Es gibt eine Zeit, von der an man beginnen kann, das Universum zu denken und darüber zu sprechen. Die Wissenschaftler sprechen in der Tat von Nanosekunden.

Existiert die Zeit vor diesem Augenblick?

Diese Frage kann einen wirklich beschäftigen. Die wissenschaftliche Forschung ist aufgebrochen, um den Schleier zu lüften und uns, vielleicht morgen, zu sagen, ob die Zeit sich jenseits dieser fünfzehn Milliarden Jahre entfaltet. Niemand kann diesem Lauf auf der Suche nach der verlorenen Zeit folgen. Selbst die Zahlen sind eine unüberwindliche Chinesische Mauer. Diese Zahlen sind so groß, daß man sie nur in mathematischen Potenzen darstellen kann. Die »Ära Planck«, nach dem Namen des deutschen Physikers, der die Quantentheorie begründet hat, auf der die gesamte Physik der Elementarteilchen beruht, geht von einer Evolution des Universums zwischen einer Zeit Null und einer auf 10–43 Sekunden nach dem Urknall geschätzten Zeit aus. Während dieser sehr, sehr kurzen Zeitspanne stieg die Temperatur auf 1032 Grad. Die folgende Ära dauert von 10–43 bis 10–32 Sekunden und wird »Ära der Quarks« genannt ... Wer kann einer solchen Beweisführung folgen? Wie soll man diese wie durch ein Wunder verschlankte Zeit wahrnehmen?

Wird die Ankündigung eines möglichen Endes der Zeiten oder der Welt nicht durch die Tatsache gestützt, daß unsere Vergangenheit sich heute entzieht, daß wir sie nicht mehr begreifen können?

Das ist sicherlich richtig. Das, was uns gemacht hat und dessen Resultat wir sind, ist für uns nicht körperlich wahrnehmbar. Wir haben keine Zeit, die Zeit zu spüren, und das um so mehr, als unser Ziel (vielleicht das einzige unserer Epoche) darin besteht, die Geschwindigkeit noch zu beschleunigen.

Mit Lichtgeschwindigkeit reisen ...

Das wäre – theoretisch – das einzige Mittel, um zu anderen Planeten in anderen Sonnen- oder Sternensystemen zu gelangen, die von der Erde mehrere Tausend Lichtjahre entfernt sind. Wir haben dieses Jahrhundert einem regelrechten Geschwindigkeitskult geweiht. Unsere Fahrzeuge, Züge, Flugzeuge, Autos, schlagen alle irdischen

Rekorde, und es ist heute ein Skandal, wenn der TGV Paris–Lyon, der zwei Stunden braucht, um halb Frankreich zu durchqueren, fünf Minuten Verspätung hat. Die Helden unserer Epoche sind jene Athleten, die alte Weltrekorde um einige Hundertstelsekunden unterbieten. Heute wird man durch winzige Zeitspannen zum Helden der Welt. Wenn man die Hürde der 9 Sekunden und 93 Hundertstel auf hundert Metern nimmt, wird man für ein Hundertstel weniger mit Gold überschüttet.

Ende der Zeit oder Ende der Zeiten?

Das Ende der Zeiten ist offensichtlich nicht das Ende der Zeit. Wenn wir vom Ende der Zeiten sprechen, meinen wir das Ende der menschlichen Zeiten, der vom Menschen definierten Zeiten. Das Ende der Zeiten, der besonderen Zeiten, ist gewissermaßen der Triumph der Zeit. Einerseits haben wir eine unangreifbare Zeit, unseren absoluten Souverän, und andererseits Zeiten, an denen wir uns rächen, und das in einer höchst lächerlichen Weise. Ich habe noch einmal den berühmten Abschnitt im Buch »Der Prediger Salomo« nachgelesen, in dem es um die Frage einer Zeit für dieses und einer Zeit für jenes geht. Wir haben innerhalb der Zeit viele Zeiten geschaffen. Diese Zeiten sind unser Werk.

Es gibt eine Zeit der Liebe und eine Zeit zum Sterben, beide sind in uns eingeschrieben. Es wäre sehr interessant, sich zu fragen, ob die Zeit der Liebe ein Ende haben kann. Gibt es eine wirkliche Zeit der Liebe? Ist sie auf eine einzige Phase des Lebens beschränkt? Wann beginnt sie? Wann endet sie? Wer entscheidet das? Wir schieben auch die Zeit zum Sterben hinaus. Der Tod, der früher einhellig akzeptiert wurde, wird in den fortschrittlichsten Gesellschaften beiseite geschoben. Ebenso fragt sich, ob der Ausdruck »Kriegszeit« noch einen Sinn hat? Werden die Kriege noch so eindeutig datiert wie früher? Eindeutig erklärt und beendet? Gibt es nicht um uns herum eine Vielzahl von kleinen Kriegen, die nicht einmal mehr beim Namen genannt werden? Wir leben in einer Epoche, in der diese von uns selbst erfundenen Zeiten im Verschwinden begriffen sind. Ist das gut, ist das schlecht? Unser Leben war früher in mehr oder weniger kurze oder lange Phasen oder Jahreszeiten eingeteilt. Wir haben alles getan, um diese Unterschiede abzuschaffen, indem wir im Winter heizen, im Januar Erdbeeren essen etc. Verlieren wir nicht auf die gleiche Weise, indem wir die Jahreszeiten abschaffen, diesen Reichtum vielfältiger und abwechslungsreicher Zeiten? Die Zeit der Kirschen und die Zeit der Kastanien? Was gewinnen wir, wenn wir die kleinen Zeiten unseres Lebens gleich machen?

Ich finde in den *Notizbüchern* von Cioran, die nach seinem Tod veröffentlicht wurden[*], diese einzigartige Überlegung: »Der Engel der Apokalypse sagt nicht ›Es ist keine Zeit mehr‹, sondern ›Es gibt keinen Aufschub mehr‹. Ich habe immer mit dem Gefühl gelebt, daß die Zeit von innen aufgezehrt wird, daß sie dabei ist, ihre Möglichkeiten zu verschleißen, und daß ihr die *Dauer* fehlt. Und dieser ihr innewohnende Mangel hat mich immer mit Befriedigung und mit Schrecken erfüllt.« Es ist in der Tat befriedigend, sich einen Mangel in der Allmacht des Herrn vorzustellen. Befriedigend, aber erschreckend. Denn dieser Herr ist vielleicht viel schwächer, als wir denken. Wird es, wenn wir unsere Zeiten abgeschafft haben, noch eine großgeschriebene Zeit geben? Diese Frage stellt sich ebenso nach dem Ende der Zeiten wie vor dem Beginn der Zeiten. Man wird sagen: Es bleibt Gott, der außerhalb der Zeit steht. Die Gläubigen werden das sagen. Aber was könnte Gott in einer Welt machen, in der die Zeit verschwunden wäre?

Ich verstehe recht gut, daß Gott die menschliche Gattung vernichten will, und ich muß sagen, manchmal finde ich das sogar gut. Aber ich kann nicht so recht verstehen, warum er die Zeit vernichten sollte. Es ist allerdings richtig, daß ich nicht an Gott glaube, und das ist vielleicht eine Erklärung dafür. Für die Gläubigen ist Gott ebenso gleichgültig gegenüber der Zeit wie ein Elementarteilchen.

---

[*] E. M. Cioran, *Cahiers*, Paris 1998.

Gott steht derartig außerhalb der Zeit, daß er ausgehend von seiner Ewigkeit innerhalb der Zeit agieren kann. Die Theologie versucht, diese Paradoxe, die einerseits mit den Zeiten der Menschen und andererseits mit der Zeit oder Nicht-Zeit Gottes verbunden sind, zu lösen.

Ja, machen wir ein bißchen Theologie. Welche Freude! Machen wir ein wenig – sehr wenig, keine Sorge – patristische Hermeneutik. Wir wollen mal sehen, wie die Kirchenväter mit dieser Frage umgegangen sind.

Die Hauptschwierigkeit – die wir immer noch haben – bestand darin, die göttliche Zeit sozusagen in die menschliche Zeit eintreten zu lassen, so daß sie sich gegenseitig durchdringen. Die Kirchenväter der Schule von Alexandria (wie Origines) oder der Schule von Antiochia (Theodor von Mopsuestia, Diodor von Tarsus), zweifellos die klarsten und scharfsinnigsten Denker ihrer Zeit, haben versucht, Korrespondenzen zwischen den offenbarten Texten herzustellen, und zwar entweder in vertikaler Weise, indem sie vom Typus zum Archetypus aufstiegen, was ganz normal war (das neue Jerusalem ist ein Bild der himmlischen Vollkommenheit), oder in horizontaler Weise, was viel seltener ist.

Zum Beispiel?

Wie konnte Christus, der Gott ist, sich der menschlichen Zeit unterwerfen, indem er Mensch wurde? Wie konnte er geboren werden und sterben, er, der für alle Ewigkeit *ist*? Diese schwierige Frage hat tausend Auseinandersetzungen hervorgerufen. Manche Kirchenväter sind so weit gegangen zu sagen: Ebenso wie der Tempel Salomons bereits ein Vorbild der Kirche war, so *war* das für die Israeliten in der Wüste vom Himmel gefallene Manna bereits Christus, so *war* er der Felsen, aus dem Moses Wasser sprudeln ließ, indem er mit seinem Stab dagegenschlug. Sie haben sogar behauptet, daß dieser wasserspendende Felsen dem Volk Israel auf seiner langen Wanderschaft folgte. Auch wenn er sich noch nicht als Mensch gezeigt hatte, marschierte Christus-Gott bereits inmitten des auserwählten Volkes. Aus denselben Gründen hat er nach seinem menschlichen Tod nicht aufgehört zu sein. Er ist da, immer, ist immer bei den Gläubigen.

Man müßte die göttliche (oberste, absolute) und die menschliche (begrenzte, relative) Zeit zusammenfallen lassen. Eine unmögliche, zumindest akrobatische Aufgabe, die von allen Seiten bedroht ist, sowohl von der unaussprechlichen göttlichen Abstraktion wie von unserem unkorrigierbaren Anthropomorphismus. In diesem Sinne könnten wir das Ende der Zeiten als Ende dieses unerträglichen Widerspruchs verstehen, als Ende dieser fluchbeladenen Trennung von Zeit und Zeiten, zu der wir immer wieder zurückkehren. Das Zeitenende wäre die endgültige Verschmelzung in der Einheit, das Ende des Todespfeils, der Wunsch eines Aufstiegs zu Gott, eines *Verlustes der Zeit*, ohne daß wir deshalb das Leben, das wahre Leben verlieren würden.

Offensichtlich ist leider das Gegenteil wahr. Die Zeit – die absolute Zeit, die wir göttlich oder kosmisch nannten – ignoriert und verschmäht uns. Sie ist unser ferner und kalter Liebhaber, äußerst unsensibel für unsere Glut, für unsere Gebete – für uns, die wir doch nur in sie eingehen wollen, ohne deshalb zu sterben. Wir wollen Schluß machen mit den gezählten Zeiten, mit den gemessenen Zeiten, um Zugang zu einer Zeit zu bekommen, die nicht mehr gezählt wird. Eine wiederholte Revolte gegen die Zeit, die uns fortreißt, eine Revolte, die, so verzweifelt sie auch sein mag, trotzdem die ambitionierteste, die höchste ist. Denn das Zeitenende, das Ende der Berechnungen und Messungen, das Ende von Schrecken und Hoffnung (»Laß alle Hoffnung fahren«, sagt uns die *Gita*), das kann nur die Ewigkeit sein.

Sie ist wiedergefunden!
Wer? Die Ewigkeit.
Das Meer ist verbunden
mit der Sonne.*

---

* Arthur Rimbaud, »Une Saison en Enfer«, in *Sämtliche Dichtungen*, Heidelberg 1965, S. 306.

Rimbaud hat es vorausgeahnt: ja, eines Tages wird die Sonne das Meer verschlingen, alle Meere. Die Astrophysiker sagen das alle. Die verschmelzende Materie, die bald erlöschen wird, und die ausgetrockneten Meere werden nur noch eins sein. Eine wiedergefundene, aber zerstörte Materie: vielleicht wird man dann die Elementarteilchen sterben sehen. Vielleicht wird sich dann, da es kein Universum mehr gibt, die Zeit selbst abschaffen. Und wir – oh, unsere Phanatsie ist groß –, wir werden endlich im Nichts sein, wir werden uns dem wirklichen Wesen angeschlossen haben, das von den Zeiten und der Zeit selbst befreit ist.

Ist es das, was man Nirwana nennt?

Vielleicht. Niemand weiß genau, was das Nirwana ist. Dieser Begriff ist noch komplizierter als der unseres Paradieses. Im Nirwana gibt es jedenfalls kein Bewußtsein mehr. Die Zeit hat sich dem vollendeten Dharma gebeugt. Da wir gerade wieder bei Indien angekommen sind, zitieren wir die Veden: »Ich bin die Zeit, die nicht altert.« Aber in der *Gita* erklärt Krishna selbst: »Ich bin die gealterte Zeit.« Was ist dazwischen geschehen, wenn nicht die Schöpfung von Formen, des Lebens, und der Absturz in die Zeiten, in die Geschichte? Für Vishnu kann der Herabstieg auf die Erde in menschlicher Gestalt ebenso wie für den Gott der Bibel nur fatal sein. Vor Christus ist bereits Krishna an seiner Menschlichkeit gestorben.

Wir sind immer noch bei unserem Thema: objektive Zeit und subjektive Zeit, Zeit der Welt und Zeit der Seele. Nichts weist darauf hin, wie Jean Audouze sagte, daß es eine absolute Zeit gibt, die älter als die Welt und die Formen wäre. Weder die absolute Zeit noch der absolute Raum sind der natürliche und unbewegliche Rahmen von Phänomenen. Sie werden, zumindest zum Teil, durch Phänomene determiniert, die im Zeitraum entstehen. Wenn es eine absolute Zeit gibt – und gerade ich, ein Ungläubiger, gehe davon aus –, dann kann das nur die subjektive Zeit sein, die Seelenzeit, die sich mit dem Vergänglichen nicht zufriedengeben kann. Die Frage der Wissenschaftler

(Gibt es außerhalb der Welt eine absolute Zeit?) ist ganz ähnlich wie die der Theologen: Wird eine Zeit für die Seele übrigbleiben, wenn Gott die Zeiten zerstört?

Ist die Folge des »Todes Gottes« im 19. Jahrhundert nicht ein Jahrhundert später eine Art von Homogenisierung der Zeitlichkeiten, ein Verlust der Plastizität der Zeit?

Aber es ist nicht sicher, daß Gott tot ist ... Auf dem Wechsel von Tag und Nacht beruht die ganze Organisation des Lebens. Man kann unser Verhältnis zur Zeit nicht gefahrlos stören. Unsere Existenz beruht auf den solaren Rhythmen. Diese sind allerdings nicht nur auf unsere Sonne zu beziehen. Erst haben wir gelernt, daß die Zeit von der Rotation der Sonne um die Erde bestimmt wird. Dann hat man uns erklärt, daß sich die Erde um die Sonne dreht. Dann, daß die Erde sich auch um sich selbst dreht. Heute bringt man uns bei, daß sich das Sonnensystem auch innerhalb der Galaxis bewegt, und schließlich, die jüngste Sensationsmeldung, daß auch die Galaxis sich bewegt. Wir werden von einer Reihe von Bewegungen erfaßt, die für uns unwahrnehmbar bleiben. Die Zeit ist die Synthese aller dieser Ortsveränderungen, die uns nicht bewußt sind, die aber in jedem Bruchteil einer Sekunde unsere Position im Raum verändern. Welcher dieser Rhythmen ist der wichtigste? Wahrscheinlich der von Tag und Nacht.

Wie Sie wissen, müssen in einem Film – und dabei handelt es sich um eine dunkle, wenig wahrgenommene Regel – die Nachtszenen in regelmäßigen Intervallen aufeinanderfolgen. Wenn in einem Western zwei nächtliche Biwakszenen zu schnell aufeinanderfolgen, hat man das Gefühl, daß etwas nicht stimmt. Der Tag, der sie trennt, kommt einem zu kurz vor. Während man also leicht von einem Tag zum anderen übergehen kann, kann man nicht übergangslos von einer Nacht zur anderen übergehen. Warum? Ich weiß es nicht. Das konnte mir keiner erklären. Wenn man von einer Nacht zur nächsten übergeht, handelt es sich immer um dieselbe Nacht. Ich habe schon einmal das Beispiel eines Duells im Western angeführt.* Derjenige, der als erster zieht, ist immer der, der sterben wird. Er bleibt mit dem Revolver in der Hand stehen, während die Kamera auf den anderen schwenkt, der gewinnen wird. Dieser zieht und schießt mit Erfolg. Was macht der andere in diesen schicksalshaften zwei Sekunden? Er ist wie gelähmt und erwartet, ohne zu schießen, den Tod. Zwei simultane Aktionen werden nacheinander gezeigt. Wenn das gut gemacht ist, nehmen wir keinen Fehler wahr. Was die Essensszenen im Film betrifft, so laufen sie dank einer geschickten Montage innerhalb von vier bis fünf Minuten ab, von der Vorsuppe bis zum abschließenden Kaffee. Das gleiche gilt für eine Person, die sich auszieht und für tausend andere Szenen. Die Zeit ist nur noch ein löcheriges Dekor. Fast ein Spielzeug.

In planetarem Maßstab besteht die Pluralität der Zeiten allerdings dennoch weiter. Ein Geschäftsmann in Paris lebt nicht in derselben Zeit wie ein Kunsthandwerker in Bombay oder ein Targi in der riesigen Weite der algerischen Wüsten.

Die Menschen haben zur Zeit komplexe Beziehungen von wunderbarem Reichtum. In Nepal habe ich zum Beispiel einmal eine Sklavenauktion miterlebt. Dort waren Vertreter der Emirate, die Arbeiter für die Erdölfelder kaufen wollten. Alle Knaben im arbeitsfähigen Alter waren versammelt. Als die Vertreter der Emirate sich näherten, nahmen sie Habachtstellung ein, ihre Mütter bürsteten ihnen die Kleider ab, und die Händler inspizierten ihre Zähne und schätzten die Kraft ihrer Arme ein. In welcher Zeit lebten wir damals? In welcher Epoche?

Es hat den Anschein, daß das 20. Jahrhundert einen tiefen Graben zwischen den verschiedenen menschlichen Zeiten gezogen hat.

---

* In *Le film qu'on ne voit pas*, Paris 1996.

Liv Ullmann hat erzählt, daß sie einmal eine Delegation der Unesco begleitet hat, die an einem sehr abgelegenen Ort irgendwo im Sudan oder in Äthiopien einen Volksstamm besuchen wollte. Die Bevölkerung war darauf vorbereitet worden, daß die Abgesandten der Unesco aus einem großen Metallvogel steigen würden und daß dieser große Vogel nur landen könnte, wenn sie ihm zuvor den entsprechenden Raum schaffen würden. Alle machten sich also daran, einen Platz zu räumen und mit Steinen und Holzstücken eine Landebahn zu bauen. Die Arbeiten dauerten fast sechs Monate. Als die Piste fertig war, setzten sie sich um sie herum und erwarteten gespannt die Ankunft des großen Vogels aus Eisen.

Schließlich erschien der Vogel am Himmel und landete. Er fuhr bis zum Ende der Holz- und Steinpiste, drehte um und kehrte zum Empfangskomitee zurück, das angesichts dieses übernatürlichen Schauspiels vor Schreck erstarrt war. Der Vogel blieb stehen, und die Tür öffnete sich. Sie sahen einen blonden Engel mit blauen Augen herabsteigen, der die Arme voller Schokolade und Geschenke aller Art hatte. Der Engel, dem die Unesco-Vertreter folgten, kam aus einer anderen Welt, und niemals zuvor hatte man so etwas gesehen. Seiner Tradition entsprechend mußte dieses Volk den durchreisenden Gästen etwas schenken. Aber was soll man schenken, wenn man nichts hat?

Eine Frau trat auf den blonden Engel – Liv Ullmann – zu und fragte, ob er verheiratet sei. Der Engel wandte den Kopf nach rechts und dann nach links, ein Zeichen, daß noch kein Mann ihn zur Frau genommen hatte. Man schlug ihm daher vor, einen Mann unter den schönsten Jünglingen des Dorfes zu wählen. Diese Szene zeigt uns, wie sehr die Menschen heute auf radikal verschiedenen Ebenen denken. Jede Zeit der Menschheit hat ihre Spur hinterlassen. Wir leben auf einem riesigen Palimpsest. Es wird nicht berichtet, wie Liv Ullmann sich aus der Affäre gezogen hat, um unverheiratet zurückzukehren.

Ödipus vor Theben

Glauben Sie, daß unsere Epoche im Verhältnis zu allen anderen etwas Besonderes hat?

Jede Epoche ist einzigartig. Aber im Grunde stellt sich die Frage: Was ist überhaupt eine Epoche? Wann beginnt sie? Wann endet sie? Ich lebe im Moment zeitgleich mit meinem Enkel, der fünfzehn Monate alt ist, auf der Erde. Kann man sagen, daß wir zur selben Epoche gehören? Ist eine Epoche nicht ein Knäuel von Generationen, die sich ohne scharfe Schnitte eine nach der anderen abrollen? Man muß sich mit den Epochen vorsehen: Sie sind bestenfalls ein geschichtlicher Rahmen, der von Historikern festgelegt wird, um ihre Arbeit zu erleichtern. Ancien Régime, Restauration, Second Empire: Für die Leute, die zu einer bestimmten Zeit zusammenleben, haben all diese Wörter keine große Bedeutung. In welcher Epoche leben zum Beispiel wir? Leben wir in der Epoche der Bevölkerungsexplosion, in der des vereinten Europas oder in der des Endes der Geschichte? Wie soll man unsere Zeit definieren? Das ist sehr schwierig. Goethe rief angesichts der Schlacht bei Valmy, die die Niederlage der Preußen besiegelte, aus: »Von hier und heute geht eine neue Epoche der Weltgeschichte aus«. Das ist nur ein Spruch. Er sagt nicht, wann diese Epoche enden wird. Er weiß es nicht.

Übrigens täuscht man sich immer, wenn man seine eigene Epoche beurteilt. Man kann nicht Richter und Partei sein. Man kann sich nicht auf einen Berggipfel oder wie Symeon der Stylit auf eine Säule zurückziehen, um in aller Ruhe seine Zeit zu beurteilen. Alle ehrlichen Journalisten geben übrigens zu: Ein Leitartikel ist nur der Ausdruck einer Reaktion der Haut zu einem bestimmten Zeitpunkt. Anders gesagt, ein Leitartikel ist weder ein Gedanke noch ein Standpunkt, der das Ganze überschaut, sondern so etwas wie eine Gänsehaut. »Die Epoche, in der wir leben« ist weit davon entfernt, in ihrer ganzen Vielfältigkeit erfaßt werden zu können. Mehrere Geschichten sind miteinander verflochten, die nicht unbedingt etwas miteinander zu tun haben müssen. Sie wissen nichts voneinander. Unterirdische Strömungen durchqueren den Sockel der Geschichte, und eben diese Strömungen können Historiker und Leitartikler nur mit Mühe ausmachen.

Aber auch wenn die Eindrücke konfus sind, eine Reihe von Tatsachen ist unbestreitbar. Die Überbevölkerung wird für die künftigen Generationen ein riesiges Problem werden. Der übermäßige Konsum, der sich daraus entwickelt, wird eine übermäßige Umweltverschmutzung nach sich ziehen, die sogar schon das Überleben unserer Gattung in ihrem gegenwärtigen Zustand bedroht. Aus der Sicht des Buddhismus ist das Wort »Umwelt« ungeeignet, da es voraussetzt, daß die Dinge um uns herum sind, obwohl wir Bestandteil von ihnen sind und mit der Welt eine Einheit bilden. Alle diese Probleme werden sich in den nächsten dreißig Jahren wahrscheinlich in höchst zugespitzter Weise stellen. Andererseits gibt es viele positive Elemente. Es gibt sogar Leute, die Bücher über das Ende der Misere schreiben. Es gibt Banken für Arme, wie zum Beispiel in Bangladesch, die gut funktionieren. In vielen Ländern läßt sich eine, wenn auch bescheidene Erhöhung des Lebensstandards feststellen. Dem lateinamerikanischen Kontinent geht es besser als vor dreißig Jahren.

In diesem Punkt stimmen Sie mit Jean Delumeau nicht überein.

Es ist üblich zu sagen, daß die großen Illusionen des 18. Jahrhunderts, des Zeitalters der Aufklärung, tot sind. Niemand glaubt zum Beispiel mehr daran, daß man durch eine Veränderung der Institutionen und der Gesellschaft das menschliche Wesen ändern wird. Kein Alternativmodell hat uns je verändert. Dennoch ist das Funktionieren der Gesellschaft viel befriedigender geworden. Wir haben das Justizwesen verbessert, die wirtschaftlichen Beziehungen, die Solidarität, vielleicht sogar den Wissensstand und somit die Chancen. Das menschliche Wesen aber ist sich immer gleich: so enttäuschend und so wunderbar, wie es immer gewesen ist. Wir müssen zugeben, daß der Fortschritt des Menschen durch Kultivierung nur eine Illusion ist, aber das gilt nicht für die Gesellschaften. Und es ist sehr schwierig, beides voneinander zu unterscheiden.

Wir fühlen uns enttäuscht, denn wir spüren sehr wohl, daß wir uns nicht verändert haben; und wir haben eine gewisse Hoffnung, weil wir feststellen, daß die Gesellschaft eher besser funktioniert. Nichts ist ganz grau, weiß oder schwarz. Was mich betrifft, so komme ich aus einem ganz kleinen Dorf, aus einer Landschaft, in der ich meine Kindheit verbracht habe, und ich neige daher eher dazu – aber das ist mir bewußt – pessimistisch zu sein, weil die scheinbar paradiesische Welt, die ich bis zum fünfzehnten Lebensjahr kannte, zerstört worden ist. Diese zerstörte Welt meiner Kindheit läßt mich denken, daß alles zerstört worden ist, was aber nicht wahr ist. Zunächst einmal, weil ich immer noch Spuren dieser Kindheit finde, wenn ich nach Hause komme. Die Natur ist resistenter, als man denkt, und nicht nur die menschliche Natur. Ist dieses verlorene Paradies durch andere ersetzt worden? Ich vermag das nicht zu sagen, da ich kein Kind mehr bin.

Das 20. Jahrhundert ist vor allem das der Paradoxe, haben Sie in *Blicke auf das Sichtbare* geschrieben, dem Buch, in dem Ihre Interviews mit Jean Audouze gesammelt sind.

Es gibt zwei Wörter, die ich in den Vordergrund gerückt habe, um »unsere Epoche« zu beschreiben. Das Wort *Paradox* und das Wort *Rätsel*. Sie sind eng miteinander verwandt. Wir haben in diesem Buch sechs Paradoxe formuliert, und vielleicht können wir darauf noch zurückkommen ... Was das Wort »Rätsel« betrifft, so ruft es eine Reihe von Fragen hervor, mit denen die Wissenschaft sich noch nicht ausreichend beschäftigt hat und die uns den Schlaf rauben.

Die begeisterte und siegreiche Wissenschaftsgläubigkeit, die keinen Zweifel hatte, die letzte Gleichung für das Universum zu finden, ist wie ein Luftballon zerplatzt.

Marcelin Berthelot, der 1893 die französische Akademie der Wissenschaften eröffnete, behauptete in seiner Rede, daß die Welt nun »keine Geheimnisse« mehr habe. Das ist Wissenschaftsgläubigkeit. Kurz vor der Jahrhundertwende behauptete die offizielle Wissenschaft, sie wisse alles. Wenn Sie heute Wissenschaftler fragen, so werden diese Ihnen sagen, daß das 21. Jahrhundert mit Rätseln beginnt. Sie sagen, daß sie nicht einmal wissen, was sie nicht wissen. Wir sind etwa in der gleichen Lage wie Ödipus vor Theben. In der Morgendämmerung des neuen Jahrhunderts erwarten uns mehrere Sphinxe. Sie werden uns seltsame Fragen stellen. Eine davon betrifft das Problem der Überbevölkerung, das mit dem der Versteppung verbunden ist. Eine andere wird sich um das Problem von Einsamkeit und Kommunikation drehen. Eine weitere wird sich mit der Entwicklung des Wissens und des Nichtwissens beschäftigen, denn die Zahl der Analphabeten in Frankreich ist am Ende des 20. Jahrhunderts zweifellos viel höher als zu seinem Beginn. Werden wir Antworten finden?

Der Blinde und seine Tochter

Um bei der Metapher zu bleiben, könnten wir also sagen, daß Ödipus die Sphinx besiegt und König von Theben wird, so wie die Wissenschaft am Ende des 19. Jahrhunderts kurz vor dem Sieg zu stehen schien. Aber Ödipus verläßt Theben mit ausgestochenen Augen, begleitet von seiner Tochter Antigone, die von nun an seine Schritte leitet ...

Die Prüfung des Ödipus hat immerhin einen Vorteil gehabt: Als vorübergehender König von Theben hatte er die Muße, seine Unkenntnis zu ermessen. Wir treten als Blinde ins neue Jahrhundert ein, geleitet von der geringen Vernunft und Weisheit, die uns geblieben ist. Und auf elektronische Krücken gestützt, deren Brüchigkeit wir sehr wohl spüren.

Es ist unmöglich, eine Epoche ohne den notwendigen Abstand zu beurteilen. Dennoch haben Sie zusammen mit Jean Audouze die großen Paradoxe aufgelistet, die unsere modernen Gesellschaften zu charakterisieren scheinen. Können Sie sie für uns zusammenfassen?

Das 20. Jahrhundert ist, wie mir scheint, vor allem das Jahrhundert der Bevölkerungsexplosion. Die Kurve der Weltbevölkerung steigt über fünfzig Jahrhunderte leicht an und zeigt manchmal sogar Einbrüche, und dann plötzlich, seit den Jahren 1920–1930 gibt es ein schlagartiges Wachstum. In einem Jahrhundert hat sich die Weltbevölkerung versiebenfacht. Und während die Geburtenziffer hochschießt, das ist unser erstes Paradox, breiten sich die Wüsten aus. Die Versteppung nimmt im Rhythmus der Überbevölkerung zu. Je mehr menschliche Wesen es auf dem Planeten gibt, desto stärker konzentriert sich die Bevölkerung in bestimmten Zonen, während an allen Ecken der Welt einstmals kultivierte Bereiche aufgegeben werden. Es lag durchaus im Rahmen unserer Möglichkeiten, der Herausforderung der Versteppung zu begegnen. Warum haben wir das nicht gemacht? Unsere Zurückhaltung ist beunruhigend.

Sie haben angedeutet, daß das Zeitalter der Kommunikation auch das der Einsamkeit ist.

Das kann man sagen, indem man eine schöne Formulierung von Valéry aufgreift, der von »der Vervielfältigung der Einzelnen« spricht. Je mehr Kommunikationsmittel man erfindet, um so mehr Menschen machen die Erfahrung der Einsamkeit. Dieses Gefühl der Einsamkeit ist von den alten Dichtern niemals so zum Ausdruck gebracht worden wie von den Künstlern unserer Zeit. Wenngleich wir uns auch die Isolation vorstellen können, in der sich die Individuen vergangener Jahrhunderte befanden, die keine Post, kein Fax und kein Telefon hatten und sich mit Pferdegeschwindigkeit von einer Stadt zur anderen bewegten. Das Gefühl der Einsamkeit taucht mit den Romantikern auf. Aber die Meister des Spleen und der Angst sind die Dichter, Dramaturgen und Filmemacher des 20. Jahrhunderts.

Ist dieses Gefühl mit einer gewissen Auflösung der familiären oder sozialen Bindungen, mit einem Legitimationsverlust gesellschaftlicher Utopien oder sogar mit der Abwesenheit Gottes verbunden?

Der »Rückzug Gottes« ist sicherlich nicht gleichgültig für den Verfall sozialer Bindungen. Gemeinsam in die Kirche und beten zu gehen, bildete ganz gewiß einen Zusammenhalt unter den Menschen. Das konnte dazu beitragen, die Angst zu bekämpfen und besser zu schlafen. Zweifellos. Aber zumindest im Westen haben wir uns von Gott entfernt und den Kontakt zu anderen Welten abgeschnitten. Dagegen ist nichts zu sagen: Das ist vollkommen gerechtfertigt. Aber nachdem wir auf unsere Chimären verzichtet haben, die uns mit beruhigender Kraft mit einer imaginären Welt verbanden, sind wir auf einmal allein. Allein im Raum – zumindest im uns direkt umgebenden Raum – und allein in der Zeit: nichts davor, nichts danach. Im Übergang zwischen zwei Formen von Nichts.

Vielleicht kann man eine Verbindung zwischen der Krise der modernen Welt und der sogenannten »Pubertätskrise« herstellen. Bombardiert mit umwälzenden Neuigkeiten, die regelmäßig ihre Vorstellungen von der Existenz in Frage stellen, käme die Menschheit in die Pubertät – etwa so, wie das Individuum sich mit 12 oder 13 erschüttert fühlt, wenn es bestimmte Wahrheiten über sich selbst und seine Umgebung entdeckt, zu denen ihm sein Verstand noch keinen rechten Zugang gibt. Die Menschheit würde also eine Phase der Turbulenzen durchmachen, die ihre künftige Blüte ermöglicht. Bei dieser Pubertätskrise ginge es, ganz gleich zu welchem Preis, um eine gewisse Reifung von Menschen und Nationen.

Die optimistische Sicht der Zukunft ist mit der pessimistischen Sicht verbunden. Wie schon gesagt, es gibt keinen Grund zur Verzweiflung. Übrigens auch nicht zur Hoffnung. Wenn wir uns umschauen, ist zum Beispiel klar, daß wir uns im Kaliyuga befinden. Wir sehen etwa in Algerien ein Massaker nach dem anderen. Man denke nur an Ruanda, an die Hutus und die Tutsis, an das Ende von Bosnien-Herzegowina, an Algerien, an Kolumbien und gegenwärtig an Mexiko. Ich töte euch nicht mehr aus diesem oder jenem Grund, ich töte euch, um euch zu töten. Kaliyuga: Mord ist unerklärlich und unsühnbar. Die Soziologen sprechen auch vom Ratopolis-Syndrom. Das Prinzip ist bekannt: Man setzt Ratten in einem begrenzten Lebensbereich aus, erhöht ihre Anzahl und gleichzeitig ihre Nahrungsration. Ab einer gewissen Anzahl bringen sie sich auch dann gegenseitig um, wenn es genug zu essen und zu trinken gibt. Es wäre interessant, die Frage nach dem Zeitenende mit dem Ende von Arten in Verbindung zu bringen und über den Begriff des Lebensraums nachzudenken, der über das, was wir soeben gesagt haben, vielleicht einigen Aufschluß gibt. Dieser Begriff ist durch den Nazismus derartig in Verruf gekommen, daß man ihn nicht mehr zu benutzen wagt. Aber vielleicht ist er viel grundlegender, als wir denken. Jedenfalls für die Ratten.

Diese Massaker, die ohne Grund begangen werden, sind also mit einem unklaren Gefühl des Mangels oder des Verlustes von Raum verbunden?

Der Begriff ist schwer zu fassen. Er ist nicht objektiv. Nehmen Sie zum Beispiel die indische Menschenmasse, die Sie sehr gut ertragen, wenn Sie, wie ich es gemacht habe, an diesen großen Pilgerzügen teilnehmen, die in Indien regelmäßig stattfinden. Ich war mitten in einem Ozean von mehreren Millionen Menschen gefangen und konnte nur die Bewegungen dieser Masse mitmachen, das heißt, es war keinerlei individuelle Initiative möglich. Und ich fühlte mich ziemlich wohl. Wer weiß, ob wir im Westen eine solche kompakte Masse dulden würden?

Wenn man nach Frankreich zurückkommt, hat man den Eindruck, daß die Straßen leer sind. Aber kommen wir auf die Paradoxe der modernen Welt zurück …

Hier ein weiteres: Keine andere Epoche hat jemals so viele Konsumgüter entwickelt und produziert, angefangen beim Geld selbst. Niemals waren die Konsumgüter so weit verbreitet, so begehrenswert und so zugänglich, während der Unterschied zwischen den menschlichen Lebensbedingungen immer mehr zunimmt, das Elend der Elenden sich vergrößert und ihre Frustration verstärkt wird. Jede Gesellschaft, selbst die reichste, hat heute ihre Parias, und es gibt sogar ganze Nationen, die zum Betteln verurteilt sind! So sehen die Experten eine nächste Hungersnot in Niger voraus. Und wir ersticken an überflüssigen Nahrungsmitteln.

In *Die Kraft des Buddhismus* schreiben Sie, daß reiche und arme Länder am Ende des 17. Jahrhunderts ein Ungleichheitsverhältnis von 1 zu 5 hatten, während es am Ende des 20. Jahrhunderts 1 zu 4000 beträgt.

Das Verhältnis von 1 zu 5 gilt, glaube ich, für das Ende der Regierungszeit von Ludwig XIV. Dieses Verhältnis betrug in den 70er Jahren 1 zu 800. Heute ist von einer viel größeren Ungleichheit auszugehen, wahrscheinlich wirklich von 1 zu 4000. Und die amerikanische wirtschaftliche Hegemonie ändert daran nichts.

Ein weiteres Paradox liegt in der Hektik, mit der unsere Epoche Kopien, Reproduktionen und Imitationen vervielfältigt (was Eco sehr schön beschrieben hat*), bis hin zur Erfindung und Verbreitung von virtuellen Bildern, die jenseits von jeder Realität geschaffen werden, während wir gleichzeitig einen überraschenden Wiederaufschwung des Theaters erleben. Die Ausstellungen mit den Gemälden der großen Meister ziehen beträchtliche Massen an, und das Publikum zeigt

---

* Vgl. U. Eco, *Wie man mit einem Lachs verreist*, München 1993.

bei jeder Gelegenheit eine regelrechte, fast manische Begeisterung für das Originalwerk. Etwas anderes: Noch nie hat eine Epoche es zugelassen, daß sich der Atheismus so kraftvoll, frei und klar äußern konnte – man hat sogar erlebt, daß ein riesiges Reich allein auf der Grundlage des Materialismus geschaffen wurde. Gleichzeitig tauchen überall neue Formen von Religiosität auf, die, auch wenn sie sich als spirituelle Bewegungen geben, nicht zögern, auf grausamste Gewalt zurückzugreifen, um ihre Macht auf Erden zu etablieren. Das Irrationale blüht überall. Jedes Jahr kann man einen »Salon de la Voyance«, eine Art Hellseher-Messe besuchen. In den Zeitungen gibt es lächerliche Horoskope, die aber zweifellos von den Lesern geschätzt werden. Im Fernsehen stellt man begeistert reihenweise Verrückte vor, die von ihren Begegnungen mit betörenden Venusianern, von der Verdoppelung ihres Astralleibs, von ihrer vorletzten (immer schmeichelhaften) Reinkarnation, ihren paranormalen Wahrnehmungen und was weiß ich noch berichten.

Ist die Idee, den Tod Gottes zu verkünden, nicht schon wieder ein wenig veraltet?

1968 habe ich zusammen mit Luis Buñuel das Drehbuch für *Die Milchstraße* geschrieben, ein Film, der in der Welt der zur christlichen Religion gehörenden Ketzer spielt. Zwei zeitgenössische Pilger brechen nach Santiago de Compostela auf, und die Absicht des Filmes ist es, alle möglichen Gespräche über die Frage der Ketzerei aufzugreifen. Damals hielten uns alle für verrückt. Was für eine Idee, einen Film über Häresien zu machen! 1968 war Gott tot. Alles war politisiert; in der Firma, in der Familie und in der Schule gab es keinen anderen Weg als das Politische. Der Film ist 1969 angelaufen, aber wenn man ihn heute sieht, kommt er einem vielleicht wie eine Erforschung des Fanatismus vor, der heute traurigerweise so weit verbreitet ist.

Und das Politische erlebt gerade düstere Tage ...

Ein weiteres Paradox, auf das Jean Audouze und ich hingewiesen haben: Die Entdeckungen und Errungenschaften der Wissenschaft sind so beachtlich, daß sie uns meistens unverständlich und unzugänglich bleiben und daß sich Unwissenheit doch als Hauptvorteil erweist. Es kann sogar vorkommen, daß diese Blödheit geradezu gefordert und der Irrtum systematisch verbreitet wird: Ich meine damit das fanatische und intolerante Geschwätz, das sich überall auf der Welt ausbreitet und das im Grunde nur ein aus dem Scheitern geborenes Geschrei ist.

Sie sprechen von der Kluft, die eine kleine Gruppe von Leuten, die sich über die wissenschaftlichen Fortschritte informiert halten, von der großen Menge trennt, die nicht mitreden kann und sich darüber auch keine Sorgen macht. Hat das 20. Jahrhundert diese Kluft also doch nicht überwunden, wie es das angeblich wollte?

Diese sehr breite und dauerhafte Kluft zwischen einer Handvoll von Leuten, die über die Kenntnisse verfügen, und der großen Masse ist immer erhalten worden: als die Venezianer zum Beispiel begonnen haben, mit der ganzen Welt Handel zu treiben, war es ihnen sehr nützlich, die Entfernungen zu kennen und zu wissen, wieviel Zeit man brauchte, um von einem Punkt zum anderen zu gelangen. Die Konstruktionsgeheimnisse auf den Baustellen der Kathedralen oder die Navigationsgeheimnisse wurden nur selten verbreitet. Seit dem Ende des 18. Jahrhunderts, mit der Erneuerung der Pädagogik, dann mit der kostenlosen allgemeinen Schulpflicht im 19. Jahrhundert hoffte man diesen Abgrund zu füllen. Aber er wurde niemals gefüllt. Eine unserer letzten Illusionen, ich spreche von meiner Generation, war das Fernsehen. Man dachte sich, das Fernsehen sei ein Mittel zur Verbreitung des Wissens über alle Barrieren hinweg direkt ins Haus: Mit Hilfe des Fernsehens würde man ernsthaft das durchschnittliche Bildungsniveau heben. Welche Illusion! Das einzige Land auf der Welt, dem es gelungen ist, das Fernsehen pädagogisch zu nutzen, ist Indien. Indira Gandhi und ihre Minister haben seit zwanzig Jahren

Erziehungsprogramme durchgesetzt. Das indische Volk hat beträchtliche Wissensfortschritte gemacht, was Indien Zugang zu einem international angemessenen wissenschaftlichen Niveau gegeben hat. Bei uns ist das Gegenteil geschehen. Die wohlfeilsten kommerziellen Zwänge haben sich durchgesetzt.

Was mit dem Fernsehen gescheitert ist, gelingt vielleicht mit dem Internet.

Haben wir es wirklich verdient, kommunizieren zu dürfen? Das ist ein Haupteinwand, den man angesichts der heutigen Kommunikationsmittel erheben muß. Sollten wir uns in Anbetracht der Tatsache, daß wir uns viel mehr Schlechtes als Gutes zu übermitteln haben, nicht verbieten, diese Kommunikationsmittel zu benutzen? Ist unser riesiges »Kommunikations«-Netz entgegen allem Anschein nicht ein unheilvolles Werkzeug, eine der letzten Erfindungen der Kaliyuga?

Wie unterscheiden Sie Wissen und Erkennen?

Marguerite Duras hat einmal gesagt, Wissen sei das, was man in der Schule lernt, und Erkennen sei das, was man durch sich selber gelernt habe. Wissen ohne Erkenntnis ist nichts. Erkenntnis erlaubt es, über das Wissen zu verfügen und nicht sein Sklave zu sein. Wie wir heute begreifen, zieht das Wissen zwangsläufig immer mehr Unwissen nach sich. So ist es. Wenn man nur wissen will, wenn man nur ein präzises Wissen in einem Bereich haben will, hat man keine Zeit, die anderen kennenzulernen. Man verdammt sich zur Erkenntnislosigkeit. Wichtig sind nicht das Wissen oder die Kenntnisse, die man hat. Wichtig ist die *prajna*, das heißt die Fähigkeit, beides zu erwerben. Die Kraft, die einen zum Grund der Dinge führt.

Diese sogenannten »harten« Wissenschaften, von denen wir gesprochen haben, erinnern an die »weichen« Uhren von Dalí. Hatte

Dalí nicht ein Vorgefühl für dieses Zeitenende, von dem hier die Rede ist? Wozu können diese »weichen« Uhren dienen?

Viele Ausdrücke, die in die Alltagssprache eingegangen sind, haben auf den ersten Blick keinen Sinn. Was ist ein gekrümmter Raum?

Die Antwort findet sich in *Der Analog** von René Daumal.

Sie findet sich auch in den weichen, geschmolzenen Uhren von Dalí. Dalí unterstellt hier die Möglichkeit einer schmelzenden Zeit. Einer weichen Karamelbonbonzeit. Warum nicht? Éluard nannte Dalí »die Denkmaschine«. Er war ein großer Geist, sehr eigenartig, in bestimmten Punkten borniert, zum Beispiel beim Geld; im Gegensatz zur allgemeinen Meinung hat Gala sich darum gekümmert. Aber jenseits dieser Mängel konnte er außergewöhnliche Einfälle haben. Die weichen Uhren sind nicht alles: Auch seine Schubladenpersonen sind Jahrhundertbilder.

Auch sein von oben gesehener Christus erinnert an diese Synthese-Bilder, die Sie eben erwähnt haben, bei denen sich die Kamera um ihr Objekt drehen kann … bis hin zur Person Dalí, die integraler Bestandteil des Werkes und der Botschaft zu sein scheint.

Dalí ist gewissermaßen ein Produkt der Medienwelt, die er übrigens mit unvergleichlichem Geschick zu nutzen verstand. Er ist eine beeindruckende Karikatur des Menschen im 20. Jahrhundert. Man muß sich allerdings fragen, ob diese Gestikulationen die Leere verbergen sollen, oder ob es sich um einen Nebelschleier handelt, der ein kohärentes Werk schützen soll. Zugleich delirierend und kontrolliert, paranoisch und kritisch. Das wird nur die Nachwelt beantworten

---

* René Daumal, *Der Analog. Ein nicht-euklidischer, im symbolischen Verstand authentischer alpinistischer Abenteuerroman*, Frankfurt a. M. 1983.

können. Dafür ist sie da, die Nachwelt. Um unsere Einsichten und auch unsere Vorlieben zu korrigieren. Die Antworten werden immer erst morgen gegeben.

Das Geheimnis der Uhrmacher

Peter Brook hat mir Folgendes erzählt: Ein alter Uhrmacher habe ihm gesagt, daß die Uhrmacher am Ende des 17. Jahrhunderts beschlossen hätten, sich regelmäßig zu treffen, um den Rhythmus des Tick-Tack einzustellen und von Jahrhundert zu Jahrhundert zunehmend zu beschleunigen.

Das klingt wie die ersten Zeilen eines Kapitels aus *Das Foucaultsche Pendel* von Umberto Eco ...

Das ist richtig. Als ich ein Kind war, hatten wir eine alte Uhr, die langsam »baang, baang ...« machte. Heute hat man dieses Tick-Tack-Tick-Tack, als ob auch die Mechanik dem Rhythmus des modernen Lebens folgte. Wie Sie wissen, darf man beim Schlafen keinen Wecker neben sein Ohr auf den Nachttisch stellen, weil unser Herz anscheinend die Tendenz hat, sich nach dem Tick-Tack des Weckers einzustellen. Was muß das für eine Herzgymnastik sein, wenn die Herzschläge immer mehr beschleunigt werden!

Warum wollten die Uhrmacher die Uhren schneller ticken lassen?

Ich denke, um sie dem Tempo der Gesellschaft anzupassen. Man stelle sich zwei alte Uhrmacher vor, die sich treffen und sagen: »Es stimmt, daß die Geschichte immer schneller abläuft. Wir müssen die Bewegung unserer Uhren ein bißchen beschleunigen.« Eine Geheimgesellschaft, die im verborgenen den Rhythmus des Tick-Tack auf der Welt bestimmt. *Si non è vero ...*

Man hat uns eingeredet, daß unsere Lebenserwartung gestiegen sei, aber vielleicht stimmt das gar nicht. Vielleicht sind wir gar nicht so alt, wie wir glauben. Sie sind vielleicht erst 30 …

Aber nein! Die Zeit selber ändert sich nicht. Der Rhythmus, unsere Lesart der Zeit ändert sich. Da dieses Tick-Tack, ob nun schneller oder langsamer, willkürlich ist, ändert es nichts an der Dauer einer Sekunde oder an unserem Alter. Früher hat man zwischen dem Tick und dem Tack eine gute Sekunde gezählt, heute folgen die Tick-Tacks in einem Rhythmus aufeinander, der unseren Urgroßeltern schwindelerregend vorgekommen wäre.

Aber kennzeichnet das Tick-Tack nicht die Aufeinanderfolge der Sekunden?

Absolut nicht. Es ist einzig eine Klangwahrnehmung der Zeit. Eine weitere Illusion. Man muß den Eindruck erwecken, daß die Zeit schneller vergeht, weil die Gesellschaft sich schneller entwickelt. Nach diesem Gespräch mit Peter Brook über die Uhrmacher habe ich einen indischen Freund getroffen, Moshe Agashi, eine sehr komplexe Persönlichkeit, zugleich Kinderpsychiater, berühmter Schauspieler und Leiter der Filmschule in Poona, in der ich gearbeitet habe. Wir kennen uns schon seit zehn oder fünfzehn Jahren. Er hat mich vor ein paar Tagen besucht und war zwei Stunden hier. Er ist ein sehr geistreicher, subtiler Mann. Natürlich haben wir als erstes über die Zeit gesprochen. Ich erzählte ihm die Geschichte mit den Uhrmachern, die ihn entzückte, und er sagte mir: »Ist dir aufgefallen, daß unsere Uhren, unsere Digitaluhren, anstelle des Ziffernblatts einfach eine Zahl haben?« Ich sagte ihm, daß ich dieses Detail sehr wohl bemerkt hätte. »Ist dir noch etwas anderes aufgefallen?« Ich schwieg und wartete auf die Enthüllung.

Wir auch!

»Auf den Digitaluhren«, sagte er mir, »zeigt ein kleines Recht-eck die Zeit an, aber das Ziffernblatt selbst ist stumm. Du siehst eine Zahl, und das ist alles. Wir haben Uhren, die uns sagen, wie spät es ist, die uns aber nicht mehr sagen, wie spät es nicht ist.« Das erschien mir einleuchtend. Er fuhr fort: »Auf einer Uhr mit Ziffernblatt ist die Zeit, die du abliest, in einen Kreis der Zeit eingeschrieben. Du erin-nerst dich sofort, was du den Tag über gemacht hast, wo du heute morgen gewesen bist, wie spät es war, als du deinen Freund getroffen hast, du erinnerst dich an die Zeit, zu der der Tag sich zu neigen be-ginnen wird, und du siehst die Zeit, die dir noch bis zum Schlafenge-hen bleibt, das durch einen wohlgefüllten Tag beruhigte Gewissen, und auch die Gewißheit, daß die Zeit morgen erneut wieder ihren Lauf um deine Uhr beginnen wird. Aber wenn du nur ein kleines Rechteck hast, bist du gezwungen, in einer Reihe von Augenblicken zu leben, und du verlierst das wahre Maß der Zeit.« Mir scheint, daß diese verlorene Zeit im Mittelpunkt unseres Buches steht.

In diesem Zusammenhang ist auch an die großen Uhren am Centre Pompidou und am Eiffelturm zu erinnern, die im Jahr 2000 stehen-bleiben werden.

Das ist dieselbe Sache: das Fehlen von Bezugspunkten.

Die Soziologen sagen, daß die jungen Leute keinen Begriff von Vergangenheit mehr haben, daß sie nicht mehr wissen, was das Gedächtnis von Generationen gebildet hat. Sie sind Anhänger der Unmittelbarkeit, die mit den Medien zusammenhängt.

Weil ihnen das Tick-Tack auf den Wecker geht!

Ohne Vergangenheit zu leben, ist in etwa so, wie ohne Netz auf einem Drahtseil über einen Abgrund zu gehen. Wenn wir in der Gegenwart nichts mehr hinkriegen, wissen wir nicht mehr, wo es langgeht.

Es gibt noch andere schöne Geschichten. Gould hat schon darauf hingewiesen, daß 1582 von Papst Gregor die Kalenderreform beschlossen wurde. Man ging zum sogenannten Gregorianischen Kalender über. Aus diesem Grund hat man einfach zehn Tage ausgelassen. Nach Donnerstag, dem 4., kam direkt Freitag, der 15. Oktober. Noch ein Loch in der Zeit, noch eine verlorene Zeit!

Die Zeit der Rechtsanwälte

Fällt es nicht gerade dem Westen schwer, zu kapieren, was Zeit ist?

Letztes Jahr in Hongkong habe ich eine Geschichte zur Chronologie gehört, die ich nur unter Vorbehalt weitergebe. Einem alten Chinesen sei kürzlich aufgefallen, daß in der traditionellen Datierung ein Jahr vergessen wurde. Es ist ganz einfach: Man guckt in sein Lexikon und sucht zum Beispiel den Namen von Kaiser Augustus. Geboren 63 vor Chr., gestorben 14 nach. Wir addieren 14 und 63, er hat also 77 Jahre gelebt. Aber bei diesen 77 Jahren, bemerkte der alte Chinese, wurde das Jahr Null, das angebliche Geburtsjahr von Christus vergessen. Augustus hat also in Wirklichkeit 78 Jahre gelebt. Alle Gestalten der Antike, die diesseits und jenseits dieser willkürlich gesetzten Zäsur der Zeit gelebt haben, sind also ein Jahr älter, als wir gedacht haben. Gould erklärt dieses Phänomen damit, daß zur Zeit der Berechnungen die Null unbekannt war. Was wir unter Zeit verstehen, hängt also nur von uns ab.

Es genügt, daran zu erinnern, daß wir zweimal im Jahr, wenn es darum geht, unsere Uhr vor- oder nachzustellen, nicht in der Lage sind, uns in der Zeit zurechtzufinden. Für manche ist das ein kleiner Augenblick der Verzweiflung.

Man bereitet sich darauf vor, das Jahr 2000 zu feiern, obwohl dieses Datum nichts bedeutet. Es ist nicht das Ende des 20. und nicht der

Beginn des 21. Jahrhunderts. Es ist ein einfacher Übergang von 1 auf 2! Ein arithmetisches Fest!

Auch wenn diese Zahl 2000 keine Entsprechung in der Wirklichkeit hat, sie hat trotzdem eine gewisse Faktizität, deren Anziehungskraft unbestreitbar ist. Man denke nur an all die Probleme, die dieser Übergang zur 2 bereiten wird, insbesondere im Bereich der Informatik.

Die Wunder der Informatik sind wahrlich wunderlich. Eco zeigt sehr gut, wohin das führen kann. Hier handelt es sich offenbar um eine geplante Katastrophe. Ein weiteres Zeitenende.

In einer umfangreichen Beilage des *Courrier international* wird gesagt, daß der Berufsstand, der am meisten von diesem Übergang von einem Jahrhundert zum nächsten profitieren wird, der der Rechtsanwälte ist, weil alle Unternehmen diejenigen zur Rechenschaft ziehen werden, die sie mit Computersystemen ausgestattet haben, die durch den Übergang zum Jahr 2000 plötzlich veraltet sein werden.

Wenn es einen Berufsstand gibt, der sich in den nächsten Jahrhunderten keine Sorgen zu machen braucht und der die Zahl der Arbeitslosen nicht vergrößern wird, so ist das offensichtlich der der Anwälte. Unsere Nachkommen werden in allen Bereichen eine unvorstellbare Menge von Streitsachen erben. Auf dem Gebiet der Urheberrechte, das ich ein wenig kenne, werden manche unlösbar bleiben.

Was halten Sie von Zeitenenden mit Zeitzünder? Angeblich soll es dreihundert Jahre dauern, alle Landminen zu orten, die im afrikanischen Boden vergraben sind.

Und fünfzig Jahre, um den Nazi-Kollaborateur Papon aufzuspüren! Bei Ihrer Frage mußte ich sofort an den Atommüll denken. Wir bürden der Zukunft aberwitzige Probleme auf. Wir verhalten uns in etwa so wie jene Optimisten, die sich in Tiefkühltruhen einfrieren lassen. Sie sind an einer Krankheit gestorben, von der sie vor ihrem Tod glaubten, daß sie in naher Zukunft von der Wissenschaft geheilt werden kann. In dieser Erwartung konservieren sie ihren Körper. Und so verhalten wir uns insgesamt. Wir wetten darauf, daß wir in hundert Jahren die Schäden reparieren können, die wir zwei oder drei Generationen früher bewußt angerichtet haben. Warum soll man sich zum Beispiel nicht vorstellen, daß die Satelliten morgen in einem bestimmten Gebiet Minen entschärfen können? Das gleiche gilt für den Atommüll.

Hölderlin hat geschrieben: »Wo aber Gefahr ist, wächst das Rettende auch.«

In Phasen großen körperlichen und moralischen Leids treten die großen Heiligen auf. Wenn Sie so wollen. Aber wir gehen trotzdem wahnsinnige Risiken für die Zukunft ein. Wir setzen auf eine Möglichkeit, die uns heute unvorstellbar ist.

Was sollen wir mit denen machen, die der Schönheit der Welt geschadet haben?

Es ist manchmal unmöglich, innerhalb einer Generation einem Menschen Fehler zu verzeihen, die er in seiner Jugend gemacht hat: Das gilt zum Beispiel für Maurice Papon. Aber ist er noch derselbe Mann? Wir gehen davon aus. Dennoch gibt es eine umfangreiche Literatur, in der das Gegenteil behauptet wird. Für Restif de la Bretonne zum Beispiel ist ein Mann, der dreißig Jahre im Gefängnis gesessen hat, nach seiner Entlassung nicht mehr derselbe. Eine ganz bestimmte Vorstellung von Gerechtigkeit führt uns dazu, einen Menschen für Fehler bestrafen zu wollen, die er mehrere Jahrzehnte zuvor gemacht hat. Nun gut, Papon hat keine dreißig Jahre im Gefängnis verbracht. Das ist schon richtig. Aber diese Vorstellung von Gerechtigkeit führt zum Wahnsinn, wenn man sie über mehrere Generationen hinweg anwenden will. Man kann ein Volk, eine Familie oder eine Gruppe nicht für Verbrechen belangen, die mehrere Jahrhunderte früher begangen wurden. Ich erinnere mich zum Beispiel an eine achtbare Familie, die als Nachkomme von Dieben angesehen wurde, weil ein Mitglied dieser Familie im 16. Jahrhundert dabei erwischt wurde, eine Getreidegarbe zu stehlen ... Das ist nahezu eine Karikatur unserer Gerechtigkeit.

Macht man uns nicht mehr oder weniger für den Fehltritt von Adam und Eva verantwortlich?

Wenn man dieser alten Geschichte glauben darf, sind die Männer immerhin etwas weniger schuldig als die Frauen! Aber bleiben wir ernst. Kein Mensch kann vernünftigerweise an die Idee einer Erbsünde, die wir sühnen sollen, glauben – es sei denn um den Preis einer fast unverzeihlichen Naivität. Jean Delumeau hat das sehr gut gesagt. Andererseits führt uns die Lektüre des Mythos dazu, zu überlegen, was die menschliche Gattung eigentlich ist, und uns zu fragen, ob sie nicht wirklich schuldig ist. Und das führt zu einer erstaunlichen Ansicht: Wir werden schuldig geboren. Was ist die menschliche Gattung? Sie ist schuldig. Was ist ihre Schuld? Schuldig zu sein.

Der Rückzug von der Welt

Die weltweiten ökologischen Gefahren sind vielleicht die bedrohlichsten Wolken am Himmel des dritten Jahrtausends. Die Menschheit ist in der Lage, sich selbst zu zerstören, und das ist zweifellos der entschieden neue Aspekt unserer Zeit.

Gibt es diese Absicht wirklich? Es hat nicht den Anschein, daß man allzu weit in diese Richtung gegangen wäre. Niemand hat jemals wirklich daran gedacht, die Erde in die Luft zu sprengen.

Die Ungeheuer, die wir losgelassen haben, werden uns morgen verschlingen.

Bevor sie sich selbst verschlingen! Vielleicht. Die Schwierigkeit beruht natürlich – ganz gleich, welche Kommunikationsmittel uns zur Verfügung stehen – auf dem Grad der Unwissenheit der meisten von uns. Wie soll man einen gemeinsamen Kurswechsel vornehmen, wenn die Leute seine Notwendigkeit nicht verstehen? Julius Cäsar wußte, daß die Erde rund ist. Er kannte sogar auf hundert Kilometer genau ihren Umfang, und zwar dank Eratosthenes, der ihn im 3. Jahrhundert vor unserer Zeitrechnung berechnet hatte. Eine kleine Gruppe im Umfeld von Cäsar verfügte zweifellos auch über dieses Wissen, gebildete Leute, die von diesen berühmten Berechnungen gehört hatten. Aber wie viele Römer, Griechen und Barbaren waren auf dem laufenden? Nur ganz wenige. Dieses Wissen war für eine kleine Zahl von Leuten reserviert. 40% der Franzosen glauben immer noch, daß sich die Sonne um die Erde dreht.

Die Globalisierung von Problemen wird zwangsläufig zu weltweiten Lösungen führen. Aber gerade in der Stunde der Globalisierung verspüren wir das Bedürfnis, unseren eigenen Handlungsspielraum festzulegen, ein Bedürfnis, den Bereich zu verkleinern, die Neigung zur Isolation.

Sie schneiden da ein Problem an, das mir persönlich Sorgen macht. Das Problem der Verweigerung oder Ablehnung. Soll man sich weigern mitzumachen? In wessen Namen? Warum? Und in welchem Maße? Man kann nicht alles akzeptieren. Wir können trotz all unserer Bemühungen nicht über alles auf dem laufenden sein. Keine der Techniken, die uns angeboten werden, verlängert die Zeit, keine vervielfacht unsere Augen oder die Verbindungen in unserem Gehirn. Wir sind körperlich dieselben, die eine praktisch grenzenlose Menge von Möglichkeiten, Zerstreuungen und Informationen haben. Ich bin daher gezwungen, etwas abzulehnen. Notgedrungen. Ansonsten würde ich mich verlieren, verzweifeln. Ich würde mich verirren und verrückt werden. Manche Sekten neigen dazu, alles abzulehnen und zu sagen: Diese Welt ist nicht die meine, ich werfe meinen Fernseher aus dem Fenster, ich schmeiße meinen Computer weg und gehe mit einer kleinen Gruppe von Freunden in die Wälder. Wir werden unsere kleinen Geschichten machen, vielleicht sogar Mythen, Werte und natürlich eine Hierarchie unter uns schaffen. Wir werden uns schon zu helfen wissen. Wir werden uns ökonomisch nicht vom Rest der Welt abschließen, aber wir werden einfach die Informationen ablehnen, die uns über den Kopf geschüttet werden. Diese Versuchung ist in jedem von uns in verschiedenem Maße vorhanden. Ich bin nicht sicher, ob man sie voll und ganz verdammen sollte. Es handelt sich dabei um ein sehr altes mönchisches Gefühl, um den Rückzug aus Lärm und Hektik. Man schneidet sich dennoch nicht von der Welt ab und fällt weiterhin Urteile über sie. Die Kaiser von Byzanz gingen manchmal in die Wüste, um die Anachoreten über die Angelegenheiten des Reiches zu befragen, da sie dachten, der Blick dieser Asketen auf die öffentlichen Angelegenheiten sei vielleicht tiefer als der der Minister, die mit der Verwaltung des Vergänglichen beschäftigt waren. Diese totale Ablehnung ist absolut nicht zu verwerfen. Sie hat sogar eine gewisse Schönheit.

Ist es nicht gefährlich, sich kulturell und geistig ins Abseits zu stellen?

Ich mißtraue zwei Dingen. Zum einen der Entscheidung, sein Wissen nicht zu erweitern. Was kann die Erde bedecken, wird im *Mahabharata* gefragt? Die Dunkelheit, viel leichter als das Licht. Die Entscheidung nichts zu lernen, ist eine Sackgasse. Wenn ich in Paris Rabbinerschulen sehe, die den jüdischen Kindern beibringen, daß die Erde vor 6322 Jahren geschaffen wurde und daß alle Fossilien, die hier und da gefunden werden, vom Teufel geschaffen wurden, um uns zu verwirren, ist mein erster Gedanke: arme Kinder, die so viel dummes Zeug lernen müssen! Danach mache ich mir natürlich Gedanken über die Freiheit der Lehre. Eine andere Gefahr: Ich kenne eine Familie, die das Fernsehen ablehnt. Die Kinder sehen kein Fernsehen, hören aber den ganzen Tag in der Schule davon und sind völlig verwirrt. Sie haben den Eindruck, daß es neben ihrer Welt noch eine andere gibt, zu der sie keinen Zugang haben. Man kann nicht alles ignorieren, und man kann nicht alles wissen. Jeder von uns muß ein Gleichgewicht finden. Hier sind wir wieder auf dem Weg nach Theben. Welchen Weg sollen diejenigen, die bald 16 oder 18 werden, wählen? Vor welcher Sphinx sollen sie stehenbleiben? Der Fächer der Möglichkeiten ist unglaublich groß, und trotzdem hat man jede Chance, die Abzweigung *seines* Weges zu verpassen und sich zu verirren.

> Aber wohin und wie weit man sich auch zurückzieht, man bleibt mehr oder weniger auf derselben Welt, die zwischen Tag und Nacht, Sommer und Winter, Geburt und Tod balanciert. Woher kommt diese Idee, man könne sich kulturell und ökonomisch vom Rest der Welt lösen und keinen Kontakt mehr zu ihr unterhalten?

Das beruht vielleicht auf der Vorstellung, die man früher von den Dimensionen der Erde hatte. Sie schien riesengroß zu sein, praktisch grenzenlos, und alle möglichen Experimente ertragen zu können. Bis zum Ende des 19. Jahrhunderts waren die menschlichen Handlungen sozusagen noch harmlos. Wenn irgendeine Dissidentengruppe sich täuscht, wird das keinen Schaden nach sich ziehen, der das Leben der anderen gefährdet. Ja diese Erde ist nicht einmal genügend bevölkert. Alle alten Texte beharren darauf. Ich erinnere mich an ein Kirchenlied, das man in meiner Kindheit sang:
Leite meine Schritte, o gütiger Herr
Auf der Erde, die noch so nackt ist.
Wenn wir in dieser immensen Weite einen Teil der Erde für uns nehmen, nehmen wir den anderen nichts weg, wir konfiszieren nichts. Ein dem Unendlichen entnommener Hektar schmälert das Unendliche nicht. Als Charles Fourier sein *Phalanstère* beschrieb,

dachte er an einen Ort, an dem sich eine ideale Gesellschaft bilden sollte, die vor der Außenwelt geschützt wäre, ohne durch sie Schaden zu erleiden oder ihr zu schaden.

Die Utopien des 20. Jahrhunderts unterschieden sich von denen der vergangenen Jahrhunderte dadurch, daß sie Laboratorien »im Tagebau« waren, in denen die gesamte Menschheit als Versuchskaninchen diente.

Zwei Probleme in den Utopien sind niemals gelöst worden, auch nicht in denen, die im 20. Jahrhundert umgesetzt wurden. Das erste betrifft die Verteidigung der künstlich gegenüber der Außenwelt geschaffenen Gesellschaft. Auch wenn manche dieser Gemeinschaften absolut pazifistische Lebensweisen entwickelten, so konnte doch keine von ihnen den eventuellen Angriff eines Volkes oder einer benachbarten Gruppe außer acht lassen. Wenn wir angegriffen werden können, müssen wir uns auch verteidigen können. Wenn wir uns verteidigen müssen, brauchen wir eine Kaste von Soldaten. Wir brauchen also Waffen und Munition. Wir geraten wieder in eine Logik, die wir gerade ausschalten wollten. Das zweite Problem: die niederen Tätigkeiten. Es gibt sie. Wer soll sie übernehmen? Bis zur Französischen Revolution stellte sich das Problem nicht. Es wurde eine Klasse von Männern und Frauen geboren, die den anderen dienen mußte. Sie hatte die niederen Tätigkeiten zu erledigen. Aber seit der Revolution ging es um die Frage der Rechte des Individuums, der Gerechtigkeit für alle, der Chancengleichheit, und dieses Problem spitzte sich immer weiter zu. Die unteren Klassen können jederzeit revoltieren. Das ist eine der Horrorvisionen des Jahrhunderts. Fourier stellt sich Rotationssysteme vor: Jeder ist einmal dran, sich je nach Wohngegend um die Fäkalien, das Kartoffelschälen etc. zu kümmern. Aber sobald man dieses Wechselsystem einführt, taucht die *Ausnahme* auf, da es Kranke und Schwache gibt, Allergiker und Leute, die reicher als andere sind und sich einen Ersatzmann leisten können, wie es im 19. Jahrhundert beim Militärdienst der Fall war. Dieses Problem der niederen Tätigkeiten bleibt ungelöst. Vom Nazismus, vom Kommunismus wurde es gelöst. Der Nazismus stützte sich zum Beispiel auf die archaische Theorie der Unterklassen. So ließen die Deutschen Arbeiter aus den Ländern kommen, die sie besetzt hatten. Die Zwangsverpflichtung ist übrigens nur eine Anwendung von Prinzipien des Aristoteles, um es verkürzt zu sagen …

Werden diese niederen Tätigkeiten heute nicht von den Immigranten erledigt?

In unseren utopischen Gesellschaften – denn unsere Gesellschaften sind nichts anderes als angewandte technische Utopien – glaubte man in den Jahren 1950 bis 1960 in der Tat, dieses Problem dadurch lösen zu können, daß man »Gastarbeiter« zur Hilfe rief. Da es keine Sklaven mehr wie früher gibt, rufen wir die Bevölkerung der armen Länder herbei! Sie sollten in Frankreich Arbeitsbedingungen kennenlernen, die kein Franzose akzeptiert hätte. Und diese gefährliche Idee, die einen rassistischen Einschlag hatte, hat uns in eine Situation gebracht, die heute unlösbar zu sein scheint und die das Auftauchen und dann die Zunahme von ekelerregenden Ideologien begünstigte.

Nicht das Herbeirufen ausländischer Arbeiter war verwerflich, sondern die Lebensbedingungen, die ihnen geboten wurden. Eine Gesellschaft, die angeblich ideal ist oder sein möchte, stößt immer auf dasselbe Hindernis: Wie können in einer Welt, in der (fast) nichts verborgen bleibt, auf ein und demselben Boden Lebensbedingungen nebeneinander existieren, die völlig ungleich sind?

Daher der absurde Vorwurf gegen »diese Ausländer, die uns unsere Arbeitsplätze wegnehmen«, daher dieser Rückzug auf sich selbst, dieser verzweifelte, ausweglose Nationalismus. Denn die Zeit der Isolation ist vorbei. Ja, diese Zeit ist zu Ende. Kein Volk der Welt kann ohne Austausch mit den anderen leben. Das haben schon viele Anthropologen gesagt. Die kulturelle und rassenmäßige Autarkie ist ein Todesmarsch. Und sie ist ebensowenig realisierbar wie ihr Gegenteil, eine einheitliche Weltkultur.

Die Vereinigten Staaten verdanken einen großen Teil ihrer Kraft offensichtlich dem außergewöhnlichen Völkergemisch, durch das sie entstanden sind. Das ist ein einzigartiger Fall in der Geschichte: ein aus allen Völkern neu gebildetes Volk. Aber die Macht dieser Konföderation hat die amerikanische Kultur, die sich gern für einzigartig auf der Welt hält, schließlich in eine regelrechte Isolation getrieben. Dieses Gefühl ist in den Vereinigten Staaten in den gebildeten Kreisen sehr verbreitet. Jedesmal wenn ich zu Vorträgen an der Columbia University oder anderswo bin, höre ich, wie sich meine amerikanischen Kollegen beklagen, daß sie nichts mehr aus Japan, Europa und erst recht nicht aus der sonstigen Welt erfahren. Wie soll man in New York einen afrikanischen Film zu Gesicht bekommen? Diese Amerikaner sind sich einer Gefahr bewußt. Kann man eine Kultur, so mächtig sie auch sein mag, konzipieren, die selbstgenügsam wäre?

Dieses Gefühl für eine Gefahr kommt im ganzen Land zum Ausdruck, das – wie lange noch? – das mächtigste der Welt ist. Charakteristisch ist, daß diese wirtschaftliche und technische Vorherrschaft von einer Art neuer kultureller Arroganz begleitet wird. Da wir die Reichsten sind, sind wir auch die Sensibelsten, die Begabtesten, die Kunstfertigsten etc. Der alte Satz – von Cicero, glaube ich – »das besiegte Griechenland erobert seinen unerbittlichen Besieger« steht nicht mehr auf der Tagesordnung. Die Vereinigten Staaten sind dabei, die künstlerische Schöpfung zum reinen Vollzug des Handelsaustauschs herunterzubringen, beziehungsweise, vergeblich, eine Kultur des Geldes zu erfinden. Das wird sicherlich nicht so weitergehen. Da können wir auf die Zeit rechnen. Sie wird dieses Reich mit sich fortreißen wie alle anderen.

Werden diese niederen Arbeiten in Zukunft nicht von Robotern verrichtet werden?

Ja, aber wer wird den Roboter bauen? Meine Frau verbringt weniger Zeit in der Küche als früher meine Mutter. Aber auch wenn die Geschirrspülmaschine die Aufgaben der Frauen vereinfacht hat, muß man sich trotzdem fragen, wer unter welchen Bedingungen unsere Hausroboter baut.

Sklaven in Asien … Aber kann man sich eine Menschheit vorstellen, die künftig nicht mehr auf Kosten einer Sklavenbevölkerung leben wird?

Ja, denn auch die Utopie erneuert sich wie alles andere. Können wir eines Tages leben, ohne daß Peter Paul ausbeutet, ohne daß Peter und Paul zwei Völker, zwei Klassen, zwei Generationen, zwei Personen, ein Mann und eine Frau sind? Diese Utopie steht immer vor unseren Augen wie eine Mohrrübe am Ende der Stange. Das ist etwas, was uns zum Handeln antreibt: die Suche nach einer besseren Welt.

Das gehört noch zur Dynamik der Vorstellung von einer glücklichen Zukunft. Muß man diese Rhetorik der Hoffnung nicht mit Mißtrauen betrachten?

Wenn wir diese Hoffnung aufgeben, wenn wir dem Zynismus weichen, der »Blasiertheit«, wenn ich so sagen darf, dann sind wir verloren. Wir schließen uns in unsere kleine Muschelschale ein und altern in unserem Kummer, wie de Gaulle sagte. Ich habe dieses Gefühl in einer bestimmten Phase meines Lebens auch schon mal gehabt, als ich etwa fünfzig war. Ich hatte keine echten beruflichen Probleme mehr. Ich hatte genügend Geld, um mich zurückzuziehen und den Rest meines Lebens in aller Ruhe auf dem Land verbringen zu können. Ich konnte mich damit zufriedengeben, meinen bescheidenen Ruhm und, eventuell, mein Bankkonto zu pflegen. Aber eine Art Dankbarkeitsgefühl hat mich vor diesem Schritt bewahrt. Da ich bescheidener Herkunft bin, fand ich, daß nun der Moment gekommen sei, etwas von dem zurückzugeben, was mir gegeben worden war. Ich habe mich damals in mehreren Projekten engagiert, mit der Überzeugung, daß mein Einsatz positive Auswirkungen haben würde. Eine Gesellschaft ohne utopisches Denken ist unvorstellbar. Utopie in dem Sinne, etwas Besseres anzustreben. Wir alle kennen die wohlige, einschläfernde Empfindung, daß wir in einer Gesellschaft leben, die halbwegs in Ordnung ist, daß wir nichts Besseres erhoffen können, daß wir dabei bleiben müssen und uns vor gefährlichen Abenteuern hüten sollten. Das ist in etwa die traditionelle geistige Haltung eines guten Teils dessen, was man »rechts« nennt.

Aber es gibt – in einem anderen, diesmal positiven Verhältnis zur Zeit – eine andere Art, die Dinge zu betrachten, einen anderen Geisteszustand, der mir sehr buddhistisch zu sein scheint; und in diesem Sinne ist die Linke per definitionem buddhistisch, wie mir scheint.

Das ist eine Neuigkeit, die großes Aufsehen erregen wird!

Warum der Buddhismus links ist? Ganz einfach deshalb, weil er davon ausgeht, daß die innere und vielleicht grundlegendste Komponente aller Dinge der Begriff der Wandelbarkeit ist. Nichts kann dauerhaft fixiert werden. Alles entgleitet uns, darin eingeschlossen unser eigenes Ich. Zu Heraklits Bemerkung »Niemand kann zweimal in denselben Fluß steigen« würde der Buddhismus hinzufügen: »Und es ist niemals derselbe Badende.« Mit der folgenden wesentlichen Ergänzung: Wie kann man ein politisches System, ob nun utopisch oder realistisch, dulden, das die Dinge für alle Zeiten festlegen will? Oder auch nur für eine bestimmte Zeit.

Wandelbarkeit kann allerdings nicht ohne den Begriff der Eingebundenheit in den Lauf der Welt gedacht werden.

Unter den hundert, in den verschiedenen buddhistischen Schulen am meisten diskutierten Begriffen tauchen die Wandelbarkeit und die Eingebundenheit als diejenigen auf, die am besten geeignet sind, uns heute Aufschluß über die Lehre von Buddha zu geben. Ich stimme Ihnen zu, daß die kommunistische Gesellschaft in Rußland nicht das

Bild einer sich wandelnden Gesellschaft geboten hat. Und dennoch basiert der Marxismus auf der *Dialektik*. Es geht immer um die glückliche Zukunft. Die Fünfjahrespläne suggerieren die Vorstellung einer Gesellschaft, die auf dem Weg ist. Aber der Kommunismus hatte mit den Religionen eine Vorstellung gemeinsam, die man häufig vergißt: die Vorstellung eines »Wiederbeginns der Zeiten«. Sollte der Marxismus unsere letzte Vorstellung von Transzendenz, unser letzter Millenarismus gewesen sein?

Ein sehr altes Paar: Zeit und Raum

Die Erschütterungen des Zeitbegriffs in der Moderne sind mit einer neuen Raumvorstellung einhergegangen ...

Ja, versuchen wir nachzuvollziehen, wie sich unsere Vorstellung vom Raum verändert hat. Im 15., 16. und 17. Jahrhundert begann sich allmählich eine andere Annäherung an den Raum zu zeigen. Bis dahin war die Erde, wie schon gesagt, riesig, nahezu grenzenlos. Und nicht nur der Mittelpunkt der Erde, sondern in den Augen vieler die Welt schlechthin. Für einen Bauer im Mittelalter war die Idee, eine Weltreise zu machen, ungehörig, undenkbar. Eine erste Veränderung gab es zur Zeit der großen Entdeckungen. Am Ende des 15. Jahrhunderts wurde man gewahr, daß man um die Welt reisen konnte. Die Neuigkeit von der Heldentat Magellans verbreitete sich wie ein Lauffeuer. Die Erde erschien nun als ein isoliertes Objekt, das immer mehr an Volumen verlor, bis es schließlich winzig klein wurde. Eine zweite Veränderung zeichnete sich im 19. Jahrhundert ab. Während sich bis dahin die Transportmittel seit der Antike kaum weiterentwickelt hatten, während man sich um 1800 in etwa immer noch mit der gleichen Geschwindigkeit wie zur Zeit von Julius Cäsar bewegte, änderten sich die Dinge plötzlich grundlegend. Der Zug, das Automobil und das Flugzeug machten nun eine Reise um die Welt in 80 Tagen möglich, später sogar in 80 Stunden und weniger. In dem Maße wie die Geschwindigkeit der Ortsveränderung zunimmt, verkleinert sich die Erde, und unsere Raumwahrnehmung verändert sich. Aber zur gleichen Zeit, als Magellan um die Welt reiste, und das ist kein Zufall, behauptete und bewies ein obskurer polnischer Kanoniker mit Namen Kopernikus, daß die Erde nicht im Mittelpunkt der Welt steht. Die kaum eroberte Welt stand nicht länger im Mittelpunkt. Und während am Ende des 19. Jahrhunderts die Transportmittel eine bis dahin unvorstellbare Geschwindigkeit erreichten, hörte ihrerseits die Sonne auf, im Mittelpunkt des Universums zu stehen. Unsere Wahrnehmung der Dimension der Erde ist also untrennbar von unserer Wahrnehmung davon, welchen Platz unser Planet unter den anderen Himmelskörpern einnimmt.

Und heute wird die Zeit immer länger, man geht von Tausenden zu Millionen und Milliarden Jahren über.

Da gibt es einen Zusammenhang, das ist schon richtig. Wissen Sie, in welchem Jahr man aufhörte, die Sonne als Mittelpunkt der Welt anzusehen? Im Jahre 1921.

Kaum ein Jahr bevor die erste Urknalltheorie formuliert wurde!

Und ich glaube nicht, daß das ein zufälliges Zusammentreffen ist. Versuchen wir, weiter zu gehen. Unser Interesse für den Planeten Erde hat sich seit dem Moment verändert, in dem wir ihn verlassen und ihn vom Mond aus oder von einem Satelliten aus beobachtet haben. Wir haben diesen kleinen blauen Planeten entdeckt. Und wir hatten uns nicht getäuscht: Er war rund, isoliert und zweifellos einzig in seiner Art, zumindest in der näheren Umgebung. Und von ferne gesehen ganz klein, denn das Universum hat im 20. Jahrhundert Proportionen erreicht, die ans Unbegreifliche rühren. Wie soll man sich eine Entfernung von zwei oder zehn Milliarden Lichtjahren vorstellen? Der Planet ändert also in dem Maße seine Größe, wie das Universum seine Dimension unter Beweis stellt und wie neue Zahlen

uns klein machen und verwirren. Heute morgen in meinem Bade-
zimmer, schrieb Cioran in etwa, habe ich im Radio einen Astronomen gehört, der von Hunderten von Millionen Sonnen sprach. Ich
habe sofort aufgehört, mich zu rasieren: Wozu sollte es noch gut sein,
sich herauszuputzen? Cioran ist nicht der einzige: Das vage Gefühl
der Unendlichkeit kann grundlegend entmutigend sein.

> Das ist eine der narzißtischen Kränkungen, von denen Freud sprach.

Genau. Welche Erniedrigung! Wir, die wir dachten, daß die Erde
der Mittelpunkt der Welt beziehungsweise die Welt überhaupt ist,
müssen entdecken, daß wir am riesigen, grenzenlosen Strand des
Universums nicht einmal ein Sandkorn sind. Aber zur gleichen Zeit,
als wir diese Erniedrigung empfanden, haben die Astrophysiker eine
unglaubliche Entdeckung gemacht, die uns diesem Unerreichbaren
paradoxerweise wieder näher brachte: Das Universum ist ungreifbar,
aber es ist identisch mit uns, es besteht aus derselben Materie wie wir.
Wir bestehen aus denselben Elementarteilchen und denselben Atomen. Was in der Entfernung, in einem unermeßlichen Raum verschwunden zu sein schien, wurde durch eine sozusagen konsubstan-
tielle Intimität wiedergefunden. Unsere Beziehungen zur Zeit sind
genauso fern wie die zum Raum. Wenn man von zwölf Milliarden
Lichtjahren spricht, spricht man von einer sagenhaften Entfernung,
aber auch von einer riesigen, verblüffenden und unvorstellbaren
Dauer.

> Stephen Jay Gould sagt, daß die Entdeckung der Tiefenzeit im
> 19. Jahrhundert die größte wissenschaftliche Entdeckung aller Zei-
> ten war. Gibt es für Sie eine kausale Verbindung zwischen dem
> Raum, der immer größer wird, und der Zeit, die immer schneller
> wird?

Wenn die Entfernung, die ich außerhalb der alten Grenzen meines Dorfes überwinden will, unendlich viel größer ist, als die, die

meine Beine oder mein Fahrzeug schaffen können, muß ich mir schnellere Mittel zur Ortsveränderung ausdenken. Vor allem dann, wenn es auch noch Hindernisse auf meinem Weg gibt. Ich kann mir im äußersten Fall vorstellen, zu Fuß nach China zu gehen (manche machen das), aber ohne spezielle Techniken könnte ich weder Amerika erreichen noch mich eines Tages auf den Mond stellen.

Um den Raum zu erobern, muß ich die Zeit erobern. Ich muß immer schneller gehen. Raum und Zeit sind siamesische Zwillinge. Es ist unmöglich, vom einen ohne das andere zu reden. Sie sind unsere beiden ständigen Begleiter, sie halten uns jeder an einer Hand. Aber, wenn man den »Fachleuten« glauben will, ist dieses Paar recht bizarr, denn das eine ist einheitlich, die Zeit, während das andere vielfältig ist, der Raum.

Wie das?

Fragen Sie mich nichts, was ich nicht weiß. Tatsache ist, daß die Wissenschaftler, die ich kenne oder lese, noch nie mit einer zweiten Dimension der Zeit experimentieren konnten. Andererseits ist heute neben den drei Dimensionen des Raumes, die wir kennen, von zehn oder elf Raumdimensionen die Rede. Und manche vermuten noch weitere. Die Wissenschaftler sind heute notgedrungen oder aus Vorliebe viel phantasiereicher als früher. Nachdem sie die Wissenschaft in den vergangenen Jahrhunderten als eine strenge Tätigkeit definiert haben, die aus ihrem Forschungsbereich eine Reihe von Phänomenen ausschließt, erkennen sie heute an, daß die Grenzen zwischen dem, was wissenschaftlich erkannt werden kann, und dem Rest viel weniger klar sind als vor hundert Jahren. Von Zeit zu Zeit kommt es sogar vor, daß sie ohne irgendein Experiment (Wie soll man die Sterne dazubringen, in unsere Labors zu kommen?) ein neues Universum aus dem Hut zaubern. Neben der dunklen oder fehlenden Materie, *the dark matter*, die seit fünfzehn Jahren bekannt ist und deren – unzugängliche – Masse neunmal so groß wie die unseres gesamten Universums zu sein scheint, reden die Astrophysiker, diese unersättlichen

Profis, heute von der Idee eines *shadow universe*. Und wer weiß, was morgen kommt?

Ist die »dunkle Materie« etwas wie eine Antimaterie?

Nein, das ist noch etwas anderes. Die Antimaterie, die im Universum übrigens nur in geringen Mengen vorkommt, ist uns relativ vertraut. Die dunkle Materie ist nicht atomar. Sie ist von anderer Art, hat eine andere Zusammensetzung als unsere. Wir können sie nicht erkennen, nicht analysieren. Sie ist eine radikale fremde Realität und besteht vielleicht aus Neutrinos, deren Masse man vor einiger Zeit entdeckt hat. Aber man kann nicht in Kontakt mit ihr kommen, ebensowenig wie mit der »Schatten«-Materie, der neuesten Entdeckung.

Wird dieses »Schattenuniversum« uns helfen, die großen Rätsel der Wissenschaft zu lösen?

Was soll ich darauf antworten? Es bleiben schon noch Rätsel der Wissenschaft. Die Urknalltheorie erklärt offensichtlich nicht alles. Ich habe vor kurzem mit drei hochkarätigen Wissenschaftlern gegessen. Nachdem wir zwanzig Minuten über eben diese Rätsel gesprochen hatten, verstummten wir plötzlich. Ein langes und erstaunliches Schweigen. Wir konnten nicht weiterreden. Ich dachte an einen Satz des persischen Dichters Farid od-Din Attar, der im 12. Jahrhundert geschrieben hatte: »Das Sehen und die Sonne haben dieselbe Wurzel« (das Wort »Wurzel« kann auch mit »Prinzip« übersetzt werden). Michel Cassé hat das so ausgedrückt: »Das Atom der Sonne spricht zum Atom des Auges in der Sprache des Lichts.«
Ich fragte mich in dieser Stille ein weiteres Mal, ob einige dieser alten, manchmal wunderbar formulierten Eingebungen nicht an diese Rätsel der heutigen Wissenschaft gerührt, sie gespürt haben. Zum ersten Mal stimmen die Wissenschaft und bestimmte Traditionen überein, indem sie sagen, »es gibt etwas anderes« – ohne zu präzisieren, was. Die Wissenschaft, die in diesem Jahrhundert gewaltige

Entdeckungen gemacht hat, hat auch ihre Arroganz verloren. Das ist vielleicht ein weiteres Paradox – aber um so besser. Ich träume davon, irgendwo ein Zentrum für paradoxe Studien zu gründen, das die Realität *a contrario* nehmen würde, das vom Unmöglichen ausgehen würde. Das Paradox zwingt uns, unser Denken umzudrehen wie einen Handschuh. Das ist fruchtbar und amüsant.

Diese Wissenschaft, die durch ihren Fortschritt bescheiden geworden ist, kennt auch ihre Zonen des Schweigens und verstummt vor ihnen. Eine alte indische Metapher im Zusammenhang mit Krishna (das Wort bedeutet »schwarz«) besagt, wenn wir im Dunkeln eine Kerze anzünden, zeichnet die Flamme einen Lichtkreis, der vom Dunkel umschlossen bleibt. Wenn man eine, dann zwei Kerzen hinzufügt, wird der Kreis größer. Wenn man hunderttausend Kerzen nimmt, sie durch eine Sonne ersetzt, durch tausend Sonnen, hundert Millionen Sonnen, wird der Lichtkreis noch viel, viel größer, wird aber immer noch von den schwarzen Armen Krishnas umspannt. Die außergewöhnliche Elastizität des Dunkels.

> Wäre das Ende der Räume eine Revolution unserer Art und Weise im Raum zu leben?

Meine Tochter fliegt in einer Viertelstunde nach Montpellier. Sie wird in zwei Stunden ankommen. Vor hundert Jahren haben wir für diese Entfernung mit der Eisenbahn fünfzehn Stunden gebraucht, und vor zweihundert Jahren acht Tage. Nicht der Raum hat sich verändert, sondern unsere Fähigkeit, ihn zu durchqueren. Die geschrumpfte Zeit läßt den Raum kleiner erscheinen.

Auch andere Räume haben sich geändert, zum Beispiel der theatralische Raum. Lange Zeit frontal und abgetrennt, konzipiert als eine Darstellung des Leuchtenden im Dunkel, des Aktiven gegenüber dem Passiven (im Englischen sprach man von einem *two rooms theater*), hat sich der theatralische Raum verändert, Schauspieler und Zuschauer sind sich näher gerückt, haben sich vereint. Man spricht heute von einem *one room theater*. Peter Brook wünscht sich manchmal, daß Publikum und Schauspieler »in einem Bett schlafen«. Man müßte auch von synthetischen, virtuellen Bildern sprechen.

Ist der virtuelle Raum noch ein Raum?

Diese Frage kann man sich stellen. Das synthetische, von einem Computer erzeugte Bild eines realen Objektes existiert nicht. Es ist nur ein Zahlensalat. Wir können mit ihm spielen, es verdoppeln, darüber oder darunter gehen und uns in neuen Rauschgefühlen verlieren. Der virtuelle Raum trägt seinen Namen zu Recht. Er hat keine reale Existenz. Und trotzdem bietet er viele Möglichkeiten.

Wo sind Sie mit diesen synthetischen Bildern schon einmal in Kontakt gekommen?

Ich habe mich seit den Anfängen vor fünfzehn Jahren dafür interessiert. Ich habe einmal mit einem Multimediadesigner zusammengearbeitet und ihn gebeten, eine antike Vase zu erzeugen, sie zu beleuchten (mit fiktiven Scheinwerfern) und sie dann mit Hilfe seines Arsenals von Tasten in eine sumerische Vase aus dem dritten Jahrtausend vor unserer Zeitrechnung zu verwandeln. Der junge Designer fragte mich: »Soll sie in der Erde oder im Meer gefunden sein?« Ich muß gestehen, daß mir diese Antwort gefallen hat ... Acht Minuten später hatten wir die Vase vor Augen und konnten mit ihr spielen. Aber wo waren wir? In welchem Raum und in welcher Zeit? Ganz gewiß losgelöst vom gewöhnlichen Raum. Andererseits war die vor dem Computer verbrachte Zeit real. Unsere Uhr konnte sie messen. Eine interessante Absonderlichkeit: Der Raum ist virtuell, aber die Zeit bleibt real. Das alte Paar hat sich getrennt.

Ist das nicht eine Art Weltflucht?

Man kann sich an diesen Spielen berauschen. Einige von denen, die sich in diesen schattenlosen Raum hineinziehen lassen, verlieren sich darin. Sie erleben dort außergewöhnliche Abenteuer, gegenüber denen ihre Existenz als recht schlicht erscheinen mag. Ist das ein Grund, diese Spiele abzulehnen? Nein, gewiß nicht. Sind diejenigen, die sich dort selbst vergessen, nicht dieselben, die im letzten Jahrhundert im Cabaret das Vergessen suchten? Ist unser Vergessen schlimmer als das andere?

Das Ende der Räume läßt sich auch durch das Thema der Globalisierung beschreiben.

Die Leute meiner Generation wundern sich, daß eine Krise in Südostasien Auswirkungen auf uns haben kann. Früher schien uns eine Krise in der Ferne eher von Vorteil zu sein. Wenn es einem Land irgendwie schlechtging, konnte es uns eventuell bessergehen. Das sind Denkmuster, die wir überwinden müssen. Und man ist bereits dabei. Aber das ist nicht besonders schwierig.

Im 20. Jahrhundert hat man viel Freude daran, das Verhältnis zur Zeit durcheinanderzubringen. Die Science-fiction-Helden verachten die Schranken, die früher Vergangenheit, Gegenwart und Zukunft trennten. In *Zurück in die Zukunft* kehrt der Held in die Vergangenheit zurück, um seinem Vater dabei zu helfen, seine Mutter zu treffen und zu heiraten. Zeigen diese Paradoxe, mit denen im Film gespielt wird, nicht, daß die Zeit eine Schöpfung des Bewußtseins ist?

Haben Sie *Der unvorsichtige Reisende** von Barjavel gelesen? Das ist die Geschichte eines Zeitreisenden, der in die Epoche der Französischen Revolution zurückkehrt. Er kriegt mit jemandem Streit und tötet ihn; dieser war ein Vorfahr von ihm – und er verschwindet mit einem Schlag. Dabei fällt mir der amerikanische Schriftsteller Poul Anderson ein, der Verfasser von *Hüter der Zeiten***. Er erzählt, wie

* René Barjavel, *Le Voyageur imprudent*, Paris 1973.
** Poul Anderson, *Hüter der Zeiten: Ein utopisch-technischer Roman*, München 1961.

die Zeithüter in die Zeit eingreifen, um den Lauf der Geschichte *zu schützen*. Sie müssen sich außerordentlich diskret verhalten, um die Verkettung von Ursachen und Wirkungen nicht durcheinanderzubringen.

Diese Idee der Rückkehr in die Vergangenheit ist erst jüngeren Datums.

Es scheint so. Wir haben vom 16. Jahrhundert als Übergangsepoche gesprochen, in der die Menschen im Westen nach und nach ein Zeit- und Raumbewußtsein entwickelten. Die westliche Zivilisation siedelt sich in der Zeit wie in einem Fluß an, der sein Bett voll und ganz ausfüllt. Bald nannte man diese Zeit Geschichte. Wenn Malraux überhaupt jemals eine Idee gehabt hat, dann als er sagte, daß das 20. Jahrhundert das Jahrhundert des Menschen in der Geschichte sei. Die Menschen der Vergangenheit lebten vor allem in ihrer Zeit und ausschließlich in ihrer Zeit, in ihrer eng begrenzten Epoche. Daher rührt vielleicht die geistige Schwierigkeit, aus ihr herauszukommen.

Man bewegt sich immer besser in Zeit und Raum. Um das Bild des Flusses wieder aufzugreifen, das 20. Jahrhundert ist das Jahrhundert, in dem der Fluß sein Bett verläßt.

Der beste Science-fiction-Autor ist immer noch Marcel Proust. Lesen wir noch einmal die letzte Seite von *Auf der Suche nach der verlorenen Zeit*, auf der als letztes Wort genau »Zeit« steht. Proust war nicht weniger von der Zeit besessen als Prigogine. Man müßte sie in einen Dialog bringen. Bis zur letzten Seite, bis zum letzten Wort scheint Proust sich fast ängstlich zu fragen, ob noch genug Zeit ist, sein Werk zu vollenden, genug Zeit, um die Zeit wiederzufinden. Er scheint die Zeit gehabt zu haben, die so eng mit seinem Werk verbunden ist, eine fast taktile Empfindung, die dem Denken hilft und es verlängert. Mit ihm finden wir auf höchster Ebene den schon aus der Antike stammenden Versuch der Theologen und Philosophen wieder:

die Zeiten in einer Zeit wiedervereinen, das Objektive mit dem Subjektiven verschmelzen. Jedes Stück seines Werkes, das der Zeit jedes einzelnen Tages so mühsam abgerungen wurde, scheint sich gleichzeitig in eine Hoffnung auf Ewigkeit einzuschreiben.

Das Ende der menschlichen Gattung ist nicht das Ende der Welt

Wie wir gesehen haben, kann man sich zum Herren des Raumes machen, und im 20. Jahrhundert wurde alles getan, um uns davon zu überzeugen. Aber man ist immer Sklave der Zeit.

Herren des Raumes oder der Räume, so scheint es zu sein. Sklaven der Zeit, gewiß. Alles, was wir sagen, machen und denken, geht zwangsläufig in die Zeit ein. Und wenn nun jeder Satz, den wir aussprechen eine Wette auf die Zeit wäre, die Wette, daß wir niemals ins Ziel kommen werden? In manchen Augenblicken ist diese Wette fast pathetisch. Sie verbindet sich mit der alten Furcht eines brutalen und unsühnbaren Stehenbleibens der Zeit, das uns in jedem Bruchteil einer Sekunde vernichten könnte. So wäre der dünne Faden unseres Lebens eine sehr lange Reihe von Siegen über diese Drohung – bis zur individuellen Niederlage, die uns alle erwartet. Erinnern wir uns an Lautréamont, an den 5. der *Gesänge des Maldoror*: »Aber da es bewiesen ist, daß ich durch einen außergewöhnlichen Zufall seit jener fernen Zeit, da ich voller Entsetzen den vorangehenden Satz begann, das Leben noch nicht eingebüßt habe ...«* Das klingt schon sehr nach Proust.

In Bertoluccis *Himmel über der Wüste* tritt plötzlich Paul Bowles auf, um zu erklären, daß er vielleicht jene Phase seines Lebens, seiner Zeit erreicht habe, in der er zum letzten Mal etwas Bestimmtes

* Lautréamont, *Das Gesamtwerk*, Reinbek bei Hamburg 1963, S. 131.

geträumt hat, in der er zum letzten Mal an gewisse Ereignisse erinnert wurde.

Die *Mythologica* von Lévi-Strauss enden mit dem Wort »nichts«. Der Autor schreibt, daß in einer bestimmten Zeit sowieso nichts auf der Erde übrigbleiben wird. Nichts von dem, was wir erfunden, gebaut, gedacht, erinnert oder geträumt haben. Es wird nicht einmal eine Erinnerung an diese Zerstörung übrigbleiben. Alles wird verschwunden sein. »Nichts«. Die gesamte Bibliothek menschlicher Werke und Gedanken wird ins Nichts stürzen. Auch das Universum unterliegt der Zeit. Es hat wie wir eine Geschichte und wird wie wir ein Ende haben. Dieser Begriff »das Ende der Zeiten und der Räume«, »das Ende des Gefühls für die Zeiten« ist etwas, von dem es sich lohnt, ein wenig zu träumen. Der Leiter des Instituts für Astrophysik in Paris, Alfred Vidal Madjar, wollte zum Jahr 2000 etwas machen, was er ein kosmisches Jahr nannte, das heißt, er wollte die Geschichte des Universums auf ein Jahr verteilen.

Die ursprüngliche Idee dazu wird dem Astronomen Carl Sagan zugeschrieben.

Wenn man den Urknall auf den 1. Januar legt, kommen die Dinosaurier, glaube ich, im November, und der *homo sapiens* tritt in der Nacht des 31. Dezember ein paar Minuten vor Mitternacht auf. Wir sind also recht jung auf der Welt, Neuankömmlinge in der Zeit. Aber das Interessanteste wäre, wenn wir dieses Jahr verlängern würden, zu sehen, daß das »Nichts« von Lévi-Strauss, das echte Ende der Zeiten im folgenden April käme. Zumindest, was unser Sonnensystem betrifft. Aber wie soll man umziehen? Wie die Sonne auswechseln?

In 4,5 Milliarden Jahren wird die Sonne ihre Energie aufgebraucht haben und die Erde unbewohnbar sein. Eine Lösung bestünde darin, das Leben der Sonne künstlich zu verlängern. Eine andere, irgendwoanders weiterzuleben. Heute sind wir solcher technischer Meisterleistungen noch nicht fähig, aber in vier Milliarden Jahren?

Die Wissenschaft beschreibt die verschiedenen Weltuntergangsszenarien: Zusammenprall mit einem Asteroiden; Erhöhung der Temperatur infolge der Schäden an der Ozonschicht, was dazu führt, das die Meere einen großen Teil des bewohnbaren Landes überschwemmen; Bevölkerungsexplosion; Wasserverschmutzung; unerwartete Katastrophe bei einem der zahllosen Atomversuche; Weltkrieg etc. Die Zukunft ist kein langer, ruhig dahinfließender Fluß ...

Genau gesagt, wäre dies das Ende unserer Welt, aber nicht das Ende der Welt. Wir haben nicht einmal einen direkten Einfluß auf die Planeten, die uns im Sonnensystem am nächsten stehen. Was sollen wir also zu Planeten sagen, die sich in anderen himmlischen Balletten bewegen?

Wenn wir aber dem Prinzip folgen, das besagt, wenn ein Schmetterling in Asien mit den Flügeln schlägt, kann es zu einer Katastrophe in Amerika kommen, warum sollen wir uns dann nicht auch Gedanken über die Folgen machen, die das Verschwinden unserer Welt auf den Lauf des Universums hat?

Man muß vorsichtig mit diesem Klischee umgehen, das zwar theoretisch richtig ist, das man aber noch nie in der Praxis beobachtet hat; und andererseits darf man nicht die enormen Entfernungen und die fast völlige Leere vergessen, die die Galaxien und Galaxiehaufen voneinander trennen. Man kann zunächst einmal drei Definitionen des Zeitenendes unterscheiden. Die erste bezieht sich auf das Ende der menschlichen Gattung: Wir arbeiten daran. Die zweite betrifft das von uns verursachte Ende jeglichen Lebens auf der Erde.

Außer den Bakterien, sagen die Wissenschaftler.

Schon um alle Maikäfer zu vernichten, muß man einen guten Schlag landen. Insekten sind sehr resistent. Wie es scheint, findet man in den Kratern von Atombombenexplosionen quicklebendige

Käfer (ich glaube nicht, daß das auch für die H-Bombe gilt). Und trotzdem verschwinden Arten, sogar Insektenarten, sogar bevor wir sie kennengelernt haben. Es gibt bereits Fossilien aus dem 20. Jahrhundert. Plutarch berichtet, daß Alexander, als er gen Osten vorrückte, griechische Philosophen und Gelehrte mit sich führte. Bei einem Treffen mußten sich diese Griechen mit den hinduistischen Weisen, mit den »Gymnosophisten«, auseinandersetzen. Eine der Fragen, die die Griechen stellten, lautete: »Welches Tier ist am listigsten?« Die indische Antwort: »Jenes, das der Mensch noch nicht kennengelernt hat.«

Die Geschichte sagt aber nicht, ob Alexanders Philosophen die Antwort für gut oder schlecht befanden.

Eine weitere Frage von griechischer Seite: »Was war zuerst da, der Tag oder die Nacht?« Eine weitere indische Antwort: »Der Tag. Aber er ist der Nacht nur um einen Tag vorausgegangen ...« Nach dem Ende des irdischen Lebens geht man in ein letztes Stadium über, und die Zerstörung betrifft, außer der Erde, sämtliche Planeten des Sonnensystems und sogar das ganze Universum. Gott wird dann entdecken, daß er sich getäuscht hat und daß er diese Welt besser nicht geschaffen hätte.

Das ist aber nicht die religiöse Auffassung vom Zeitenende. Gott denkt nicht, daß er sich getäuscht hat! Er denkt, daß die Zeiten erfüllt sind. Die Schöpfung ist in das letzte Stadium ihrer Entwicklung eingetreten, das Werk Gottes ist vollendet.

Er hat sie nur für eine bestimmte Zeit geschaffen? Das verstehe ich nicht.

Genau. Um zu ermöglichen, daß sich irgend etwas verwirklicht. Gott hat seinen Geschöpfen eine gewisse Freiheit gegeben, und damit sie sie erproben können, hat Gott sich zurückgezogen. Die Zeit, in der es uns gegeben ist, diese Freiheit zu genießen, ist auch die Zeit des Rückzugs Gottes. In dieser Welt, in der Gott nicht ist, ist eine Welt, in der wir ihn suchen, in der er uns die Freiheit gelassen hat, ihn zu vergessen oder ihn zu finden. Und diese Zeit unserer Suche nach dem abwesenden Gott hat ein Ende. Aber der Moment, in dem wir erneut in der Präsenz Gottes sein werden, wird offensichtlich nicht als Strafe angesehen, sondern als Hoffnung. In diesem Sinne ist die Apokalypse kein Buch des Zeterns und des Entsetzens, wie man gemeinhin glaubt, sondern ein Buch der Hoffnung.

Das ist zweifellos der Grund, warum die Inquisitoren die Seelen retteten und die Körper zerstörten. Ausgehend von diesen ätherischen, himmlischen Hirngespinsten und im Namen einer per Definition irrealen Transzendenz legitimiert man die Handlung, die darin besteht, die reale Immanenz zu zerstören. Was macht es aus, wenn ich diesen Indianerstamm massakriere, denn ich rette ja ihre Seelen! Irgendeine Handlung oder ein beliebiges Denken, so bezaubernd es auch sein mag, im Namen von etwas Imaginärem zu rechtfertigen, ist unakzeptabel. Das Imaginäre ist unteilbar. Wie Borges sagt, die Theologie ist phantastische Literatur, deren Qualität man durchaus schätzen kann, wie zum Beispiel bei dem, was Sie eben gesagt haben. Ich bin oft von den theologischen Erfindungen fasziniert, aber sie sind eben menschliche Erfindungen. Die schlimmsten menschlichen Handlungen durch einen verborgenen Plan Gottes zu rechtfertigen, das grenzt an Wahnsinn. Ein gefährlicher Wahnsinn. Man könnte meinen, es ginge darum, »Gott zu entschuldigen«, eine offensichtlich so unvollkommene, so blutige Welt geschaffen zu haben, daß er alle lebendigen Geschöpfe dazu zwingt, sich gegenseitig zu verschlingen. Man stellt sich also vor, daß Gott sich verborgen hat, daß er auf seine Stunde wartet. Aber wenn er zurückkommt und uns in diesem Zustand findet, der schlimmer ist als am Ursprung, wie ist darin eine »Hoffnung« zu sehen? Eine »Vollendung«. Wenn ich gläubig wäre, würde ich vor Schrecken zittern.

Zum Glück handelt es sich hier nur um einen Wahn. Um einen religiösen Wahn, der häufig weiter geht als andere Wahnvorstellungen und der ein ebenso interessantes wie verdrehtes Studienobjekt ist. Wegen einer »göttlichen« *fatwa* hat man Salman Rushdie und andere zum Tode verurteilt. Im Namen eines Hirngespinsts!

Das Wort der Propheten ist allgegenwärtig für diejenigen, die sich freiwillig in eine Extremsituation gebracht haben, um Gott zu begegnen.

Um sich einzureden, ihm begegnet zu sein. Eines der verwirrendsten Phänomene der Aktivität des menschlichen Geistes besteht darin, daß er in der Lage ist, bedingungslos an die Realität seiner eigenen Erfindungen zu glauben. Das kann bis zur Halluzination gehen. Er schafft sich Trugbilder und macht es sich dann zur Aufgabe, entschlossen und manchmal sogar unerbittlich ihre Existenz, ihre Wahrheit zu proklamieren. Dieser seltsame Widerspruch, in den sich die Subjektivität verrennt, kommt auch in der Geschichte der Erkenntnis und auch in den Wissenschaften zum Ausdruck. Aber nirgendwo ist er so eklatant wie in der Geschichte der Religionen.

Religion ist eine menschliche Erfindung, die sich schleichend ausbreitet. Man weiß sehr wohl, wie sie beginnt, wie sich schüchtern die ersten Kulte etablieren und dann entwickeln, wie die ersten Götter Gestalt annehmen und diverse Funktionen bekommen, und wie sich ihre Zahl verringert, bis es schließlich nur noch einen gibt. Aber es kommt bei dieser langsamen Entfaltung immer ein Moment, an dem wir aufhören, an das zu glauben, was wir uns in der Vergangenheit ausgedacht haben. In etwa so, als ob wir an die Realität unserer alten Träume geglaubt hätten.

Sind Sie selbst niemals gläubig gewesen?

Als Kind vielleicht, denn ich bin mit der katholischen Religion aufgewachsen. Aber seit ich fünfzehn war, nie mehr. Der Mensch hat die Götter und dann Gott erfunden, das ist evident. Aber trotzdem bleibt die spannende Frage: Wie konnte und kann diese hochgradige Perversion des menschlichen Geistes zur Behauptung von transzendenten Realitäten führen, zu denen man per Definition nichts sagen kann, es sei denn, daß wir sie erfunden haben? Eine noch hochgradigere Perversion: Nachdem wir behauptet haben, daß diese »Realitäten« über uns hinausgehen, daß sie »transzendent« sind und außerhalb der Reichweite unseres Geistes liegen, fangen wir sofort an, sie zu beschreiben, sie sorgfältig zu sezieren, die Attribute Gottes und die Hierarchie der Engel aufzustellen, und was weiß ich noch zu machen!

Einstein hat gesagt, daß diese Fragen zum Ursprung und zu den letzten Enden von der Wissenschaft nicht nur nicht ausgeschlossen wurden, wie das der Szientismus wollte, sondern daß sie weiter der Mittelpunkt jeder intellektuellen Tätigkeit bleiben würden. Ein Mensch, der nicht in der Lage wäre, diese Fragen zu stellen, meinte er, wäre lebensunfähig. Mit diesen letzten Fragen nach Sinn und Transzendenz müsse man sich mit derselben Geduld beschäftigen, als ob man einen Ozean mit einem Becher ausschöpfen wollte.

Mit derselben Geduld und mit demselben Ergebnis! Das zeigt, daß Einstein – auf diesem Gebiet – nicht unbedingt die letzte Instanz ist. Wir sprechen in diesem Moment, ich weiß nicht, warum, von Religionen. Nun, Religionen stellen sich keine Fragen. Sie beantworten sie. Sie sind sogar die Negation des notwendigen Nachdenkens. Was gibt es Schlimmeres als einen Katechismus? Die Wissenschaft selbst bringt uns dazu, zu denken, daß es »etwas anderes« gibt. Aber sie hütet sich davor, uns zu sagen, was.

Eine andere Realität, eine andere Ebene des Verständnisses der Dinge.

In allen Überlieferungen gibt es, wie schon gesagt, irgendwann ein »Gefühl«. Ich weiß nicht, wie ich das sagen soll. Das ist keine wissenschaftliche Wahrheit und keine Offenbarung, sondern das Gefühl für etwas anderes. Das Gefühl für verborgene Kräfte, eine andere Dimension, andere Welten. Dieses Gefühl findet sich in allen philosophischen und religiösen Überlieferungen. Aber sobald es zum Vorschein kommt, stehen die Priester bereit, um es zu interpretieren: Ihr müßt es mit dem Herzen aufnehmen und jeden Sonntag rezitieren. Der Buddhismus entgeht diesem Aneignungsdrang. Er ist vielleicht die einzige Überlieferung, die (wenn auch nicht immer) eine wirkliche Bemühung in diesem Sinne macht.

Lob der Langsamkeit

Wir haben über unsere Verwirrung über diese Zeit gesprochen, über diesen Pfeil, der von einem unsichtbaren Bogenschützen abgeschossen wurde und der immer schneller zu werden scheint, je näher er dem Ziel kommt. Glauben Sie, daß wir die Zeit zähmen können?

Ich habe vor kurzem eine großartige Arbeit über die Lehre der Langsamkeit gelesen. In Deutschland gibt es Institute, in denen man den Leuten beibringt, wie man langsam handelt. Man sagt ihnen: »Nehmen Sie Ihr Glas und heben Sie es an Ihre Lippen ... Langsamer! Viel langsamer!« Im gleichen Sinne vermittelt das Tai Chi Chuan, das ich seit Jahren unregelmäßig praktiziere, das Gefühl, einen anderen Platz in der Zeit einzunehmen. Die kostbarste Sache überhaupt ist es, wenn möglich, eine Distanz gegenüber der Zeit einzuhalten und ihrer Tyrannei zu entgehen.

Man fragt mich oft: »Wie schaffen Sie es nur, so viele Dinge zu machen?« Diese Frage höre ich mindestens einmal am Tag, und sie kostet mich übrigens sehr viel Zeit! Ich antworte immer, und das ist kein Scherz: »Weil ich sie langsam mache.« Ich habe keine Eile. Es ist richtig, daß es eine Menge Tricks gibt, um Zeit zu sparen, zum Beispiel in Paris nicht mit dem Auto fahren, sondern lieber die Metro oder ein Taxi nehmen, in denen man lesen, arbeiten, Besprechungen vorbereiten, vor sich hin dösen, nachdenken oder diskutieren kann. Diese Listen kann man nutzen, aber wesentlich ist wirklich, es nicht eilig zu haben. Wenn man mich um eine Arbeit bittet, und ich meine, daß ich sie in zwei Monaten schaffen könnte, fordere ich drei Monate. Oft nehme ich mir meinen Terminkalender vor und streiche ganz willkürlich zwei halbe Tage in der nächsten Woche: für Rendezvous mit mir selber. Wenn diese halben Tage kommen, kann ich mit meiner Zeit machen, was ich will. Die Hauptsache ist es vielleicht, keine Digitaluhr zu haben, jeden Tag in den Griff zu kriegen und sich seine Zeit zu nehmen, anstatt von der Zeit mitgerissen zu werden.

Sie machen Tai Chi Chuan zusammen mit einem Chinesen?

Ich mache es fast überall, im Jardin du Luxembourg, und auch in China, wenn ich dort bin. Ich mache es allein. Ich habe viele solcher Übungen in meinem Leben gemacht, vor allem mit Peter Brook und seiner Gruppe. Wir haben in den letzten vierundzwanzig Jahren so viel gemacht, daß ich eine kleine persönliche Übung entwickelt habe: eine am Morgen, eine am Abend.

Eine Weiterentwicklung?

Ja, aber das ist nicht wirklich Tai Chi. Ich habe mich davon inspirieren lassen. Ich glaube, alles hängt von der Natur eines jeden ab. Ich mißtraue ein wenig, selbst beim Tai Chi, der Bewegung in der Gruppe, die allen denselben Rhythmus aufzwingt. Ich stamme vom Land, ich bin schon immer sehr kräftig, aktiv gewesen, ich hatte immer den Drang zu körperlichen Übungen. Wenn ich ein oder zwei Tage keine mache, fühle ich mich unwohl. Für andere erscheint das Körpertraining, das ich mir auferlegt habe (Wandern, Gymnastik etc.), beschwerlich, wenn nicht gar schädlich, vor allem mit 67 Jahren. Aber wenn ich so was nicht mache, fehlt mir etwas. Tai Chi genügt mir nicht. Ich brauche etwas, was mich körperlich stärker fordert.

Jeder muß diese persönliche Weisheit finden und sollte nicht versuchen, sich mit anderen zu messen – oder den anderen die eigenen Lebensregeln aufzuzwingen.

> Aber wenn man allein trainiert, besteht die Gefahr, den leichteren Weg zu bevorzugen und sich zu wiederholen.

Ich will keine Höchstleistungen vollbringen. Die Entspannungsübung, die ich zum Beispiel jeden Abend vor dem Schlafengehen mache, ist eine Mischung aus Yoga und Tai Chi. Man kann sehr gut das richtige Rezept für sich selbst finden. In den Parks kann man sich einer Gruppe anschließen. Wenn ich in Lateinamerika, Indien oder Frankreich Dramaturgie-Workshops leite, suche ich immer nach dem besten Mittel, um eine Verbindung zwischen den Schauspielern herzustellen. Wenn man eine Gruppe aus sieben, fünfzehn oder zwanzig Personen bildet, kann man sie am besten zusammenbringen, indem man einige gemeinsame Übungen macht. Wenn ein Chinese in der Gruppe ist, bitte ich ihn, eine Tai Chi-Übung zu leiten. Einen Inder bitte ich um eine andere Art von Übung. Von einem Japaner erwarte ich noch etwas anderes. Und das sind im allgemeinen recht amüsante Übungen, die entspannen und die Leute einander näher bringen sollen. Und wenn jemand sich vertut, reißt man ihm nicht gleich den Kopf ab.

> Wir haben elastische Beziehungen zur Zeit. Wenn Sie auf einem Kissen sitzend meditieren und plötzlich Lust haben, auf die Uhr zu schauen, stellen Sie entweder fest, daß nur ein paar Minuten vergangen sind oder daß Sie schon eine Stunde dasitzen.

Die Zen- oder Tai Chi-Meditationen sind wie viele andere vor allem eine Erforschung der Zeit. Das ist zwar eine subjektive Erfahrung, aber sie ermöglicht ein völlig anderes Verhalten gegenüber der Zeit. Es geht nicht mehr darum, sie zu beherrschen, sondern sie eher zu beschwichtigen, sie sich vertraut zu machen, sie sich zu eigen zu machen. Alle Empfindungen, die mit dem Verstreichen der Zeit verbunden sind, verschwinden in der Meditation. Die Zeit ist ein wenig wie der Wind. Den Wind kann man nicht sehen: Man sieht die Zweige, die er bewegt, den Staub, den er aufwirbelt. Aber den Wind selbst hat noch keiner gesehen. Ich mache diesen Vergleich oft: Gewiß, wir sehen die Wirkungen der Zeit, aber keiner kann sagen, daß er jemals die Zeit selbst gesehen hat. Wir sind ein Haus der Zeit. Unser Körper trägt all ihre Spuren, als ob es sich um Unbilden der Witterung handeln würde. Wir sind die Zeugen, der Beweis für die Zeit. Aber wir altern nicht alle auf die gleiche Weise, wir sterben nicht im selben Alter. Wir wissen auch, daß das Glück die Zeit schnell verstreichen läßt, daß glückliche Tage schneller vergehen und daß das Elend sie hinzieht, daß sie langsam, schwer und dauerhaft ist. So leben wir auch nicht alle in derselben subjektiven Zeit, die im Grunde das einzige ist, was uns interessiert.

Es war Bergson, nicht wahr, der als erster von der Dauer, von der subjektiven Zeit gesprochen hat, um zu versuchen, die Zeit zu entobjektivieren?

Als erster im Westen, glaube ich. Auch wenn die Zeit seit Augustinus als unser großer Herr angesehen wurde, hat unsere Kultur nur wenig echte Überlegungen zur Zeit hervorgebracht. Da muß man bei den Künstlern suchen. In den Bildern von Poussin oder Magritte kann es mehrere Annäherungen an die Zeit geben. Bei Magritte sehen wir scheinbar widersprüchliche Elemente: ein Haus mit einem erleuchteten Fenster, obwohl hoch am Himmel die Sonne steht. Bei Poussin werden manchmal mehrere aufeinanderfolgende Handlungen gleichzeitig dargestellt. Bei manchen Stücken von Shakespeare betritt eine Person die Bühne und rührt sich nicht mehr. Eine andere Person kommt, geht, andere kommen, bringen Neuigkeiten. Wenn die Person geht, sind fünf Jahre vergangen. Zwischen dem ersten und zweiten Akt von *Othello* gibt es eine ins Auge springende chronologische Unmöglichkeit. Daher sagen die Professoren: Shakespeare hat sich getäuscht, er hat einen Fehler gemacht. Das ist absurd.

Er hat einen Zeittunnel genommen.

Die Künstler haben mehr mit der Zeit gespielt, als die Philosophen zugeben wollen. Ich habe ein wunderbares Gedicht des Persers Saadi adaptiert, das Juliette Greco singt: »Kaum betrete ich dein Zimmer, öffnet sich die Tür des Tages.« Ich sehe dich, ich nehme dich in meine Arme, die Tür des Tages ist offen. Die Nacht ist wie mit einem Schlag aufgelöst. Die Zeit rächt sich für unsere Freuden.

Der Traum ist unser wirklicher Sieg über die Zeit

Wie kann man die Zeit besiegen, wie kann man die Zeit verlassen, wie kann man mit der Zeit spielen? Eine Geschichte aus dem *Mahabharata* kann diese Erfahrung illustrieren. Ein Meister und sein Schüler ziehen über das Land und bleiben unter einem Baum stehen. Es ist heiß, sie setzen sich nieder. Der Meister sagt zu seinem Schüler: »Ich sehe dahinten einen Brunnen. Kannst du mir ein wenig Wasser holen?« Der junge Schüler geht zum Brunnen, der fünfzig Meter entfernt liegt. Dort trifft er ein junges Mädchen. Sie gefallen einander. Sie beginnen ein Gespräch. Das junge Mädchen erklärt, daß es im benachbarten Dorf wohnt. Der junge Mann bietet ihr an, ihren Krug zu nehmen und ihn zu tragen. Sie gehen zum Dorf. Je weiter sich die Geschichte entwickelt, um so mehr wird man gewahr, daß die Zeit aufzutauchen beginnt. Das junge Mädchen stellt den jungen Mann seiner Familie vor. Es lädt ihn ein, das Essen mit ihnen zu teilen. Es ist spät. Man schlägt ihm vor, zum Schlafen zu bleiben. Er bleibt da. Er ist gern mit dem jungen Mädchen zusammen. Die folgenden Tage verbringt er mit ihr. Schließlich heiraten sie. Der junge Mann arbeitet im Dorf. Sie haben Kinder. Dann sterben die Eltern des jungen Mädchens: Das Leben geht seinen normalen Gang, und eines Tages erinnert er sich plötzlich … er war zum Wasserholen losgegangen! Seine Frau hat bereits weißes Haar. Er erinnert sich, daß er seinem Meister, der unter dem Baum wartet, Wasser bringen muß. Also verläßt er eilig das Dorf, füllt eine Schale mit Wasser und geht zu dem Baum, unter dem er seinen Meister findet, der zu ihm sagt: »Gut ... Ich war nah daran zu warten.« Vielleicht ist all das nur in einem Blickwechsel mit dem jungen Mädchen passiert. Ein ganzes Leben. Aber ist dieses Leben wirklich gelebt worden?

In *Ein Abend – ein Zug*, einem Film von André Delvaux, kommt etwas Ähnliches vor. Auf einmal hält der Zug, in dem sich Anouk Aimée und Yves Montand befinden, mitten auf dem Land. Alles ist voller Schnee. Keiner versteht, was passiert ist. Er steigt aus und marschiert zum nächsten Dorf, wo man Weihnachten feiert. Das Fest ist sehr fröhlich. Er tanzt mit einer Krankenschwester. Plötzlich zerreißt etwas. Man begreift, daß der Zug einen Unfall hatte.

Der Traum ist der wirkliche Sieg über die Zeit. Und nicht nur im Film ...

Haben Sie bemerkt, wie bewundernswert es diejenigen verstehen, mit ihrer Lebenszeit umzugehen, deren Leben kurz ist? Gibt es bei Mozart oder Rimbaud nicht so etwas wie ein Vorgefühl für ein Schicksal, das sich in einer geringen Zahl von Jahren zusammendrängt, und somit eine Fähigkeit, dieses Zeitkapital so gut wie möglich zu »verwalten«? Bei ihnen beginnt alles sehr früh, vervollkommnet sich in Rekordzeit und scheint vollendet oder fast vollendet zu sein, wenn der Tod kommt. Bekommen wir bei der Geburt ein Zeitkapital und wissen wir unbewußt, wie lang die Zeit ist, die wir zu leben haben?

Der spannendste Fall ist der von Rimbaud. Bei ihm ist mit siebzehn alles gesagt.

Er verläßt das Abendland und geht in traumhafte Gegenden. Aber seine Korrespondenz enthüllt einen verschlissenen Mann, enttäuscht von den Welten, die er durchquert hat. Als ob er, nachdem er geschrieben hatte, wofür er auf die Welt gekommen war, nur noch eine nutzlose Zeit zu verwalten gehabt hätte.

Rimbauds Bruch geschah nicht mit einem Schlag. Er war ein Vagabund, der Frankreich zu Fuß durchquerte, nach Österreich ging, der zurückkam ... Das ist kein eindeutiger Bruch. Er war auch kein Amateur in der Literatur. Er hat ausführliche Studien betrieben. Er war kein Genie, das aus dem Nichts kam. Er schrieb ausgezeichnete lateinische Gedichte. Auf all das hat er verzichtet. Mit all dem, was er gemacht hat, und mit all dem, was er noch hätte machen können, hat er gebrochen. Seine Zeit war vollendet. Als er aufbrach, hatte er nur *Une saison en enfer* veröffentlicht, das (abgesehen von sieben Exemplaren) unverkäuflich bei einem belgischen Buchhändler liegengeblieben war. Die *Illuminations* und das *Reliquaire* wurden ohne sein Zutun veröffentlicht. Er wußte davon nichts. Er ist fortgegangen und gestorben. Er hat niemals gewußt, daß er Rimbaud war.

Vielleicht hat jeder von uns, genauso wie wir Fingerabdrücke haben, eine Lebenszeit, einen bestimmten Lebensrhythmus, eine in der Existenz abzulebende Zeit.

Der Traum, unser kleiner Sieg über die Zeit, hat oft mit der Zeit selbst zu tun. Ich bin in meinen Träumen oft zu spät dran. Ich habe meinen Zug verpaßt. Oder aber das Flugzeug ist da und ich habe mein Gepäck oder meinen Paß verloren. Man bricht ohne mich auf. Deshalb sollten wir in unseren Träumen, angeblich hundert Bilder pro Sekunde, Handlungsfreiheit und einen unbeschwerten Geist haben. Aber die Kraft der Zeit ist derartig groß, daß wir ihr selbst dann weiterhin unterliegen, ihr weiterhin gehorchen, wenn unser Bewußtsein glaubt, sie abgeschüttelt zu haben. Verborgen in unseren Zellen, macht der Herr keine Pause. Der Zeitdieb macht keine Pause.

Spinoza sagt irgendwo, daß wir in jedem Augenblick, hier und jetzt unsterblich sind. Das ist stärker als wir: Die Zeit bleibt für uns unspürbar. Aber wir streben keinen höheren Sieg an als den, den wir uns über diesen konsubstantiellen Gegner wünschen. In den meisten Fällen ist der Sieg bitter, denn er wird nur durch das Vergessen errungen. Durch dieses ansonsten so notwendige Vergessen, wie Umberto Eco uns erinnert: ein Vergessen – ein Aussortieren, ohne das wir nicht leben könnten.

Ein Mann, den ich sehr gemocht habe, der spanische Schriftsteller José Bergamín, sprach in diesem Sinne von »ewiger Augenblicklichkeit«, und zwar in einem Buch, das ich übersetzen durfte.* Wir wollen so weit wie möglich wissen und fühlen, was es hinter uns gab. Und auch wissen, was weit vor uns liegt, selbst jenseits des Grabes. Unser Leben, sagt Bergamín, ist »eine ratlos machende und rauschhafte Erfahrung des Zeitlichen«. Es ist eine Abfolge von geschichtlichen Momenten (für viele ist es nichts anderes), die von Augenblicken der Ewigkeit durchsetzt sind – die uns nur von der Poesie in all ihren Formen verdeutlicht werden.

Wenn wir von einem Ereignis begeistert sind, heißt es in einer bekannten Redewendung »Die Zeit ist stehengeblieben.« Das könnte wahr sein! Der tiefste, der schönste Effekt eines Schauspiels wäre es, wenn die Zuschauer nicht altern würden, während sie es verfolgen. Ich kann mir keinen größeren Wunsch vorstellen. Möge die Zeit geruhen, sich für einen Moment ins Publikum zu setzen und den Vollzug ihrer alten Aufgabe aufschieben. Möge sich *während dieser Zeit* für alle eine geschützte Lichtung öffnen! Möge die Zeit sich selbst zeitweilig entwischen! Wir könnten den gleichen Wunsch für unser Gespräch, für dieses Buch formulieren. Was riskieren wir dabei? Daß einige Sekunden mehr verstreichen – und vielleicht verlorengehen –, um diese letzten Worte zu schreiben und dann zu lesen.

(Die Gespräche fanden am 15. Oktober sowie am 5. und 27. Dezember 1997 in Paris statt.)

---

* José Bergamín, *Le Clou brûlant*, Paris 1972.

Umberto Eco

Für alle Fälle

Niemand, der seit Jahren die intellektuellen Abenteuer von Umberto Eco verfolgt hat, wird erstaunt sein, hier dem Autor von Der Name der Rose *und* Über Gott *und die Welt wiederzubegegnen, der sich – nach dem Paläontologen, dem Religionshistoriker und dem Philosophen – darüber Gedanken macht, was man heute unter dem Begriff vom »Ende der Zeiten« sinnvollerweise verstehen könnte. Wer wäre besser geeignet als dieser umherziehende Hochschullehrer und Professor für Semiotik an der Universität Bologna (der sein halbes Leben auf Flugplätzen verbringt und bei dem man stark den Eindruck hat, daß er reist, um aufdringlichen Leuten zu entgehen und in Ruhe schreiben zu können), den Versuch einer Diagnose des Übels zu machen, von dem das Abendland kurz vor seinem zweitausendsten Geburtstag befallen ist? Und was glauben Sie, macht dieser rege Geist, wenn er nach Hause kommt? Glauben Sie etwa, daß er sich nicht weiter mit unserem Schicksal beschäftigt? Weit gefehlt. Bequem am Computer in seiner Mailänder Wohnung sitzend, beschreitet dieser 66jährige Gelehrte die undurchdringlichen Wege des Internets und spürt in diesen Zeitkorridoren dem geistigen Gesundheitszustand unseres Planeten nach.*

Als Schüler von Roland Barthes versucht er unter allen Umständen in die Praxis umzusetzen, was der Autor der Mythen des Alltags* *als »semiologischen Spürsinn« bezeichnet hat, also jene Fähigkeit, »die Botschaften dort zu identifizieren, wo man geneigt wäre, nur Gesten zu sehen, und die Zeichen dort aufzuspüren, wo es viel bequemer wäre, nur Dinge zu sehen«. Diese Methode, auf das Studium von der heutigen Gesellschaft ausgesandter Zeichen angewandt, hat zu einer Art von »theoretischen Sketchen« geführt, die in der italienischen Presse ein großes Echo bewirkt haben und deren literarischen und humoristischen Höhepunkt* Wie man mit einem Lachs verreist** *darstellt. Eco, der sich lange mit dem Werk des Thomas von Aquin beschäftigt hat und in der Zivilisation des mittelalterlichen Abendlandes eine Zusammenfassung der Sehnsüchte und*

---

* Roland Barthes, *Mythen des Alltags*, Frankfurt 1980.
** Umberto Eco, *Wie man mit einem Lachs verreist*, München-Wien 1993.

*Schwächen des menschlichen Geistes und somit einen unerschöpf-
lichen Gegenstand der Entzifferung sieht, setzt sich auch ausführlich
mit Themen wie dem Fernsehen, der Playboy-Seite im Internet,
Handys und allen anderen Errungenschaften der modernen Welt
auseinander.*

    *Es ist also nicht erstaunlich, wenn er feststellt, daß die Welt
»offen« ist (in dem Sinne, daß jedes Individuum sie durch seine Lektüre der Welt neu erfindet) und daß unsere Überzeugung, in der für
die Zukunft der Gattung gefährlichsten Epoche zu leben, in (fast)
allen Epochen von der gesamten menschlichen Gemeinschaft geteilt
wurde. Der Professor wartet also ab, was kommt, und versucht immer, die Aufmerksamkeit vom Objekt weg zu einem Subjekt um-
zulenken, das durch seine Unfähigkeit gekennzeichnet ist, weise zu
urteilen. Als Ethnologe der modernen Zeit setzt Eco auf den folgenden Seiten seinen semiologischen Spürsinn ein und läßt, wie Robert
Maggiori schrieb, »im Durcheinander von vorgefertigten Meinungen,
Vorurteilen und politischen oder wirtschaftlichen Worthülsen höhere
Einsichten aufblitzen«.*

In der Nähe des Centre Pompidou steht eine große Uhr, die anzeigt, wie viele Sekunden uns noch vom Jahr 2000 trennen. Glauben Sie, daß die Menschen im Westen wirklich einen Nervenkitzel bei diesem Countdown verspüren?

Es deutet nichts darauf hin, daß die Leute durch die Heraufkunft des dritten Jahrtausends in Angst und Schrecken versetzt werden. Nur die Presse ist hartnäckig darauf aus, eine Psychose zu erzeugen. Die Leute machen sich darüber keine Gedanken, es sei denn, um eine Hotelnacht auf Samoa oder den Fidschi-Inseln zu buchen, damit sie zweimal feiern können. Nein, ich habe nicht den Eindruck, daß die Gesellschaft sich sonderlich mit dem Jahr 2000 beschäftigt. Einen Mann, der auf der Fifth Avenue ein Transparent mit der Aufschrift »The end is coming« hochhält, hat es schon immer gegeben. Natürlich sind wir geneigt, gewisse überraschende Ereignisse mit diesem Datum in Verbindung zu bringen. Aber diese Ereignisse hätten auch in einer anderen Epoche stattfinden können. Das hat nichts mit dem Jahr 2000 zu tun.

Der Mythos von den Schrecken des Jahres 1000

Wie war das mit dem Jahr 1000?

Wie Stephen Jay Gould sagt, hat man sich vor allem im 19. Jahrhundert mit der letzten Nacht des ersten Jahrtausends und den verstörten Massen, die in den Kirchen weinten, beschäftigt. Dann wurde bewiesen, daß es kein einziges Dokument gibt, um diese Hypothese zu stützen. Als ich zwanzig war, habe ich *Das Jahr Tausend* von Henri Focillon gelesen, und ich erinnere mich immer noch, wie erstaunt ich war, als ich entdeckte, daß es keinerlei Furcht vor dem Jahr 1000 gegeben hat. Millenaristische Panikstimmungen hat es einige Zeit vor dem Ende des ersten Jahrtausends oder hinterher gegeben, aber nicht genau zu diesem Zeitpunkt. Gould verweist allerdings auch auf die jüngsten Forschungen von Richard Landes, die teilweise wieder zu dieser Auffassung zurückführen. Er räumt ein, daß es, hervorgerufen durch häretische Sekten, hier und da Äußerungen von Furcht gegeben haben mag, aber wir verfügen über keine Dokumente, die das belegen, da die Kirche (das heißt in der damaligen Zeit die offizielle Kultur) das Phänomen sozusagen gelöscht hat. Diese Episoden der Lokalgeschichte wurden nicht gespeichert, da man nicht zum kollektiven Unbehagen beitragen wollte.

Wie Jean Delumeau zum Thema der millenaristischen Strömungen bemerkt, hat sich die Kirche die geniale Lösung von Augustinus zu eigen gemacht: Die tausend Jahre des Glücks, von denen in der Apokalypse die Rede ist (und in Erwartung derer alle millenaristischen Bewegungen angestachelt waren, ihr Kommen mit Gewalt zu beschleunigen), sind bereits da! Und um jeder Polemik vorzubeugen, wies die Kirche überdies darauf hin, daß die Zahl 1000 nicht wörtlich zu verstehen sei. Tausend bedeutete eine sehr lange Zeitspanne. Ja, Christus wird wiederkehren, aber laßt euch Zeit! Lebt nicht in Angst und Schrecken! So wurde im Handumdrehen schon vom Begriff her jeder Ansatz einer millenaristischen Utopie zerstört.

Warum ist es trotz der Schützenhilfe von Augustinus nicht gelungen, die millenaristischen Strömungen endgültig zu beseitigen?

Sagen wir, Augustinus hat auf der Ebene der offiziellen Theologie gesiegt, aber seine Interpretation war nicht in der Lage, die sozialen Spannungen abzuschwächen oder die kollektiven Ängste zu zügeln. Und daraus läßt sich folgern, daß der Millenarismus kein theologisches oder exegetisches Problem ist.

Gould stellt eine Verbindung zwischen millenaristischen Spannungen und gesellschaftlichen Problemen her.

Selbstverständlich. Der Millenarismus ist immer eine Volksbewegung. Einen millenaristischen Kaiser hat es noch nie gegeben. Es geht immer um Leute, die mit einem bestimmten Stand der Dinge unzufrieden sind und ihn ändern wollen. Die apokalyptischen Bewegungen haben in der Tat revolutionäre Anklänge. Eben deshalb waren die Kirche und die Machthaber im allgemeinen ihnen gegenüber immer äußerst mißtrauisch. Das geht, wie schon gesagt, so weit, ihre Äußerungen zu unterdrücken und mit Schweigen zu übergehen wie beim Jahr 1000. Ich möchte hier eine kleine Bemerkung machen, die ich für recht amüsant halte.

Dazu müssen wir zur Debatte über die erste Jahrtausendwende zurückkehren. Im Jahre 1996 haben sich amerikanische Fachleute für die erste Jahrtausendwende auf einem Kongreß in Boston getroffen; und es war gerade Richard Landes, der mich dazu einlud, da ich mich damals mit dem Apokalypse-Kommentar von Beatus von Liebana beschäftigt hatte. In der Annahme, es ginge um die Ängste zum Jahr 2000, stürzten sich die Journalisten auf diesen Kongreß. Man versuchte, ihnen klarzumachen, daß es um den vorherigen Jahrtausendwechsel ging und daß sich für diese Epoche keinerlei Schrecken nachweisen ließen. Aber sie haben immer dieselbe Frage gestellt wie Sie: Gibt es eine Jahr-2000-Angst? Und ich habe immer wieder dasselbe geantwortet: Nein, diese Befürchtungen sind Hirngespinste, in Wirklichkeit machen sich die Leute darüber lustig! Die Journalisten sind damals in tiefe Verzweiflung versunken. Ohne Ängste, die direkt oder indirekt mit diesem Übergang ins dritte Jahrtausend verbunden sind, keine Sensationsmeldungen, keine Knüller, nichts, was am nächsten Tag für eine große Schlagzeile sorgen könnte. Folglich blieb den Journalisten nicht anderes übrig, als sie schlichtweg zu erfinden.

Die Moral der Geschichte ist interessant. Das Ende des ersten Jahrtausends ist nicht gekommen, ohne hier und da, wenngleich auch marginale Ängste hervorzurufen. Das ist wahrscheinlich. Aber der Hüter der Ideologie und des Gedächtnisses, sprich die Kirche, hat alles getan, damit darüber nicht gesprochen wurde. Am Ende des zweiten Jahrtausends ist klar, daß es diese Befürchtungen nicht gibt, es sei denn in einigen Randgruppen. Aber die Hüter der Ideologie und des Gedächtnisses, die heute die Medien sind, setzen alles daran, daß darüber gesprochen wird. Weil es keine Dokumente gibt, haben wir geglaubt, daß es diese Ängste in der Nacht des 31. Dezember 999 nicht gegeben hat. Weil es jetzt zu viele Dokumente gibt, könnten unsere Nachkommen glauben, daß die gesamte Menschheit in der Nacht des 31. Dezember 1999 vor Schrecken gelähmt war.

Woher kommt dieser Unterschied?

Weil die Kirche die Maxime hatte:»Bloß keinen Lärm!«und weil die Maxime der Medien lautet:»Soviel Lärm wie möglich!«

Wahnvorstellungen

Gibt es irgendeinen Zusammenhang zwischen einer Krise der Zivilisation und der Jahrtausendwende?

Das bevorstehende Jahrtausendende ist eine Gelegenheit, über unsere Geschichte nachzudenken. Wenn jemand älter wird, macht er ein Testament und zieht eine Art Lebensbilanz. Das Jahrtausendende ist eine interessante Zeit, in der es sich anbietet, Bilanz zu ziehen, allerdings so, wie man vor hundert Jahren eine Australienreise zum Anlaß genommen hat, seine Papiere zu ordnen. Das Datum 2000 ist eine Gelegenheit, sich auf uns selbst zurückzubesinnen, eine Anamnese zu machen, um festzustellen, wann wir krank geworden sind und mit welchen Mitteln wir aus dieser Lage wieder herauskommen.

Das Gefühl, das Ende der Zivilisation zu erleben, hat es in vielen Epochen gegeben.

Das Ende eines Jahrhunderts erzeugt immer ein Gefühl der Erschöpfung. Nähert sich ein Datum mit zwei Nullen, tauchen in der Literatur plötzlich alle möglichen Formen der Schwermut auf. Man denke nur an die Dekadenz am Ende des 19. Jahrhunderts, an die Endzeitstimmung im österreich-ungarischen Kaiserreich, an Nietzsche und seine Verkündigung »Gott ist tot«; oder an den postrevolutionären Mystizismus am Ende des 18. Jahrhunderts. Das ist der Reiz der doppelten Null. Ich würde Jean-Claude Carrière antworten, daß jede Generation ihr Kaliyuga hat.

Und dieses Mal gibt es den Reiz der dreifachen Null.

Ja, drei Nullen sind noch besser als drei Sechsen, 666, das Jahr des Tieres in der Apokalypse. Ein gefundenes Fressen für Zahlendeuter!

Es gibt unzählige Bücher, in denen die aktuellen Ereignisse als Zeichen der Zeit interpretiert werden, als Hinweis einer bevorstehenden Katastrophe. Erwähnen wir nur das Buch *Der Bibel-Code* ...

Man hat mir einen Vorabdruck dieses Buch geschickt und mich gebeten, ein *blurb* zu schreiben, wie man in Amerika sagt, also eine kleine Lobeshymne für den Klappentext. Indem der Verleger mir dieses Buch schickt und mich um meine Komplizenschaft bat, beweist er, nicht begriffen zu haben, daß ich mich im *Foucaultschen Pendel* gerade über solche Bücher und über Leute, die überall Übereinstimmungen sehen, lustig gemacht habe. Übrigens habe ich kürzlich gelesen, daß irgend jemand diesen Code auf einen anderen Text angewandt hat und auch zu erstaunlichen Ergebnissen gekommen ist. Es ist offensichtlich, daß man mit Zahlen alles mögliche anstellen kann. Was mich erstaunt, ist nicht, daß jemand ein Buch wie *Der Bibel-Code* schreibt oder veröffentlicht. Mich erstaunt, daß Autor und Verleger mein *Pendel*, in dem ja von Okkultismus die Rede ist, als okkultistisches Buch gelesen haben! Es ist kaum zu glauben, wie häufig das vorkommt. Leute, die ich im Buch als Diaboliker beschrieben habe, lesen den Roman und schicken mir sogleich ihre Schriften ...

Es war damit zu rechnen, daß die Diaboliker, deren Interpretationswahn Sie kritisieren, in Ihnen einen Sympathisanten sehen.

Gewiß. Allerdings habe ich im Zusammenhang mit ihnen nicht von Interpretationswahn gesprochen. Aber ich habe dieses Phänomen zitiert, um zu zeigen, daß auch die Verbindung eines Erdbebens mit dem Jahr 2000 ein Symptom des Interpretationswahns ist. Wissen Sie, wie viele Erdbeben es in den letzten tausend Jahren gegeben hat, selbst in den Jahren, die keine zwei Nullen hatten?

Heute, wo sich die Anzeichen für einen Epochen- oder Zivilisationswechsel mehren, veröffentlichen diese Diaboliker zahllose Abhandlungen, um den Weltuntergang zu verkünden.

Aber Sie stellen die Frage: Werden solche Verhaltensweisen durch das Jahr 2000 oder auch durch den Fall der Berliner Mauer hervorgerufen? In dem Moment, in dem die großen Ideologien zusammenbrechen, hat der Mensch, das religiöse Tier per definitionem, nur noch vier Möglichkeiten. Er kann eine philosophisch-gelassene Haltung annehmen (das ist die aristokratische Möglichkeit); er kann sich der offiziellen Religion anschließen; er kann einer Sekte beitreten ... Der Mangel der Religion ist, daß sie es im allgemeinen einem selbst überläßt, ob man ihre Gebote befolgt oder nicht, vor allem in der heutigen Epoche. Sie bietet also seltsamerweise weniger Geborgenheit als Ideologien wie der Nazismus oder der stalinistische oder maoistische Marxismus, die jeden Moment des Lebens bestimmt haben. In einer Sekte dagegen kann man seinem Willen entsagen, um dem eines Gurus zu gehorchen und das eigene Ego gegen seins auszutauschen. Vor allem im Umfeld der Sekten ist vom Ende der Zeiten oder von einem neuen Zeitalter die Rede. Aber, noch einmal, sind wir sicher, daß dieses Phänomen mit dem Jahrtausendende zusammenhängt? Der Boom der Sekten scheint mir heute eine Folge des Zusammenbruchs der großen Ideologien zu sein.

Und die vierte Möglichkeit?

Eine Art nicht-repressive Sekte, weniger fordernd als eine Religion, amüsanter als eine Philosophie: New Age, ein absoluter Synkretismus, der die Wahrheit jeder Position akzeptiert, ohne irgendeine rationale Kontrolle oder irgendeine Theologie zu benötigen. Man akzeptiert alles, fliegende Untertassen und Makrobiotik, Buddhismus und Prana-Therapie; man braucht nur sein eigenes Menü zusammenmixen. Eine Do-it-yourself-Religion. Aber auch das verbinde ich eher mit dem Untergang der Ideologien als mit dem Herannahen des Jahres 2000.

Welche Hinweise gibt es für diese Verbindung zwischen dem Untergang der Ideologien und dem Aufkommen des New Age?

Als die 68er Utopie in die Krise geriet, als (in Deutschland und Italien) die Totenglocke des »roten« Terrorismus geläutet hatte und als schließlich die Zeit der Perestroika begann, wurden in den Buchhandlungen die Regale, die für den Marxismus und die revolutionäre Mythologie (Poster von Guevara etc.) bestimmt waren, für das geräumt, was man schon damals New Age nannte. In New York habe ich in einer Buchhandlung im Fach für New Age sogar den heiligen Augustinus gefunden! Das ist bezeichnend für diese Konversion der Revolutionäre von 1968 zum Mystizismus: Denn nun wird uns bewiesen, daß wir die Welt nicht mehr ändern können, alles, was auf die eine oder andere Weise die Existenz einer anderen Realität behauptet, ist willkommen (und weg mit diesem bourgeoisen und wissenschaftlichen Kohärenzanspruch: Wir werfen radikal unterschiedliche Dinge in einen Topf). Aber all das sagt uns auch etwas über die Art und Weise, in der viele 68er eine Revolution erlebt haben, die virtuell geblieben ist. Sind wir sicher, daß die Rückkehr zum Mystizismus eine Folge der Krise von 68 ist, oder sind die Ereignisse von 68 der erste Ausdruck einer Krise des »wissenschaftlichen« Marxismus, und somit das erste Kapitel des New Age?

Das ist eine unerwartete Umkehr der Analyse …

Wenn man den Wurzeln der 68er Bewegung in Kalifornien nach-
spürt, findet man bereits alle Elemente des New Age, *flower power*,
Peyotl, der Don Juan von Castañeda ... Viele 68er sind heute Buddhisten oder »New Age«, einige sind wieder katholisch geworden. Am
Berg Athos habe ich einen für die Bibliothek zuständigen Mönch getroffen, der ausgezeichnet Französisch sprach; wir haben ein wenig
über den orthodoxen Glauben gesprochen, und dann über Paris. Er
hat mich sofort gefragt, ob Julia Kristeva immer noch mit Philippe
Sollers verheiratet sei ... Als ich ihn fragte, woher er davon wisse,
sagte er mir, daß er im Mai 68 an der Sorbonne war und dann, nach
und nach, sein Damaskus erlebte und Mönch auf dem Berg Athos geworden war. Da habe ich ihn ein wenig mit der orthodoxen Liturgie
geneckt. »Sie sind ein Intellektueller«, sagte ich zu ihm, »Sie wissen
doch genau, daß die Ikonen, die Sie während der Morgenmesse küssen, keine echten Reliquien sind«. Er antwortete, das sei nicht das
Problem. »Wenn Sie sie mit Andacht küssen, spüren Sie die Heiligkeit
tatsächlich.« Er hatte seine philologische Ausbildung nicht vergessen:
Er hat nicht versucht, mir zu beweisen, daß sie echt seien, er hat mir
nur gesagt, wenn ich mich in seinen Glaubenszustand versetzen
würde, dann wären sie wahr – was nicht echt bedeuten soll. Ich frage
mich, ob er, als er in Paris auf den Barrikaden stand, von einer eben-
solchen Inbrunst geleitet wurde (ich verwende das Wort »Inbrunst«
in seiner religiösen Bedeutung) wie auf seinem Weg zum heiligen
Berg.

Alle Menschen sind sterblich

In ihrem Dialog mit Kardinal Martini* schreiben Sie, daß »der Gedanke eines Endes der Zeiten heute viel charakteristischer für die
laizistische als für die christliche Welt sei. Die christliche Welt hat
diesen Gedanken zum Gegenstand der Meditation gemacht und

---

* Umberto Eco, Carlo Maria Martini, *In cosa crede chi non crede?*, Rom 1996.

die laizistische Welt tut so, als ob sie ihn ignorieren würde, aber sie ist von diesem Gedanke besessen«. Kann man von einer laizistischen Apokalypse sprechen?

In seiner Apokalypse sieht Johannes, wie sich das Meer mit Blut füllt, wie die Sterne vom Himmel stürzen, die Heuschrecken aus dem Brunnen des Abgrunds aufsteigen und zu Boden fallen, die Armeen von Gog und Magog losziehen, das Untier aus dem Meer aufsteigt ... Die heutige profane Welt kann mit solchen Beschreibungen offensichtlich nichts anfangen. Dennoch haben auch wir apokalyptische Befürchtungen: Wir sind empfänglich für das Elend eines Teils der Menschheit, den sauren Regen, das Loch in der Ozonschicht, die Zunahme des Atommülls, die Klimaveränderungen, das Schmelzen der Eisberge, die Ausrottung bestimmter Arten, den unglaublichen wissenschaftlichen Fortschritt etc. Für das religiöse Denken ist das Ende der Zeiten eine Episode, ein Übergangsritus, der zur strahlenden Heiligen Stadt führt, zum himmlischen Jerusalem. Für das weltliche Denken ist es das Ende von allem, und darum will es diesen Gedanken oft verdrängen. Was übrigens bedauerlich ist, denn das Nachdenken über den Tod sollte das Hauptthema jeder Philosophie sein. Aber häufig bleibt man beim *carpe diem* stehen: *Laßt uns essen und trinken, morgen sterben wir sowieso.* Wenn Sie heute in Italien mit Atheisten auf das Thema des Todes zu sprechen kommen, antworten diese: »Davon wollen wir nicht sprechen!« Und warum nicht? Ich bin Philosoph: Über den Tod nachzudenken, ist mein Beruf! Warum soll ich nicht über mein Hauptthema sprechen?

In einem dieser Briefe an Kardinal Martini erwähne ich die lange zurückliegende Geschichte meiner Begegnung mit einem alten Kommunisten. Ich war damals ein junger Katholik, und jeden Nachmittag um sechs traf ich auf dem Hauptplatz diesen älteren Herrn, der ein glühender Kommunist war. Wir führten endlose freundschaftliche und kontroverse Gespräche. Eines Tages fragte ich ihn polemisch, wie er aus seiner atheistischen Sicht seinem Tod einen Sinn geben könne. Er antwortete: »Indem man nicht-kirchliche Beerdigungen fordert.

Dann kann ich sterben und den anderen eine Botschaft hinterlassen«.

Ich habe diesen Mann sehr bewundert, weil er ein deutliches Gefühl für die Kontinuität der Geschichte und der Gemeinschaft hatte.
Sein eigener Tod machte in seinen Augen in dem Maße Sinn, wie er
ihn benutzen konnte, um anderen etwas Wertvolles zu übermitteln.
Das ist eine bewundernswerte, nicht-religiöse Weise, das Ende zu
denken. In der laizistischen Gesellschaft muß man dieses Ideal in den
gebildeten Schichten suchen. Andererseits kann selbst der letzte, be-
scheidenste und ungebildetste Gläubige davon überzeugt sein, daß
der Tod nur ein Übergang ist. Die jüdisch-christliche Religion hat die
Geschichte als Hindernislauf erfunden, und diese Geschichte ist weniger um das endgültige Ende der Welt zentriert als um aufeinanderfolgende Übergänge. Das einzige, was am Tag des Jüngsten Gerichts
verschwinden wird, ist das Fegefeuer. Und damit werden wir nichts
besonderes verlieren, denn dem Historiker Jacques Le Goff zufolge
ist das Fegefeuer eine ziemlich neue Erfindung!

Welchen besonderen Stellenwert hat die Apokalypse in der christlichen Problematik des Zeitenendes?

Die Funktion der Apokalypse besteht nicht darin, vom Ende der
Welt zu sprechen. Es geht nicht darum, das irdische Jerusalem zu
beschwören, sondern das himmlische Jerusalem. Alle Überlegungen
zum Ende der Welt haben ihren Ursprung in einer häretischen Auslegung der Apokalypse. In der Apokalypse wird erzählt, wie die Welt
untergehen wird, aber das ist trotzdem nicht das Problem. Während
der Text sich über die Zukunft des irdischen Jerusalem Gedanken
macht, besteht seine eigentliche Botschaft darin, uns zu versichern,
daß das himmlische Jerusalem bereits da ist. Es ist schon immer da-
gewesen. Die Apokalypse ist ein doppeldeutiges Buch, das zugleich
Verzweiflung und Hoffnung hervorrufen kann.

So wie Sie sie in *Der Name der Rose* inszenieren, sieht man heute
eine ganze literarische Gattung aufblühen, die versucht, die tragi-

schen Ereignisse, die wir erleben, mit bestimmten Abschnitten der Apokalypse in Verbindung zu bringen.

Ich könnte Ihnen Beispiele dafür anführen, daß man in jedem Jahrhundert bestimmte Ereignisse mit dem Text der Apokalypse in Verbindung gebracht hat: Ein Komet, eine Kuh mit zwei Köpfen etc. wurden als Zeichen interpretiert, die ein dramatisches Ende der menschlichen Gattung ankündigten. Die Fachleute wissen und schreiben das, aber das große Publikum will es nicht glauben. Sie müssen einen Freund trösten, der von seiner Frau verlassen wurde. Dieser Mann sagt Ihnen: »Ich kann nicht mehr leben!« Was sagt man daraufhin gewöhnlich? »Sie wissen doch, jeder von uns ist einmal oder gar öfter in seinem Leben verlassen worden. Das geht allen so.« Dieses Argument hat einen unglücklichen Liebhaber noch nie getröstet. Für ihn ist sein Problem viel ernster als das von Ihnen erwähnte. Ebenso hat das Argument, daß alle Menschen sterben müssen, einen Sterbenden noch nie beruhigt! »Du stirbst, aber wir wissen doch, das geht allen so, mein Lieber!« Wenn er noch ein wenig bei Kräften ist, wird er Sie ohrfeigen. Wie sollen wir diejenigen, die das Ende der Welt kommen sehen, davon überzeugen, daß andere, in der Vergangenheit, es auch schon gesehen haben, und das in jeder Generation? Daß es sich um ein Art wiederkehrenden Traum handelt, wie zum Beispiel davon, daß uns die Zähne ausfallen oder wir nackt auf der Straße stehen? Nein, wird man antworten, dieses Mal ist es viel ernster.

Woher kommt dieses Bedürfnis, ans Ende der Welt zu denken?

Das ist eine Art optische Täuschung, die mit unserem Wissen um die Sterblichkeit der Menschen zusammenhängt. Die Menschen sind sterblich, aber warum muß die Welt zwangsläufig auch sterblich sein? Die Menschen sind die einzigen Tiere, die wissen, daß sie sterben müssen. Ich habe noch nie einen Hund getroffen, der sagen konnte, daß alle Hunde sterblich sind. Der Mensch überträgt diese

Grundidee auf das Universum. Wenn dieser Mann, der mein Vater
ist, stirbt, warum soll dann nicht auch die Welt, in der ich lebe, sterben? Das ist eine nutzlose Überlegung, die die Vernunft nicht verhindern kann, und zwar aus einem einfachen Grund. Die Erfahrung hat
uns gelehrt, daß die Menschen sterblich sind und daß wir eines Tages
sterben werden. In bezug auf das Universum dagegen haben wir diese
Erfahrung nicht, weil noch niemand das Ende des Universums erlebt
hat. Auch wenn die Welt nur aus sterblichen Wesen besteht, bedeutet
das nicht, daß sie selber sterblich ist.

Diese Übertragung unserer Erfahrung auf die des Universums ist
ein logischer Irrtum, den wir immer wieder begehen und zu dem
Kant sich mehrfach geäußert hat: Wir begreifen die Idee der Welt, die
Idee von Gott oder von der Freiheit als etwas, das außerhalb unserer
sinnlichen Erfahrung liegt, aber wir begehen den Fehler, diese Ideen
auf Kategorien anzuwenden, die nur innerhalb der Grenzen unserer
sinnlichen Erfahrung Geltung haben. Man kann auf die Welt nicht
die Gesetze anwenden, die die Welt ihren Gegenständen auferlegt.
Wir fallen auf die griechische Vorstellung (man denke an Platon) vom
Universum herein, das als ein großes Tier betrachtet wird. Dabei fragt
sich übrigens: Was ist der Adam Kadmon der Kabbala? Jede Kosmo-
gonie beruht auf dieser Personifizierung von Elementen, die konstitu-
tiv für ein Universum sind, das als ein großes Lebewesen betrachtet
wird. Aber das Universum ist kein Tier (und auch kein Mineral). Das
Tier kann verschwinden, ohne daß eine bestimmte »Existenzbedin-
gung« verschwindet, die sich in ihm manifestiert.

Die Astrophysiker sagen, das Universum existiere bereits seit etwa
dreizehn Milliarden Jahren und werde vielleicht noch mehrere Hundert Milliarden Jahre fortdauern. Wir sind noch nicht einmal aus
den Anfängen herausgekommen.

Aber, wie Jean-Claude Carrière sagt, das Ende der Zeiten ist nicht
das Ende der Zeit. Sie und ich, wir müssen sterben, vielleicht auch die
Menschheit (wenn die Sonne erlischt) und wahrscheinlich auch die

uns bekannten Galaxien. Aber all das bedeutet nicht, daß das Universum verschwinden wird. Das ist für mich die positive Bedeutung der Botschaft der Apokalypse auch für diejenigen, die nicht gläubig sind: Es wird immer neue Himmel und neue Erden geben. Überdies sind unsere Vorstellungen vom Universum äußerst ungenau. Während wir fast alles über den menschlichen Körper wissen, wissen wir fast nichts über die wirklichen Dimensionen des Universums, über sein Alter, über die Zahl der Körper, aus denen es besteht. Daher wenden wir uns den Mythologien zu, den okkultistischen Theorien und allen anderen irrationalen Annäherungen an dieses Problem.

> Die Suche nach den Ursprüngen hat die Wissenschaft dazu geführt, unseren geistigen Horizont immer mehr zu erweitern. Wie Sie gesagt haben, entfaltet die menschliche Gesellschaft ihre Vorstellung vom Leben innerhalb gewisser Grenzen, die sie sich in Zeit und Raum setzt. Sind uns diese Bezugspunkte heute nicht abhanden gekommen?

Man muß sich damit abfinden, erwachsen zu werden. Wenn dieses Universum keinen Anfang und kein Ende hat und in seinen Konturen unpräzise ist, wird es fast unmöglich, es zu vermenschlichen. Wir sind eher in der Situation, uns von der Zwangsvorstellung befreien zu müssen, daß das Universum entstehen und verschwinden muß wie wir.

> Aber die Wissenschaft hat uns auch die geschichtliche Dimension des Universums gezeigt. Die Sterne werden geboren und sterben. Auch das Universum wird ein Ende haben ... Das Ziel von Gelehrten wie zum Beispiel Ilya Prigogine besteht darin, den Begriff der irreversiblen Zeit zu rehabilitieren, den die klassische Physik geleugnet hat.

Ich möchte mich nicht in Fragen einmischen, die über meine Kompetenz hinausgehen, aber ich habe den Eindruck, daß die These, die Zeit habe eine Richtung, etwas anderes ist, als zu sagen, daß sie ein Ende haben wird. Eine Evolution kann als unendlich verstanden werden. Das Problem einer unendlichen Evolution ist vergleichbar mit der uralten Frage nach der Ewigkeit der Welt, die im Mittelalter diskutiert wurde. Der heilige Thomas hatte als Heiliger ein großes Interesse daran, zu beweisen, daß die Welt nicht ewig ist, weil eine solche Welt die Vorstellung eines schöpferischen Gottes fast überflüssig machen würde. Aber da er ein Heiliger war (und auf jeden Fall ein ehrenhafter Gelehrter), mußte er schlußfolgern, daß es keine rationale Möglichkeit gibt, zu beweisen, daß die Welt nicht ewig ist. Man muß daran glauben (so der heilige Thomas), und zwar aus Gründen des Glaubens. Man kann es nicht beweisen. Was nun die gerichtete Zeit betrifft, komme ich zur gleichen Schlußfolgerung wie der heilige Thomas: Man kann nicht beweisen, daß die Zeit ein Ende hat.

Die Zeit ist eine Erfindung des Christentums

In Ihren Romanen und in einigen Essays haben Sie sich mit der Frage der »kranken Interpretation« beschäftigt. Man hat den Eindruck, daß Sie dort ein bestimmtes Verhältnis von Ursache und Wirkung bewerten, das etwas mit dem Problem des Zeitpfeils zu tun hat. Hat die Neigung zum Interpretationswahn etwas mit einem bestimmten Verhältnis zu tun, das das Abendland zur angsterzeugenden linearen Zeit hat?

Sie haben absolut recht. Ich will versuchen, mich klar auszudrükken. Ich sage nicht, daß es nur einen einzigen Zeitpfeil gibt. Vielleicht gibt es mehr, als man glaubt. Genauso sage ich nicht, daß es nur eine Geometrie gibt, nämlich die euklidische Geometrie, denn es gibt viele andere. Ich sage ganz einfach: Wenn es im Alltag darum geht, ein Bild an die Wand zu nageln, sollte man der Geometrie von Euklid und nicht der von Lobatschewski folgen, und wenn man wissen will, wann ein TGV in Lyon ankommt, der um sieben Uhr in Paris losgefahren ist, muß man in der Zeit unserer Uhren denken, und nicht in der inneren Zeit von Bergson. Jede Neigung zum Interpretationswahn, jedes esoterische oder okkultistische Denken, jedes sogenannte traditionelle Denken und jedes New Age- und antimoderne Denken (das sich manchmal postmodern nennt) lehnt es ab, die Realität des Zeitpfeils anzuerkennen – obwohl wir nach diesem Credo unsere alltäglichen Angelegenheiten regeln. Das okkultistische Denken entwickelt eine Theorie der Korrespondenz, der Wiederauferstehungen und der Umkehrung von Ursache und Wirkung. Dante war ein Rosenkreuzer, weil seine Schriften ganz offensichtlich die Rosenkreuzerbewegung ankündigten, die drei Jahrhunderte nach ihm aufgetaucht ist! Man weigert sich einzusehen, daß die Rosenkreuzer ganz einfach Dante gelesen haben. Man erwartet immer ein Ereignis, das bereits eingetreten ist.

Aus diesem Grund liebäugeln viele Okkultisten mit orientalischen Denkweisen, die dem Zeitpfeil nicht dieselbe Bedeutung beimessen wie wir. Ich bin zwar kein Fachmann für orientalische Philosophien wie Carrière, aber ich glaube nicht, daß ein Inder oder ein Japaner Überlegungen anstellt wie der Wolf des Phaedrus, der herauskriegen will, wer das Lamm ist, das flußabwärts das Wasser trübt, das der Wolf flußaufwärts trinkt. Für manche orientalischen Religionen und Philosophien sind diese Beziehungen von Ursache und Wirkung schlichtweg oberflächliche Phänomene, die nichts mit einer Metaphysik des ewigen Kreislaufs oder der ewigen Wiederkehr zu tun haben. Einverstanden. Aber das westliche okkultistische Denken wendet diese Unbekümmertheit gegenüber dem Zeitpfeil auf die Oberflächenphänomene selbst an, was mir völlig idiotisch erscheint. Denn das führt zu der Aussage, daß das Lamm das Wasser des Wolfes nicht trüben kann. Aber lassen wir das. Die heutige Wissenschaft ist ein Nachkomme der jüdisch-christlichen Weltanschauung. Vielleicht hat sie unrecht, aber so ist es nun einmal. All diese Geschichten über eine Vermählung von Wissenschaft und Tao sind schön, aber erlauben Sie mir ein wenig Skepsis.

Erklären Sie bitte ein bißchen genauer, in welchem Sinne die heutige Wissenschaft jüdisch-christlich ist.

Es genügte zu sagen, daß sie in diesem Umfeld entstanden ist. Wenn sie auf der Osterinsel enstanden wäre, könnte man vielleicht an andere Einflüsse denken. Aber wir wollen nicht scherzen – beziehungsweise, seien wir nicht zu ernst, zu streng. Der jüdische Messianismus (die Erwartung von irgend etwas oder irgend jemandem, der noch kommen soll und das Schicksal Israels verändern wird) hat das christliche Denken dazu gebracht, die Geschichte zu erfinden. In den alten Mythologien gibt es keinen Zeitpfeil.

Also haben die Christen den Zeitpfeil abgeschossen?

Der Zeitpfeil ist in der Tat eine Erfindung des Christentums, aber nur insoweit, als es der Erbe des traditionellen Judentums ist. Daß der Messias für die Christen bereits gekommen ist, genügt nicht: Wir müssen an eine irdische Geschichte denken (die unumkehrbar von der Gegenwart zur Zukunft geht), der zufolge nach einem zweiten Auftreten von Christus eine himmlische Geschichte beginnen wird. Das ist, wieder einmal, die Botschaft der Apokalypse. Hegel und Marx sind ohne den heiligen Johannes undenkbar. Das esoterische Denken, das nach der Renaissance wieder auftaucht, ist dagegen ein Denken der ewigen Wiederkehr. Diesem Denken zufolge ist alles, was gesagt werden kann, bereits in der frühesten Antike gesagt worden, und es geht nunmehr nur noch darum, dieses verschüttete Wissen wiederzuentdecken. Es gibt keinen Fortschritt der Erkenntnis.

Beeinflußt diese vom Christentum geschaffene Geschichtsauffassung durch die Hegemonie der westlichen Zivilisation nicht alle Völker der Erde?

Ich bin mir nicht sicher. Man denke nur an das Phänomen des Cargo-Kults in Polynesien und Melanesien. Als die europäischen

Schiffe zum ersten Mal am Horizont auftauchten und unbekannte
Dinge mitbrachten, waren diese Völker noch im Glauben, daß eines
Tages Gottheiten an Land kommen würden, um ihnen das Glück zu
bringen. Das ist für mich ein typisch millenaristisches Verhalten. Der
Mythos des Cargo-Kults beweist aber nicht, daß die melanesischen
oder polynesischen Völker an Geschichte als kontinuierlichen Fortschritt geglaubt haben. Für die alten Mexikaner war es zum Beispiel
klar, daß Cortez und seine Soldaten Götter verkörperten, die vom
Meer kamen, da nach der Mythologie jener Völker die Götter aus
dieser Richtung kommen sollten. Cortez hat vom Glauben der Mexikaner profitiert und ohne Gewissensbisse Montezumas Zivilisation
zerstört. Aber diese Zivilisation ist wegen ihrer eigenen millenaristischen Illusion untergegangen und nicht, weil ihre Fortschritts-
vorstellung plötzlich von Cortez' Truppen zerstört wurde. Die alten
Mexikaner hatten keinerlei Fortschrittsbegriff.

Die Moderne ist dagegen mit dem Begriff des Fortschritts
entstanden, der ihr großer Mythos ist. Wird dieser Mythos am Ende
des 20. Jahrhunderts untergehen?

Ich habe gesagt, daß unsere westliche Zivilisation mit der Idee
einer bestimmten Richtung der Geschichte entstanden ist, die eng
mit der Idee des Fortschritts verbunden ist. Der Begriff des Fortschritts kann allerdings auf zwei verschiedene Weisen verstanden
werden. Zum einen in dem Sinne, daß man niemals zurückkehren
kann, daß das Gesetz der Natur (aber auch der Kultur) Transformation ist und daß wir, wenn wir uns zu unserer Vergangenheit zurück-
wenden, sie so überdenken, daß etwas Neues entsteht. Zum anderen
in dem Sinne, daß alles, was später kommt, besser ist als das bisher
Vorhandene. Diese beiden Vorstellungen sind nicht identisch. Wenn
man etwas anderes macht, kann man auch Monster produzieren. Im
19. Jahrhundert wurde die Idee des Fortschritts als unendliche und
unumkehrbare Vervollkommnung vergöttlicht. Die Hegelsche Idee
eines kumulativen Fortschritts ist vielleicht tatsächlich der große

Fehler der modernen Zivilisation. In unserem Jahrhundert wurde verstanden, daß Fortschritt nicht unbedingt kontinuierlich und kumulativ ist. Es kann Phasen des Aufstiegs und der Rückschläge geben. Das 19. Jahrhundert steht zugleich für den Moment der großen Zelebrierung dieses kumulativen Fortschritts und für den Beginn einer tiefen Moralkrise. Es hat einen Fundamentalismus des Fortschritts geschaffen, dem wir entkommen müssen. Die gegenwärtige Ökologie ist vielleicht das wichtigste Moment dieser Infragestellung des Fortschritts.

Der Millennium Bug

Was fällt Ihnen zur »Informatik-Apokalypse« ein, von der am 1. Januar 2000 weltweit alle Computer bedroht sind?

Das eigentliche Problem liegt nicht darin, wie man ihr entkommt. Wie man gesehen hat, ist das nur eine Frage des Geldes. Was mich allerdings außerordentlich wundert, ist, wie es dazu kommen konnte. Wie konnten die Genies, die die heutige Informatik erfunden haben, wie konnten Menschen, die unsere Denk-, Arbeits- und Kommunikationsweise radikal verändert haben, einen so groben Fehler machen? Das waren keine Neandertaler, die nur eine unklare Vorstellung von Vergangenheit und Zukunft hatten, sondern Menschen unserer Zeit, die die Geschichte kannten, die begriffen hatten, daß die Jahrhunderte gewöhnlich aufeinander folgen. Wieso haben sie nicht bemerkt (ich meine nicht vor zweitausend Jahren, sondern vor weniger als dreißig Jahren), daß ihre Software ab 2000 nicht mehr funktionieren wird. Es gibt zwei Erklärungsmöglichkeiten.

Die eine besagt, daß sie ganz genau wußten, was sie taten, und daß es nicht ihre Aufgabe war, über die Probleme der Leute im Jahre 2000 nachzudenken, sondern in den 1980er Jahren ein brauchbares Produkt zu verkaufen; der Arbeitsspeicher der damaligen Computer war viel kleiner als heute, zwei Ziffern belegten weniger Speicher als vier, und daher haben sie den Bug produziert, ohne sich um die Zukunft zu kümmern. Zwanzig Jahre waren ein Zeitraum, der den Dimensionen ihrer (geistigen und finanziellen) Investitionskraft nicht entsprach. Stellen wir uns vor, jemand sagt zu uns: »Achte auf deine Investitionen, wenn du Dollars kaufst, kann sich herausstellen, daß sie in tausend Jahren nichts mehr wert sind«. Unsere unmittelbare Reaktion ist natürlich, uns erst mal um unsere Kinder und vielleicht noch um unsere Enkel zu kümmern, und nicht um das, was in tausend Jahren passieren wird. Für eine kurzfristige Investition sind zwanzig Jahre soviel wie tausend Jahre.

Niemand hat sich vorstellen können, daß diese Geräte bis zum dritten Jahrtausend halten würden ... Aber wie lautet Ihre zweite Erklärung?

Die Informatiker waren derartig an eine Ökonomie gewöhnt, die auf einer kurzen Lebensdauer der Produkte basiert, daß sie nicht daran dachten, daß das, was Anfang der 8oer Jahre verkauft wurde, im Dezember 1999 noch funktionieren würde. Sie waren derartig davon überzeugt, daß der Maschinenpark alle zwei Jahre erneuert wird, daß sie sich nicht die Mühe machten, dieses Kalenderproblem zu lösen! Wenn sie tatsächlich so dachten, haben sie einen fatalen Irrtum begangen. Alle Hard- und Software kann zwar erneuert werden, aber sie haben vergessen, daß die gespeicherten Daten immer gleich bleiben, ob es sich nun um das Datum von Hiroshima handelt oder um den Tag, an dem ich 100 Mark auf mein Konto eingezahlt habe. Zwischen 1980 und heute hat eine Bank Computer und Programme mehrfach ausgewechselt, aber jedes neues Programm mußte die älteren Daten übernehmen. Und so haben sie außer acht gelassen, daß die älteren Daten vom ursprünglichen Eingabeformat geprägt sind.

Sie sprechen von der Unfähigkeit, langfristig zu denken. Kann man nicht sagen, daß diese Unfähigkeit auch in der Vergangenheit immer wieder aufgetreten ist?

Gewiß. Ist die größte Dummheit der Geschichte nicht die Napoleons gewesen, als er Louisiana verkauft hat, um den Rußlandfeldzug zu finanzieren? Wenn er Louisiana nicht verkauft hätte, würde in den Vereinigten Staaten heute französisch gesprochen! Außerdem war Louisiana die am meisten entwickelte Region – und es war nicht auf den heutigen Bundesstaat Louisiana begrenzt, sondern umfaßte den ganzen Lauf des Mississippi. Aber bei dieser Geschichte kann man Napoleon nur vorwerfen, nicht vorausgesehen zu haben, daß die USA zum mächtigsten Land der Welt werden würden. Das Problem des Millennium Bugs scheint mir eine andere Qualität zu haben. Es wird zum Symptom für ein schwieriges Verhältnis zwischen der Erinnerung, als Erbe der Vergangenheit, und der Zukunft, für die wir uns verantwortlich fühlen. Wenn es an der Schwelle des Jahres 2000 ein Problem gibt, so betrifft es den Verlust der geschichtlichen Erinnerung.

Funes oder die Erinnerung

Wie können Sie in einer Zeit von Erinnerungsverlust sprechen, in der das Internet uns gewissermaßen das gesamte Gedächtnis der Menschheit, eine riesige virtuelle Bibliothek zur Verfügung stellt?

Damit nähern wir uns einer Frage, die ich als aktuelle Krise des Gedächtnisses definiert habe. Kehren wir einen Moment zum Begriff des Fortschritts zurück. Jahrhundertelang haben wir den Eindruck gehabt, daß unsere Kultur sich durch eine ununterbrochene Anhäufung von Kenntnissen definiert. Wir haben uns das Sonnensystem von Ptolemäus angeeignet, dann das von Galilei, dann das von Kepler etc. Aber das ist falsch! Die Geschichte der Zivilisationen ist eine Aufeinanderfolge von Abgründen, in denen Unmengen von Erkenntnissen verschwinden! Schon die Griechen waren nicht mehr in der Lage, die mathematischen Kenntnisse der Ägypter zu übernehmen, was zum Aufblühen von Okkultismen führte, die auf der Idee der Rückgewinnung verlorener alter Kenntnisse basierten. Dann ist im Mittelalter das gesamte griechische Wissen verlorengegangen, bis auf einen Dialog der ganze Platon und der halbe Aristoteles ... Diese Aufzählung ließe sich noch lange fortsetzen. Wir müssen uns klarmachen, daß im Laufe der Zeit in jeder Epoche ein Teil der Erkenntnisse verlorengegangen ist.

Meinen Sie damit, daß wir uns damit zufriedengeben sollen, wiederzuentdecken, was vergessen worden ist?

Nein, ganz im Gegenteil! Obwohl wir manchmal gewisse Bruchstücke von verlorenem Wissen wiederfinden können, sind wir meistens machtlos. Das soziale und kulturelle Gedächtnis hat die Funktion zu filtern und nicht, alles zu konservieren. Manchmal begrüßen wir diese Filterfunktion (keiner bedauert den Verlust der mesopotamischen Mathematik, falls es je eine gegeben hat, außer vielleicht die Wissenschaftshistoriker) und manchmal empfinden wir sie als Zensur, ob sie nun von der Inquisition, von den Stalinisten oder den fanatischen Anhängern der US-amerikanischen *political correctness* benutzt wird, die aus den Geschichtsbüchern alles ausmerzen wollen, was zum Beispiel eine bestimmte rassische Minderheit betrifft. Aber die Funktion des individuellen oder kollektiven Gedächtnisses besteht jedenfalls nicht nur darin, etwas festzuhalten, sondern auch zu filtern.

Die Kultur besteht also aus Erinnerung, aber auch aus Vergessen ...

Es geht um eine ziemlich heikle Dialektik, um ein schwieriges Gleichgewicht. Beginnen wir mit der Erinnerung. Ohne Erinnerung gibt es kein Überleben. Wenn man einen Schlag auf den Kopf bekommt und die Bereiche des Gehirns, die für die Erinnerung zuständig sind, beschädigt werden, hat man keine Identität mehr. Die Gesellschaften haben daher immer auf die Bewahrung der Erinnerung geachtet, und zwar aus ebendiesen Gründen. Angefangen mit dem

Stammesältesten, der am Abend unter einem Baum von den Heldentaten seiner Vorfahren erzählte. Er übermittelte diese Legenden an die jungen Generationen, und so bewahrte sich die Gruppe ihre Identität. Jede Zivilisation findet ihre Identität, wenn ein großer Dichter ihren Gründungsmythos schafft. Und wenn in einer Gesellschaft irgendeine Zensur einen Teil der Erinnerung auslöscht, gerät sie in eine Identitätskrise. Wenn man nun durch ein Übermaß an *political correctness* die Reise des Christoph Kolumbus aus den Geschichtsbüchern löscht, weil der Ausdruck »die Entdeckung von Amerika« eine Beleidigung für die Ureinwohner ist, dann wird, ich wiederhole es, die Erinnerung amputiert und verfälscht. Die Erinnerung muß respektiert werden, auch wenn sie grausam ist.

Aber Sie haben gesagt, das Gedächtnis habe die Aufgabe, Erinnerung und Vergessen zu verbinden.

Ja. Erinnern heißt sortieren. Wenn ich mich an alles erinnerte, was gestern geschehen ist, wäre ich wie der Funes bei Borges*...

... der sich an jedes Blatt jedes Baumes erinnert, den er in seinem Leben gesehen hat, an jeden Buchstaben von jedem Satz in allen Büchern, die er gelesen hat ...

... und ich wäre verloren. Wie Sie sich erinnern, kann sich Funes nicht einmal mehr bewegen. Das Filtern ist charakteristisch für die Übermittlung der Erinnerung. Und mit dem Filtern die Verallgemeinerung. Ich bin gerade von einer Reise nach Istanbul zurückgekehrt und habe mehrere Erinnerungen in meinem Gedächtnis. Aber wenn ich alles erzählen wollte, was ich auf der Reise erlebt habe, würde ich feststellen, daß ich bereits die Hälfte vergessen habe. Ich habe glücklicherweise alles verschwinden lassen, was mir der Aufmerksamkeit nicht wert zu sein schien. Und ich habe verallgemeinert, ich habe ab-

---

* Ireneo Funes, Figur in »Das unerbittliche Gedächtnis« von J. L. Borges, in *Labyrinthe*, München 1979.

strahiert. Ich habe ganz genaue Details in der Erinnerung, aber auch verschwommene Eindrücke. Ich erinnere mich zum Beispiel, daß ich mit mehreren Taxis gefahren bin. Wenn ich mich an jede einzelne Fahrt durch die Stadt erinnern würde, wäre das ein sehr lästiges Gepäck. Ich erinnere mich nur an zwei Fahrten, an einen Fahrer, der einen bestimmten Ort nicht finden konnte, und einen anderen, der mir zuviel Geld abgenommen hatte, was sich erst hinterher herausstellte. Aber das ist alles. Es kann zweifellos vorkommen, daß man während einer Psychoanalyse aus dem Unbewußten Dinge herausfischen kann, die man beiseite gelegt hatte und die nicht gelöscht wurden. Aber gerade dazu ist das Unbewußte da, es ist ein Mülleimer, in den man wirft, was man im Moment nicht gebrauchen kann. Nun, die Kultur, die Gesellschaft machen es genauso. Es wäre verrückt, wenn ein römisches Geschichtsbuch alles aufgezeichnet hätte, was Julius Cäsar an seinem Todestag gemacht hat, bevor er zum Senat ging.

> Genau darin bestand die Krankheit von Funes: Er konnte keine Erinnerungen löschen.

Hier muß ich Sie unterbrechen, denn das Internet oder das World Wide Web ist bereits (oder bald) ein riesiger Funes. Bis heute hat die Gesellschaft für uns gefiltert, mit Hilfe von Handbüchern oder Enzyklopädien. Mit dem Web ist alles Wissen, jede mögliche und selbst die blödsinnigste Information da und steht uns zur Verfügung. Daher die Frage: Wer filtert? Ich benutze im Internet zwei Suchmaschinen, die Altavista und Yahoo heißen. Der große Unterschied zwischen beiden besteht darin, daß Yahoo noch mit der Hand gemacht wird und die Informationen filtert. Altavista gibt einem dagegen alles, ohne es zu sortieren. Stellen Sie sich vor, Sie suchen Informationen über den Kaffee. Wenn Sie in Yahoo *Kaffee* eingeben, bekommen Sie gefilterte Informationen (das paßt gut zu Filterkaffee!) über alle Sites, wo in wissenschaftlicher Weise von Kaffee die Rede ist. Altavista gibt einem dagegen eine Liste von vierzehn Millionen Sites, in denen das Wort Kaffee vorkommt. Das Programm, das sich in Zukunft durchsetzen wird, ist eher Altavista und nicht Yahoo, und unsere Gesellschaft bereitet sich darauf vor, ein elektronisches Gehirn zu bekommen, das nach dem Vorbild von Funes, *el memorioso*, aufgebaut ist. Die Unfähigkeit zu filtern, ist die Unfähigkeit zu unterscheiden. Für mich sind vierzehn Millionen Sites so, als ob gar nichts da wäre, da ich nicht in der Lage bin, auszuwählen. In der Zukunft wird mich diese Erinnerung an alles, was man über Kaffee gesagt hat, erschlagen. Wir haben das Speichervermögen des Gedächtnisses vergrößert, aber wir haben noch keinen neuen Filterparameter gefunden.

Sie sind also für eine Rehabilitierung des Vergessens?

In gewissem Maße ja, aber Sie berühren hier einen wunden Punkt. Ich habe einmal einen kleinen halb-witzigen, halb-ernsten Essay (von diesem Problem ist auch im *Foucaultschen Pendel* die Rede) über die Möglichkeit einer *ars oblivionalis*, einer Kunst des Vergessens, geschrieben. Dabei habe ich sehr schnell festgestellt, daß es unmöglich ist, eine Technik des Vergessens zu erfinden, da es unmöglich ist, absichtlich zu vergessen. Auch in den mnemotechnischen Künsten der Renaissance, in der *Plutosofia* von Gesualdo*, gibt es ein Kapitel über die Mittel des Vergessens, das völlig lächerlich ist. Im allgemeinen geschieht das Vergessen zufällig und unbewußt. Es kann durch ein Übermaß an Information begünstigt werden. Wenn man Ihnen auf einem Empfang fünfzig Leute vorstellt, haben Sie sehr schnell ihre Namen vergessen. Das bedeutet, daß das Vergessen teilweise mit dem Zufall verbunden ist, den man nicht programmieren kann. Wenn ich mich an Ihren Namen erinnern will, beginne ich damit, ihn mir mehrere Male zu wiederholen, und das funktioniert vielleicht. Aber wenn ich ihn vergessen will und mir intensiv wiederhole, daß ich das will, bin ich sicher, daß ich mich an ihn erinnern werde. Schlußfolgerung: Im Web hat man weder die Möglichkeit, die Information zu selektieren, noch eine Regel zum Vergessen dessen, was

* Filippo Gesualdo, *Plutosofia*, Vicenza 1600.

nicht verdient, aufgehoben zu werden. Selektionskriterien gibt es nur in dem Maße, wie man geistig darauf vorbereitet ist, im Web zu surfen. Ich will das erklären. Im letzten Sommer war ich ohne meine Bibliothek auf dem Land, und ich wollte etwas über Immanuel Kant herausbekommen. Ich bin ins Web gegangen und habe eine unglaubliche Menge Informationen über meinen Philosophen gefunden. Da ich philosophisch gebildet bin, konnte ich Spinner, Fanatiker und die Sites aussortieren, die sich nur auf Schülerebene bewegen, und nach und nach fand ich etwa zehn Sites, die brauchbare Informationen enthielten. Aber ich bin sozusagen ein Spezialist, ich habe mein ganzes Leben lang studiert. Aber den anderen, die keine Ahnung haben und im Web nach Immanuel Kant suchen, wie ergeht es denen? Sie sind bestimmt noch verlassener als ein kleiner Junge in einem Dorf, der beim Pfarrer nur eine alte Philosophiegeschichte findet, die ein Jesuit im 18. Jahrhundert geschrieben hat.

Führt ihre Position nicht dazu, eine gewisse Zensur, ob sie nun religiös oder politisch ist, mit Nachsicht zu behandeln?

Ich persönlich würde eine solche Zensur nicht unterstützen. Aber ich kann gut verstehen, daß Leute, wenn es keine starke Partei oder Kirche mehr gibt, sich Sekten zuwenden, um eine Autorität zu finden, die die Informationen für sie filtert. Die Freiheit der Auswahl unter einer Vielzahl von Informationen ist gut für die Reichen (ich meine die Reichen in intellektueller Hinsicht, die eine kritische Auswahl treffen können), nicht aber für die Armen. Wir bewegen uns auf eine neue Klassenspaltung zu, die nicht mehr auf Geld beruht, sondern auf der Fähigkeit, seinen kritischen Geist einzusetzen und Informationen zu sortieren.

Welche Lösungen sehen Sie für diese weltweite Ausdehnung des Gedächtnisses?

So etwas wie eine Ausbildung zur Selektion von Informationen könnte eine erste Antwort sein. Eine völlig neue Disziplin, die noch zu erfinden ist. Bis es so weit ist, sehe ich eine unangenehme Situation voraus, auf die wir uns vorbereiten müssen. Angesichts einer totalen Information à la Funes muß jeder seine eigene Entscheidung treffen. Früher gab es bekanntlich privilegierte Entscheidungen, wie zum Beispiel die katholische, marxistische oder reaktionäre Entscheidung. Man konnte voraussehen, in welcher Weise die Information ausgewählt wurde, je nach dem, ob der Bezugstext die *Bibel*, die *Enzyklopädie* von Diderot, *Das Kapital* von Marx, *Die Grundfragen der allgemeinen Sprachwissenschaft* von Saussure etc. war. Heute trifft jeder seine Wahl in völlig neuer und unvorhersehbarer Weise. Fünf Milliarden Erdbewohner, fünf Milliarden ideologische Filter. Es besteht die Gefahr, daß sich daraus eine Gesellschaft von nebeneinander stehenden individuellen Identitäten ergibt (was mir als Fortschritt erscheint), ohne die Vermittlung einer Gruppe (was mir als Gefahr erscheint). Ich weiß nicht, ob eine solche Gesellschaft funktionieren kann. Anscheinend ist ein bißchen Herdentum doch notwendig.

Nicht zu vergessen, daß das Individuum Kriterien und eine Hierarchie braucht, um seine Weltanschauung zu bilden.

Absolut! Niemand ist in der Lage, in seinem persönlichen Leben solche Kriterien zu schaffen. Deshalb akzeptieren wir den Filter des kollektiven Gedächtnisses. Weil es uns hilft. Stellen Sie sich vor, man verlangt von uns, alles zu vergessen, was wir über Astronomie gelernt haben. Jeder von uns müßte im Laufe seines Lebens das Planetensystem rekonstruieren, indem er den Lauf der Sonne beobachtet: Das wäre Wahnsinn! Eine frühere Kultur muß diese Beobachtungen gefiltert und uns eine kohärente Beschreibung des Planetensystems hinterlassen haben. Es ist gar nicht so schlimm, wenn diese falsch ist. Wir haben Jahrtausende in aller Ruhe gelebt, indem wir dem Ptolemäischen System vertrauten: Die Erde hat sich weiterhin gedreht und wir sind daran nicht gestorben. Die Dinge funktionierten so halbwegs. Seit Galilei hat man etwas mehr begriffen, was es uns schließlich ermöglichte, die großen Entdeckungen zu machen und zum Mond zu fliegen. Aber von dem Moment an, in dem es kohärent war, konnte man auch sehr gut mit einem falschen System leben. Man hat es von Generation zu Generation akzeptiert, hier und da ein wenig kritisiert und einige Epizyklen hinzugefügt ... Es ist undenkbar, von jedem menschlichen Wesen im Laufe seines Lebens zu verlangen, ein solches System zu schaffen! Selbst wenn man jedem von uns heute das gesamte gespeicherte Wissen zur Verfügung stellen würde, selbst wenn man sich vorstellte, daß inmitten dieses Labyrinths jeder in der Lage wäre, sich sein eigenes Gedächtnis zu schaffen, so wäre dieses doch immer dem gesellschaftlichen Gedächtnis unterlegen und wir hätten eine Gesellschaft mit fünf Milliarden unzureichenden Gedächtnissen. Sozusagen eine Gesellschaft, die fünf Milliarden verschiedene Sprachen spricht, von denen jede Pidgin wäre!

Wie beim Turmbau zu Babel!

Schlimmer noch! Ich möchte etwas sehr grausames über Autodidakten sagen. Ich habe große Künstler und Intellektuelle kennengelernt, die Autodidakten waren. Unter ihnen waren echte Genies, aber ihnen allen fehlte etwas. Sie wußten alles über, sagen wir, Cervantes, aber sie wußten nicht, in welchem Jahrhundert sie, sagen wir, Lope de Vega unterbringen sollten. Wohingegen jemand, der ganz normal studiert hat, auch dann, wenn er fast nichts über Lope de Vega weiß, ihn zumindest einordnen kann. Die Vorzüge der allgemeinen Erziehung liegen, trotz ihrer manchmal drakonischen Filter, darin, daß sie uns so etwas wie das Periodensystem der chemischen Elemente von Mendelejew liefert, also bestimmte Raster, in die wir unsere Kenntnisse in dem Maße einordnen können, wie wir sie erwerben. Beim Turmbau zu Babel waren Leute, die siebzig verschiedene Sprachen sprachen: Mit guten Übersetzern mag das noch gehen. Aber das Web kann zu einem Turm werden, der Millionen verschiedene Enzyklopädien produziert.

Eine Zivilisation entwickelt sich auf der Grundlage von bestimmten gemeinsamen Annahmen.

Ich möchte ein vielleicht etwas extremes Beispiel anführen, das mir aber erhellend zu sein scheint. Was ist im Rahmen der heutigen Geschichtsschreibung der Unterschied zwischen einem »Revisionisten« und einem »Negationisten«? Ein Revisionist stimmt im großen und ganzen mit dem Urteil der Gesamtheit über das, was geschehen ist, überein und will nur Details korrigieren. Für ihn hat es nicht sechs Millionen Tote in den Konzentrationslagern gegeben, sondern fünfeinhalb; oder er bestreitet die Tatsache, daß es in einem bestimmten Lager Gaskammern gegeben hat etc. Es gibt auch eine revisionistische Geschichtsschreibung, die sich nicht auf die Shoah bezieht, sondern auf andere Ereignisse, zum Beispiel den Spanischen Bürgerkrieg. Der Revisionist leugnet weder, was passiert ist, noch die Verantwortung Francos, sondern er will seine Rolle nur anders bewerten, behauptet etwa, daß Franco kein Faschist, sondern nur Antikommunist war … Auf der Grundlage der Fakten und Kriterien, die von den beiden fraglichen Parteien anerkannt werden, kann er bis ins diskutieren.

Ein Negationist ist dagegen jemand, der die gesamte Geschichte des Zweiten Weltkriegs »revidiert« hat. Er erkennt das Urteil der Gesamtheit nicht an: Er leugnet es kategorisch. Er bestreitet die Existenz der Gaskammern. Wenn die Gesamtheit ihm Dokumente vorlegt, beschließt er, daß seine Art, die Gültigkeit der Dokumente anzuerkennen, eine andere als die ihre ist. Das heißt, er verknüpft die Elemente der Information, die in der geschichtlichen Enzyklopädie zirkulieren, auf eine ganz persönliche Weise, läßt einige unter den Tisch fallen, gibt anderen eine größere Bedeutung; er folgt nicht den kollektiven, sondern seinen eigenen Kriterien. Diese perverse Logik einer Minderheit von Fanatikern könnte eines Tages zur Logik des Web werden. Jeder könnte sich seine eigenen Kriterien zur Selektion der Information schaffen. Geschichte *à la carte* … An dem Tag, wo jede gemeinsame Norm verschwunden ist, weil jeder seine eigene Auslegung von geschichtlichen und wissenschaftlichen Ereignissen erfinden kann, wird es keine gemeinsame Basis für unser kollektives Abenteuer mehr geben.

Um noch einmal auf die Frage des Gedächtnisses zurückzukommen: Auch heute stellt sich die Frage der Speicherung, der Konservierung eines immer umfangreicher werdenden Gedächtnisses.

Gehen wir davon aus, daß es – trotz des Internets – gelingt, ein Standardgedächtnis in einem zugänglichen Format zu schaffen: eine Enzyklopädie der Enzyklopädien. Wie soll man es für künftige Generationen konservieren? In Form von Büchern? Nein, das war zwar noch zur Zeit von Diderot möglich, aber schon ein halbes Jahrhundert später nicht mehr. Und zwar ganz einfach deshalb, weil man um die Mitte des 19. Jahrhunderts aufgehört hat, das Papier aus Hadern (Textilabfälle, Lumpen) herzustellen, und begann, es auf der Grundlage von Holz und Zellulose zu produzieren. Dadurch kommt es zu Problemen mit dem Säuregehalt. Kurz gesagt, eine im 15. Jahrhundert gedruckte Inkunabel ist immer noch so frisch wie am Tag des Drucks, während ein heutiges Buch eine Lebenserwartung von durchschnittlich 70 Jahren hat – ohne von den Werken aus den Jahren 1940–1950 zu sprechen, die dem Zerfallsprozeß bereits buchstäblich zum Opfer gefallen sind wie Hostien! Wie soll man (abgesehen von der Information, die man im Internet findet) die Information unserer Bibliotheken retten? Auf Mikrofilmen? Das wäre sehr teuer; man müßte jedes Buch Seite für Seite aufschlagen, und es gibt Bibliotheken, die Millionen Bücher umfassen. Und selbst wenn man es schaffen würde, all diese Seiten auf Mikrofilm zu kopieren, kann man davon ausgehen, daß diese Werke der Öffentlichkeit nicht zugänglich und nur für Gelehrte reserviert wären, die den Mut haben, Mikrofilme zu lesen. Zweite Lösung: die chemische Rettung. Auch sehr kostspielig, es erfordert eine seitenweise Behandlung ... Dritte Lösung: das Scannen und Kopieren auf magnetische Datenträger. Aber keiner garantiert uns, daß diese ewig halten, im Gegenteil, es ist bekannt, daß sie noch anfälliger als Papier sind – man müßte also die Verfallszeiten berechnen, um die Information rechtzeitig auf einen »neueren« Träger zu übertragen.

Schließlich, selbst wenn man beschließen würde, auf diese Techniken zurückzugreifen, könnte man niemals alle Bücher aufnehmen, es müßte eine Auswahl getroffen werden. Wer wird diese Auswahl vornehmen? Wie wird das Komitee ausgewählt, das damit beauftragt werden soll? Wer wagt es zu entscheiden, daß Meier überleben soll und Mayer eliminiert wird? Es könnte sich allenfalls um eine künstliche Filterung handeln. Die echte Filterung des Gedächtnisses, von der ich eben sprach, folgt dem Rhythmus der Zeiten und Generationen; letztendlich diskutiert und entscheidet die ganze Gesellschaft darüber, was überleben soll. Das raubt mir den Schlaf, und nicht das Ende der Welt, das für die ersten Tage des Jahres 2000 angekündigt wird!

Der Mythos der Tabula rasa

> Fürchten Sie nicht, daß die Anhäufung all dieser Kenntnisse uns daran hindert, neue Denkweisen zu erfinden?

Ganz im Gegenteil! Sie dienen uns vielleicht dazu, noch einige Bezugspunkte zu bewahren und nicht in die Illusion der absoluten Neuheit zu verfallen. Es gibt keine absolute Neuheit. Man kann die französische Sprache nicht von einem Tag auf den anderen radikal umgestalten; die anderen wären nicht in der Lage, einem zu folgen. Man kann nur die ganz normale Arbeit tun, die alle Künstler und Schriftsteller machen: ein neues Wort erfinden, eine neue Satzkonstruktion und in ein oder zwei Jahrhunderten wird man vielleicht feststellen, daß es eine Veränderung gegeben hat. Aber diese Veränderung kann sich nur in dem Maße durchsetzen, wie man in den Schulen weiterhin die traditionelle Grammatik lehrt. Es ist richtig, daß zum Beispiel die Surrealisten übergangslos einen neuen Gebrauch der französischen Sprache vorgeschlagen haben. Aber was wäre geschehen, wenn man in den Schulen das Französisch der Surrealisten gelehrt hätte, ohne sich auf den traditionellen Gebrauch der französischen Sprache zu beziehen? Wenn man uns auf einen Schlag eine neue Weltanschauung vorsetzen würde, die sich auf das gesamte weltweite Wissen bezieht, wären wir nicht in der Lage, sie uns anzueignen. Die Erkenntnis – oder Wissenschaft – ist reformistisch und nicht revolutionär. Sie beruht auf unmerklichen Veränderungen – ein Tüpfelchen hier, ein Tüpfelchen da –, die das Ganze im Gleichgewicht halten. Der innovative Anteil von Kunst und Wissenschaft muß immer mit ihrem bewahrenden Anteil einhergehen. Es gibt keine Oktoberrevolution in der Wissenschaft, keine Tabula rasa.

Am Ende dieses Jahrhunderts hat man dennoch das Gefühl, gegenwärtig würden ganz allgemein sämtliche aus den vorherigen Jahrhunderten geerbten Kenntnisse in Frage gestellt.

Sie haben den Eindruck, daß man den Ast durchsägt, auf dem Sie sitzen: Aber Sie beschränken Ihr Denken auf eine bestimmte Ebene der Analyse. Die ideologischen Umwälzungen sind beträchtlich, das will ich nicht leugnen, aber trotzdem hat noch niemand die chemische Zusammensetzung von Aspirin in Frage gestellt! Man sagt uns, es habe vielleicht niemals einen Urknall gegeben, aber niemand bezweifelt, daß das Sonnensystem so aufgebaut ist, wie die Astrophysiker es uns gelehrt haben.

Aber gibt es nicht mehr Zweifel als in anderen Jahrhunderten?

Auch da bin ich mir nicht sicher. Im 17. Jahrhundert gab es bestimmt mehr Zweifel als heute! Für die europäischen Intellektuellen brachen damals auf astronomischer, mathematischer, chemischer und medizinischer Ebene ganze Welten zusammen. Es ist kein Zufall, daß die Kunst und die Literatur barock wurden, daß die Architekten begannen, Räume und Wände zu bauen, die nicht so aussahen, als ob sie stehenbleiben könnten. Aber es gibt dennoch einen Unterschied zu dem, was uns heute widerfährt: Diese Desillusionierung betraf nur eine kleine Gelehrten- und Intellektuellenklasse. Die Bauern und Priester blieben, ob willentlich oder nicht, in Unkenntnis vom Ausmaß der Schäden, die die Gelehrten in der alten Ordnung angerichtet hatten. Es gab offensichtlich Jahrhunderte, die viel schlechter dran waren als unseres.

> Aber man konnte weiterhin glauben, daß es den Himmel immer gegeben hat, daß die Wolken unsterblich sind und daß das Meer ewig gegen die Felsen schlagen würde. Es schien etwas Dauerhaftes zu geben.

Und heute auch! Eine ganze Reihe von Gewißheiten wird heute noch von der großen Mehrheit geteilt. Lassen wir in unseren Statistiken die revolutionären Sekten und die Verrückten einmal beiseite. Sobald unsere Häuser eine gewisse Zahl von Jahren stehenbleiben und nur von Erdbeben zerstört werden können, wissen wir, daß unsere Art zu bauen in Ordnung ist. Und niemand ist bis jetzt auf den Gedanken gekommen, neue Regeln für die Musiklehre vorzuschlagen ...

> Stephen Jay Gould hat darauf hingewiesen, daß die Gelehrten im 18. Jahrhundert gewahr wurden, daß die Erdgeschichte nicht mehr in Tausenden von Jahren zu berechnen war, sondern in Millionen oder Milliarden.

Da sehen Sie es! Unser Jahrhundert ist nicht das einzige, das Erschütterungen im Gebäude des Wissens erlebt hat. Gewiß, bei uns geht alles viel schneller. Ende der 50er Jahre habe ich in einem Verlag gearbeitet, der ein populärwissenschaftliches Werk über die Geschichte der Erfindungen herausbrachte. Ich erinnere mich, daß ich

Bildunterschriften verfaßt habe, in denen es hieß, daß der Mensch seit 40.000 Jahren existiert. Gould spricht heute von 200.000 Jahren. Der Erkenntnisfortschritt ist schnell!

»Wenn ich ein Elefant wäre, würde ich mich wehren.«

Jean-Claude Carrière hat unsere Aufmerksamkeit auf das Verschwinden bestimmter grammatikalischer Zeiten gelenkt. Sehen auch Sie darin ein Zeichen für einen Epochenwechsel?

Seine Analyse der Zeitformen hat mir sehr gefallen. Ich interessiere mich besonders für die Frage, ob es in verschiedenen Sprachen das Imperfekt gibt oder nicht. Ich beschäftige mich seit vierzig Jahren mit *Sylvia*, dem Meisterwerk von Gérard de Nerval, das für mich der Text meines Lebens ist, und ich habe vor kurzem mehrere Gutachten über die englischen Übersetzungen gemacht. *Sylvia* beruht auf dem ständigen Wechsel von *Passé simple* und Imperfekt. Wie soll man dieses Oszillieren im Englischen wiedergeben, in einer Sprache, die kein Imperfekt hat? Jean-Claude Carrière führt ein Beispiel an: »Je lui disais« heißt im Englischen »I was telling him« und nicht »I told him«, was ein Passé simple ist: »Je lui dis.« Die durative und iterative Aktionsart des Imperfekts wird im Englischen nicht aus morphologischer Sicht wiedergegeben, indem das Verb konjugiert wird, sondern mit Hilfe einer anderen syntaktischen Konstruktion. Deshalb können Sprachen auch ohne Imperfekt diese ein wenig verschwommene Zeitlichkeit wiedergeben, die Proust so häufig benutzt hat.

Das Problem des Konjunktivs scheint mir noch schwerwiegender zu sein. Es gibt mehrere Sprachen, in denen er auf dem besten Wege ist, zu verschwinden. Die schönen Verben, die auf -*eussent* oder -*assent* enden, werden im Französischen immer weniger gebraucht. Auf einer Abendgesellschaft habe ich einmal riskiert, diese Verbform einzusetzen, da sich gerade die Gelegenheit bot, und man hat mich wie ein Naturwunder angestarrt! Auch im Italienischen wird diese

Verbform immer weniger verwendet, aber man sagt noch »se io an-
dasi« im Konjunktiv. Im Französischen wird das mit »si j'allais« übersetzt und nicht mit »si j'allasse«, wie es im guten Französisch des
18. Jahrhunderts hieß. Man verwendet den Indikativ, der Konjunktiv
ist verschwunden. Im Englischen wird der Konjunktiv noch verwendet, aber nicht von den Immigranten der letzten Jahre. Die neuen
Generationen sind dabei, alle Nuancen zu verlieren, die durch den
Übergang vom Konjunktiv zum Konditional ausgedrückt werden.

Aber warum ist der Verlust des Konjunktivs für Sie so wichtig?

Weil nur im Konjunktiv die Zeitform der Hypothese und des
Möglichen, des Nicht-Realen, ausgedrückt werden kann. »Si j'allais à
Paris ce soir, j'irais à la Comédie-Française.« »Si j'allais« soll als Konjunktiv verstanden werden. In Wirklichkeit gehe ich nicht dahin, aber
ich könnte gehen. Wenn diese Bedingung erfüllt wäre, dann ginge
ich, wie der folgende Konditionalsatz *j'irais* sagt, in die Comédie. Der
Konjunktiv hält mein Denken im Virtuellen in der Schwebe. Es gibt
auch einen grundlegenden Aspekt in bestimmten Logikübungen, den
man den irrealen Konditional nennt, bei dem der Konjunktiv des Prä-
teritums gesetzt wird. Wenn ich ein Elefant wäre, würde ich mich
wehren. Diese Aussage bleibt auch dann wahr, wenn ich kein Elefant
bin. Man braucht den Konjunktiv, um diese potentielle Möglichkeit
hervorzuheben. Die Beherrschung des Konjunktivs erlaubt es, in der
Rede einen Unterschied zu machen zwischen dem, was virtuell ist,
und dem, was real ist. In diesem Sinne könnte das Verschwinden des
Konjunktivs diese Differenz noch mehr verwässern. Ich übertreibe
vielleicht, aber ich frage mich, ob das nicht in der Ära der Informatik
der Tendenz entspricht, daß Reale immer mehr mit dem Virtuellen
zu vermischen.

Ein recht witziger italienischer Sänger, Beppe Grillo, eine Art
Savonarola, der gegen die heutige Zivilisation wettert, hat kürzlich
gesagt: »Es gibt Leute, die mit einer Kreditkarte am Telefon sitzen und
zu einer Stimme aus Wyoming onanieren, obwohl sie in der Nachbar-

wohnung eine Frau treffen könnten, die seit Jahren nur auf ein Zeichen wartet!« Ein Extrempunkt der Vermischung von Virtuellem und Realem ist erreicht, wenn Telefonsex sexuell erregender ist als ein Flirt mit der Frau von nebenan. Ich will mich nicht zum Moralisten machen und sagen, daß es sich um eine Tragödie unserer Zeit handelt. Es hat auch andere Epochen gegeben, in denen die Grenzen zwischen Imaginärem und Realem ziemlich schmal waren. Die Griechen und Römer vermischten Realität und Fiktion ohne Demarkationslinie, sie sahen in Flüssen und Wasserfällen Dryaden und Nymphen. Die Leute im Mittelalter sahen im Wald Einhörner und glaubten so stark an Hexen, daß die Hexen tatsächlich existierten... Aber schließlich hat die Moderne uns daran gewöhnt, eine Demarkationslinie zwischen Imaginärem und Realem zu ziehen.

> Gehören Sie zu denen, die glauben, daß die Leute oft nicht mehr zwischen virtueller Realität und »realer« Realität unterscheiden können?

Es ist noch viel komplizierter. Einer meiner Studenten hat einen Artikel über ein japanisches Phänomen geschrieben: Da gibt es eine Frau, die sich Yoko nennt und die in Japan ein berühmter Star geworden ist. Aber Yoko gibt es nicht: Sie wurde auf dem Computer erzeugt, durch eine Collage von Elementen, die das Optimum der Reize einer zwanzigjährigen Frau darstellen sollen. Yoko tritt im Fernsehen auf, redet mit den anderen Talkshow-Gästen... Die Leute sagen, manchmal, wenn sie tanzt, merke man, daß sie doch nicht ganz real ist. Aber im Grunde kann sie gut als eine reale junge Frau durchgehen. Und sie ist sehr populär, viele Leute schreiben ihr. Nun gehe ich davon aus, daß all diese Leute, außer einigen Verrückten, sehr wohl wissen, daß Yoko nicht existiert, daß sie aber beschlossen haben, sie ernst zu nehmen, so zu tun »als ob«. Ich möchte Ihrem Einwand zuvorkommen: Gibt es nicht auch Stendhal-Anhänger, die auf ihren Symposien diskutieren, als ob Mathilde de la Mole oder die Sanseverina reale Geschöpfe wären? Fahren die Joyce-Fans nicht nach

Dublin, um Straße für Straße dem Weg von Leopold Bloom am 16. Juni 1904 zu folgen? Ja, okay. Und dennoch ist das, was man als Virtuelles bezeichnet, etwas anderes als das, was man früher das kollektive (romanhafte) Imaginäre genannt hat. Der Beweis dafür ist, daß niemand jemals Briefe an Molly Bloom (oder an Rotkäppchen) geschrieben hat, aber man schreibt an Yoko. Ich glaube, daß die Krise des Konjunktivs mit all dem etwas zu tun hat.

Ist das Problem der Gewalt im Fernsehen nicht auch in diesem Zusammenhang zu sehen?

Nein, hier geht es nicht mehr um eine Vermischung von virtuell und real, sondern um ein Problem der Nachahmung. Jeder weiß, wenn heute zwei Selbstmorde auf den Titelseiten der Zeitungen stehen, gibt es morgen einen dritten. Wenn sich ein Bonze mit Benzin übergießt und sich auf einem öffentlichen Platz ansteckt, gibt es bestimmt einige Nacheiferer. Die Gewalt im Fernsehen kann verführen und eine gewisse mimetische Gewalt erzeugen. Aber in dem Maße, wie sie sich als real oder zumindest realistisch ausgibt, läuft sie nicht Gefahr, uns zu täuschen oder uns glauben zu machen, daß sie keine Folgen hat. Aber es gibt eine andere Form von Gewalt, die virtuell ist, die unsere Kinder seit Jahren verführt und die mir sehr beunruhigend zu sein scheint. Ich meine die andauernde Gewalt in Comics, in denen man sieht, wie Personen (z. B. Tom und Jerry) von einem Hochhaus fallen, von einem LKW überfahren werden, zerschmettert oder flachgewalzt werden wie ein Stück Papier und die zwei Sekunden später wieder aufstehen, als ob nichts passiert wäre, als ob die tausend Tode, die sie erleiden müssen, keine Folgen hätten. Das ist eine echte Vermischung von Virtuellem und Realem! Man findet sie auch, in noch stärkerem Maße, in den Videospielen, in denen Leute umgelegt werden, um sofort wieder aufzustehen und erneut zu sterben.

Tritt nicht auch jemand, der wie Sie im öffentlichen Leben steht, in einer anderen Weise in die virtuelle Welt ein?

Bitte nicht übertreiben! Mein Ruhm hat nichts mit dem eines Film- oder Fernsehstars oder mit dem eines Schauspielers zu tun, der mit seinen Rollen verwechselt wird. Die Leute können mein Bild auf einem Buchdeckel oder in einer Zeitung sehen, und einige Male war ich auch als Schriftsteller in der Sendung von Bernard Pivot, das ist alles. Dennoch hat mir diese bescheidene Popularität einige seltsame Erlebnisse beschert, über die ich bereits einen Artikel geschrieben habe.

Wenn mich Leute auf der Straße, in einem Zug oder in einer Bar erkennen, höre ich manchmal, wie sie mit lauter Stimme sagen: »Sieh mal, das ist Umberto Eco!« Sie sagen das genau in dem Moment, in dem sie an mir vorbeigehen und genau wissen, daß ich sie höre. Und seltsamerweise haben sie nicht das Gefühl, sich schlecht zu benehmen, sie genieren sich nicht, in meiner Gegenwart über mich zu sprechen. Obwohl dieses Verhalten allen Regeln widerspricht, die man ihnen in der Kindheit eingeschärft hat (man zeigt nicht mit dem Finger auf den Herrn dort, man macht sich nicht lustig über seinen komischen Hut, wenn er uns hören kann etc.). Sie verhalten sich also wie bei einer Person, die ihnen zugleich als real und imaginär erscheint, wie bei einer realen Person, die etwas von imaginären Personen hat. Aber Vorsicht! Hier handelt es sich nicht um das umgekehrte Phänomen wie bei Yoko. Dort wird eine – erfundene und somit nicht reale – Person als real angesehen. Hier wird eine Person – von der man weiß, daß sie real und durch die Medien bekannt ist – so behandelt, als ob sie irreal und ein reines Bild wäre. Mediatisiert zu werden, bedeutet in der Tat schon, zur virtuellen Welt zu gehören.

Die Zeit der Reue

Sprechen wir einen Moment vom zu Ende gehenden Jahrhundert. Wodurch unterscheidet es sich von den vorherigen? War unser Jahrhundert nicht das mörderischste der ganzen Geschichte?

Ich muß den Eindruck erwecken, systematisch gegen den Strich zu argumentieren, aber ich glaube nicht, daß unser Jahrhundert – trotz seiner großen Verbrechen, der Shoah, der atomaren Apokalypse, der bakteriologischen Kriegsführung – mörderischer war als andere. In früheren Jahrhunderten hat man die Leute ganz ungeniert mit weniger Gewissensbissen und mehr Banalität getötet. Wenn man die Zahl der Weltbevölkerung in gewissen Epochen untersucht, wird man feststellen, daß zum Beispiel die antijüdischen Pogrome zu Beginn der Kreuzzüge nach Jerusalem vergleichsweise schrecklichere Massaker waren als die im 20. Jahrhundert. Was bei den Massakern unseres Jahrhunderts ins Auge fällt, ist ihre industrielle Organisation und die Tatsache, daß es immer noch Leute gibt, die behaupten, daß sie nichts davon gewußt hätten, daß sie nicht direkt verantwortlich gewesen wären und nur irgendwelche Papiere unterschrieben hätten. Die Massaker der Vergangenheit waren durch eine direktere Grausamkeit gekennzeichnet, man mußte mit den eigenen Händen in den Eingeweiden anderer wühlen und sich mit Blut besudeln. Somit haben wir in diesem Jahrhundert eine andere Grausamkeit erlebt, ich möchte fast sagen, eine schändlichere, maßlosere Grausamkeit. Das ist es aber auch. Shakespeare mußte nicht auf unser Jahrhundert warten, um das Leben als »*a tale told by an idiot, full of sound and fury*« zu definieren, als »eine Geschichte voller Lärm und Wut, die von einem Dummkopf erzählt wird« (Macbeth V, 5). Ehrlich gesagt, ich bin nicht davon überzeugt, daß die Bartholomäusnacht weniger grausam war als eine Bombardierung mit Napalm.

Andererseits möchte ich, wiederum gegen den Strich, behaupten, daß unser Jahrhundert moralischer als viele andere gewesen ist. Ein Gefühl für sittliches Verhalten zu haben, bedeutet nicht, daß man vermeidet, Böses zu tun, sondern vielmehr, daß man weiß, daß eine bestimmte Tat schlecht ist und besser nicht begangen werden sollte. In diesem Sinne ist Heuchelei eine Konstante des Moralbewußtseins, denn sie besteht darin, das Gute zu erkennen und zu schätzen, und zwar selbst dann, wenn man im Begriff ist, etwas Böses zu tun. Nun gut, unser Jahrhundert ist vielleicht heuchlerisch gewesen, aber auch

moralisch. In diesem Jahrhundert hat sich zum ersten Mal eine Solidarität in weltweitem Maßstab entwickelt. Selbst wenn sie nicht
praktiziert wird, empfindet man sie als eine Pflicht. Die großen Insze-
nierungen zur Vergangenheitsbewältigung sind zum Beispiel ein Beleg für diese allgemeine Bewußtwerdung. Früher hat man gemordet
und keine Reue gezeigt.

Ist eine Quelle der heutigen Angst nicht auch das Gefühl, daß die
Menschheit in der Lage ist, sich selbst zu zerstören?

Unser Jahrhundert denkt über seine großen Verbrechen nach.
Ich glaube, jeder ist bereit zuzugeben, daß Kinderarbeit oder Völkermord Verbrechen sind. Nun ist die große Bedrohung der Zukunft,
ich meine, diese Möglichkeit, den Planeten zu zerstören, die wir erst-
mals in der Geschichte der Menschheit haben, ein Thema, das zwar
in den Medien viel diskutiert wird, aber in Wirklichkeit niemanden
um den Schlaf zu bringen scheint. Wer von uns ist denn zum Beispiel
schon bereit, auf sein Auto zu verzichten? Ich habe daher den Eindruck, daß diese großartige Reue, in der unser Jahrhundert schwelgt,
ein Alibi ist, das uns daran hindert, unsere Verantwortung gegenüber
den Bedrohungen ernst zu nehmen, die auf unserer Zukunft lasten.
Über solche Fragen wird im allgemeinen nicht viel nachgedacht.

Sie scheinen sich mehr Sorgen um das ökologische Problem zu
machen als um die atomare Bedrohung.

Es ist klar geworden, daß eine atomare Katastrophe nicht rentabel
wäre, daher tun die verantwortlichen Staaten ihr Bestes, um die Gefahr eines Atomkriegs zu reduzieren. Ansonsten muß man auf den
gesunden Menschenverstand der Staatsmänner vertrauen (ich sage
das mit einem gewissen Fatalismus, da ich in den 50er und 60er Jahren an den großen Protestbewegungen gegen die atomare Bewaffnung
teilgenommen habe). Aber während der amerikanische Präsident sich
anscheinend darum bemüht, die Gefahren einer atomaren Auseinan-

dersetzung zu begrenzen, ermutigt und subventioniert er bei sich zu Hause industrielle Aktivitäten, die das ökologische Gleichgewicht bedrohen. Mir scheint, daß der Menschheit noch nicht bewußt geworden ist, um was es geht. Oder daß man nur so tut, indem man symbolische Ziele verfolgt. Überall in den Vereinigten Staaten verteufelt man die Raucher, aber ich glaube, daß viel mehr Leute an Übergewicht als an Lungenkrebs sterben.

Sehen Sie in dieser Nachlässigkeit ein selbstmörderisches Verhalten?

Der individuelle Selbstmord ist etwas, was jeder von uns mehr oder weniger verstehen kann. Auch wenn ich nicht die Absicht habe, mich umzubringen, weiß ich sehr wohl, wie ich das zu machen hätte. Um von Selbstmord in weltweitem Maßstab sprechen zu können, muß man die Existenz eines kollektiven Willens voraussetzen. Die Zerstörung der Erde wäre a priori kein freiwilliger Akt, sondern eine tragische Konsequenz unserer Art und Weise, die Natur umzugestalten, ohne sich mit ihr auseinanderzusetzen. Ein Unfall, kein Selbstmord.

Für eine Ethik der Verhandlung

Das vernunftbegabte Tier hat die Fähigkeit zur Veränderung und somit auch zur Zerstörung der Welt, auf der es sich entwickelt.

Der Prozeß der Zerstörung der Umwelt beginnt mit der Erfindung des Feuers und, viel früher, mit dem ersten Schlag auf einen Feuerstein, um seine Form zu verändern. Seitdem der Mensch auf der Welt tätig ist, deformiert und zerstört er sie langsam. Dennoch bin ich gegen jede radikale Ökologie, der zufolge man auch den Menschen eliminieren müßte, um Gaia, die Erde, zu retten. Die Erde ist der Planet mit allen Gattungen, die auf ihr leben; von den Bienen, die ihre Bienenstöcke bauen, bis zu den Menschen, die ihre Wolkenkratzer errichten. Wohlgemerkt, der Unterschied zwischen ihnen und uns ist evident: Der Planet hat Millionen Jahre gebraucht, um sich an die Konstruktionen der Bienen zu gewöhnen, während wir unsere Techniken ständig ändern und dazu noch die mißliche Tendenz haben, niemals stehenzubleiben. Unser Problem ist also, einen Pakt mit der Erde zu schließen. Da wir sie brauchen (wir können nicht einfach auf eine andere Erde umziehen), müssen wir ausprobieren, bis zu welchem Punkt sie uns ertragen kann. Daher muß »verhandelt« werden. Vor allem mit ihr, und unter uns.

Dank der Deodorantsprays läßt sich Schweißgeruch glücklicherweise vermeiden, aber wenn diese Sprays ein Loch in der Ozonhülle verursachen, muß ein anderes Verfahren gefunden werden, um schlechten Geruch zu unterbinden. Das ist ein einfaches Beispiel, es ist bekannt, daß man nach und nach übereingekommen ist, das Spray durch den Deostift zu ersetzen.

Können Sie uns ein Beispiel für eine gescheiterte Verhandlung geben?

Jede andere! Die benzinbetriebenen Autos zum Beispiel. Es ist offensichtlich, daß sie uns umbringen (nicht nur die Erde, sondern uns selbst). Eine solche Feststellung müßte dazu führen, daß man sofort zum Elektroauto übergeht. Nichts scheint einfacher: Die Autokäufer verzichten auf Geschwindigkeit, die Hersteller auf ihre starken und kostspieligen Boliden, und die ganze Erdölindustrie beginnt mit ihrer Umgestaltung ... Das bleibt Science-fiction. Niemand ist bereit zu verhandeln. Nehmen Sie zum Beispiel diese beiden Tonbandgeräte *(Eco deutet auf unsere Aufzeichnungsgeräte, die auf einem niedrigen Tisch in seinem Zimmer stehen)*: Sie wurden so gebaut, daß sie in kurzer Zeit kaputtgehen, in ein oder zwei Jahren ...

Hoffentlich erst nach diesem Gespräch.

Außerdem ist vorgesehen, daß sie schnell durch neue Geräte ersetzt werden, die in sechs Monaten auf den Markt kommen. Wenn diese hier kaputtgehen, ist die Reparatur teurer als ein Neukauf. Im Grunde ist es überhaupt nicht notwendig, neue Tonbandgeräte zu produzieren. Sie sind mit dem hier zufrieden, und es macht genau das, was Sie von ihm erwarten. Und denken Sie an die Milliarden von alten Tonbandgeräten, die bald mit all ihrem Gewicht das ökologische Gleichgewicht des Planeten belasten werden. Dabei wäre es so einfach zu beschließen, Tonbandgeräte zu bauen, die zwanzig Jahre und länger halten! Setzen wir uns an einen Tisch, wir, Ingenieure, Hersteller und Konsumenten, und verhandeln wir auf vernünftige Weise über eine Lösung, die von allen respektiert wird. Ich habe irgendwo noch das alte Telefunken-Radio, das meine Familie 1938 gekauft hat: Es ist also möglich, Radios zu bauen, die sechzig Jahre lang funktionieren. Warum sind die heutigen Radios nach ein oder zwei Jahren kaputt, warum zerfallen sie in ihre Einzelteile?

Diejenigen, die solche Wegwerfprodukte entwickeln, planen zweifellos zu kurzfristig.

Damit sind wir wieder beim Problem des Millennium Bugs. Die Ingenieure, die Computer gebaut haben, die nicht in der Lage sind, über das Jahr 2000 hinauszukommen, haben gedacht, es handele sich um eine kurzfristige Erfindung, so wie alle Erfindungen vom Ende des 20. Jahrhunderts. Warum wurde das Prinzip der kurzen Lebensdauer, das für Computer gilt, die regelmäßig veralten, weil es ständige Fortschritte in der Informatik gibt, auch auf Tonbandgeräte angewandt? Eine Verhandlung, die auf gesundem Menschenverstand basiert, sollte davon ausgehen, daß jede Entscheidung, die zu einer allgemeinen Verringerung der Umweltverschmutzung führt, für uns alle von Vorteil sein muß, einschließlich des Herstellers von Tonbandgeräten. Es ist richtig, daß er zunächst wahrscheinlich weniger Geräte verkaufen wird. Er wird die Preise erhöhen – ein schwacher Trost, denn sie werden viel robuster sein ... Es ist schwierig, eine solche Verhandlung zu führen, bei der Unternehmensführer gebraucht werden, die gewissermaßen Visionäre sind.

Es ist schwierig, von einem Mann, der jeden Abend Kassensturz macht, zu verlangen, Visionär zu sein.

Eine Verhandlung dieser Art läuft unseren elementarsten Trieben zuwider. Nehmen wir zum Beispiel einen Brand. Das ist ein klassischer Fall: Das Feuer breitet sich im Theater aus und die Menge stürzt zu den Notausgängen. Da jeder als erster raus will, kommt es zu einem Stau und 80% der Leute sterben. Wenn sie sich in einer Reihe aufstellen und sich angesichts der Katastrophe solidarischer verhalten würden, käme einer nach dem anderen und fast alle hinaus, der Anteil der Opfer läge bei etwa 5%. Warum zieht man ein Risiko von 80% einem von 5% vor? Aus elementaren Gründen; weil jeder hofft, daß das Glück auf seiner Seite ist und er zur Minderheit gehört, die gerettet wird. Das ist irrational, aber menschlich. Wenn eine tödliche Gefahr unmittelbar bevorsteht, scheint eine Verhandlung unmöglich zu sein, und jeder hält sich für schlauer als die anderen. Zu den Wünschen, die ich für das kommende Jahrhundert formulieren könnte, gehört die Hoffnung auf eine neue Ethik der Verhandlung.

Kann man darauf hoffen, daß die Wirtschaft eine Art Marketing des Überlebens entwickelt? Die Industrie müßte ein Interesse daran haben, Dinge zu produzieren, die die Umwelt nicht belasten.

Das ist möglich, ich bin da nicht völlig pessimistisch. In bestimmten Fällen können eine intellektuelle Reflexion und der moralisierende Druck der Medien dazu beitragen, den Lauf der Dinge zu ändern. Meine Generation respektiert Bäume weniger als die Kinder von heute, die in diesem Sinne erzogen worden sind. Sie haben ein anderes Verhältnis zu Zigaretten, Pelzmänteln etc. Hier in Italien geben sich die Leute Mühe, ihren Müll in drei verschiedene Mülleimer zu werfen, einen für Plastik, einen für Papier und einen für Glas. In

Frankreich ist das noch nicht vorgeschrieben, aber das ist nur eine Frage der Zeit. Es wird schwierig sein, es wird Vorbehalte, Irrwege und Pannen geben, aber es ist möglich, daß man eines Tages zu der Einsicht kommt, es sei besser, mehr zu bezahlen, um ein haltbareres Tonbandgerät zu bekommen. Dieser Wahn, immer neue Dinge zu produzieren, grassiert erst seit knapp fünfzig Jahren. Man sollte meinen, daß wir nach und nach zu einer weniger verschwenderischen Zivilisation werden. Es ist keineswegs fatal, wenn die heutigen Bestrebungen sich fortsetzen. Hier kommen wir auf eine Ihrer vorherigen Fragen zurück: Wir müssen heute die Vorstellung akzeptieren, daß der Fortschritt nicht linear ist.

Muß eine Gesellschaft nicht eine gewisse Anzahl von Verboten aufstellen, über die nicht verhandelt werden kann?

Aber die Verbote selber sind doch das Ergebnis von langen Verhandlungen! Das Inzestverbot wurde zum Beispiel in dem Moment aufgestellt, als man feststellte, daß die Blutsverwandtschaft verhängnisvolle Folgen hat – und daß es sich nicht nur um eine Laune Gottes handelt. Selbst der Prophet, der seinem Volk verbietet, Schweinefleisch zu essen, spricht auf der Grundlage einer vorherigen Verhandlung. Das heißt nicht, daß alle Verhandlungen erfolgreich sind. Es würde keine Scheidungen und Kriege geben, wenn die Verhandlung immer erfolgreich wäre.

Wieso hat das Prinzip der Verhandlung für Sie einen derartig hohen Stellenwert?

In meinem letzten Buch *Kant und das Schnabeltier** habe ich versucht, dieses Prinzip außerhalb des kommerziellen Bereichs zu untersuchen, also jenseits von politischen und moralischen Fragen. Ich glaube, daß wir selbst über das Signifikat der von uns verwendeten

---

* Umberto Eco, *Kant e l'ornitornico*, Mailand 1997.

Wörter und Äußerungen verhandeln; unsere Weise, die Sprache zu gebrauchen, wenn wir über die Welt sprechen, beruht auf Verhandlung. Und vielleicht gibt es so etwas wie Verhandlung in der Art und Weise, wie wir Gegenstände und Zustände der Welt als solche erkennen. Ich spreche bei dieser Gelegenheit von einem vertraglichen Realismus. Selbst über die Möglichkeit, »es regnet« zu sagen, kann man verhandeln. Im Prinzip habe ich, wenn ich die Hand aus dem Fenster strecke und sie feucht zurückziehe, eine empirische Grundlage, um zu behaupten, daß es regnet, aber man muß noch innerhalb eines allgemeinen meteorologischen Systems verhandeln, um Regen von Tau oder vom Blumengießen in der vierten Etage zu unterscheiden. Man verhandelt auch über den Toleranzgrad beim Aussprechen eines Phonems. Sie verhandeln heute mit mir, um es mir zu erlauben, französische Phoneme zu erzeugen, und Sie akzeptieren sie bis zu einem gewissen Grade. Was mich betrifft, so muß ich mich bemühen herauszukriegen, daß *nom* nicht ausgesprochen wird, als ob es wie *nome* geschrieben wird, sondern wie *non*. Ich habe mehrmals *nome* gesagt, aber wir sind in Verhandlung, Sie haben es akzeptiert. Wenn Sie der Leiter der Comédie-Française wären, hätten Sie anders reagiert.

Das hängt davon ab, in welcher Rolle!

Gestern abend habe ich Robert Wilsons Inszenierung *Die Frau vom Meer* von Ibsen gesehen, in der Bearbeitung von Susan Sontag. Das Stück wurde auf Italienisch gespielt, aber die beiden Hauptdarsteller, Philippe Leroy und Dominique Sanda waren Franzosen. Sie sprachen italienisch, und zwar nicht schlecht, aber man merkte, daß sie keine Italiener sind, und es war immer kurz davor, ein bißchen komisch zu wirken, als wenn man in Frankreich *Phaedra* mit einem korsischen Akzent spielen würde. Was hat Wilson gemacht, um dieses Problem zu lösen? Er hat zwei weitere Schauspieler genommen, Italiener, und sie in einer mechanischen, etwas künstlichen Weise sprechen lassen. Und so sprach Dominique Sanda wie alle anderen. Ich finde, das ist ein schönes Beispiel für eine phonetische Verhandlung.

Würden Sie sagen, daß das 20. Jahrhundert die Entstehung neuer Denkweisen begünstigt hat? Oder gab es in diesem Jahrhundert vor allem einen Sieg der Naturwissenschaft?

Ich werde weiterhin gegen den Strich argumentieren, denn ohne mich lächerlich zu machen, glaube ich sagen zu können, daß abgesehen von der Atomenergie und vom Fernsehen alle großen Erfindungen, die wir kennen, älter sind als das 20. Jahrhundert, zumindest was die Grundprinzipien betrifft, einschließlich des Computers (und natürlich des Radios, der Elektrizität, des Fliegens, des Autos etc.). Seit dem 19. Jahrhundert zeichnete sich die Entstehung einer Gesellschaft ab, die auf Technologie basiert. Die aktuelle technologische Revolution kann nur als Fortsetzung dessen gesehen werden, was im 19. Jahrhundert initiiert wurde.

Die große Revolution unseres Jahrhunderts ist aber nicht technologisch, sondern sozial. In unserem Jahrhundert ist ein neuer Typ der Beziehung zwischen den Menschen aufgetaucht. Die schlichte Tatsache, daß Rassismus und Intoleranz heute schlecht angesehen sind, ist ein Beweis dafür. Es handelt sich um eine völlige Umkehrung der menschlichen Beziehungen und Verhältnisse. Als man im 19. Jahrhundert das Flugzeug, das Automobil und die Elektrizität erfand, waren die Beziehungen zwischen Vätern und Söhnen oder zwischen Frauen und Männern noch fast genauso wie im Mittelalter. Es gab Kinderarbeit wie im 12. Jahrhundert. Bildung war nur für die Reichen zugänglich. Der Westen hatte bereits alles in die Wege geleitet, was zum technologischen Wunder unserer Gesellschaften werden sollte, aber die englische Gesellschaft machte Oscar Wilde den Prozeß wegen Homosexualität. Es hatte kaum eine wirkliche Veränderung der Sitten gegeben.

Heute ist schon allein die Tatsache, daß ein Schwarzer Bürgermeister von New York werden kann, ein Indiz für eine beträchtliche soziale Umwälzung. Daß die Republik Bango-Bango in der UNO im Prinzip die gleichen Rechte hat wie die Vereinigten Staaten, ist ein typisches Phänomen unserer Zeit. In einem anderen Zusammenhang ist die Tatsache, daß die Pädophilie öffentlich kritisiert wird, ein Hinweis auf ein viel reiferes Verständnis für die Würde des Kindes als zur Zeit von Sokrates, der pädophil war und das nicht verheimlichte ...

Aber selbst der Kampf für die Menschenrechte ist im Keim schon bei den Philosophen des 18. Jahrhunderts vorhanden.

Der *Brief über die menschliche Toleranz* von John Locke stammt aus dem 17. Jahrhundert. Aber Locke beschäftigt sich wie die Philosophen des folgenden Jahrhunderts nur abstrakt mit dieser Frage und schließt alle Personen aus der Debatte aus, deren Meinungen als gefährlich für das Wohl des Staates erachtet werden. Voltaire war sehr tolerant, aber er hat sein Vermögen in den Sklavenhandel investiert. Wußten Sie das? Es ist nicht überraschender zu erfahren, daß Voltaire ein Sklavenhändler war, als zu erfahren, daß ein moderner Staat sich durch den Waffenhandel mit der Dritten Welt bereichert. Der Unterschied ist, daß heute die Presse mit dem Finger auf die Widersprüche unserer Gesellschaften deuten kann. Zur Zeit von Voltaire ist niemand auf den Gedanken gekommen, daß sein Lob der Toleranz schlecht zum Sklavenhandel paßte. Es ist richtig, daß das 19. Jahrhundert das des *Kommunistischen Manifests* von Marx und Engels ist. Und gerade daran sehen Sie, daß man damals einen Schrei der Revolte, eine noch nie dagewesene Provokation brauchte, um das Leid zu kritisieren und die Rechte der Arbeiter zu proklamieren, während diese Werte heute universell und unbestreitbar geworden sind – und vielleicht liegt darin einer der Gründe für die Niederlage des Kommunismus: Der Marxismus ist nicht – oder nicht nur – deshalb in die Krise geraten, weil er schlecht in die Praxis umgesetzt wurde, sondern auch, weil seine Forderungen im Westen keinen Widerspruch mehr hervorrufen.

Sie sehen also mit dem 20. Jahrhundert ein Prinzip der Solidarität auftauchen?

Die globalen Bedrohungen, die auf uns lasten, haben uns zweifellos solidarischer gemacht und uns das Gefühl gegeben, daß wir alle in einem Boot sitzen. Dieses Gefühl ist absolut neu. Der Sinn für die gleiche Würde aller Menschen ist neu, im 19. Jahrhundert gab es ihn nicht. Aber natürlich, ich wiederhole es, entspricht das Auftauchen eines neuen moralischen Bewußtseins nicht zwangsläufig einem neuen moralischen Verhalten; es hat immer eine Diskrepanz zwischen den proklamierten Werten und der alltäglichen Praxis gegeben. Wenn man die Zivilisationen nach diesen Diskrepanzen beurteilt, muß man sagen, daß das Christentum das moralische Bewußtsein des Westens nicht verändert hat, da die Leute weiter ihren Nächsten getötet, gestohlen und die Frau des Nachbarn nicht geachtet haben ...

Mit der Berliner Mauer sind die ideologischen Schranken des 20. Jahrhunderts gefallen. Kann unsere Gesellschaft ohne Ideologie überleben?

Sie lebt nicht ohne Ideologie, wenn man diesen Begriff im weitesten Sinne versteht, nämlich als einen Komplex von Ideen, die uns eine bestimmte Weltanschauung und Handlungslinien vorgeben. Unser Jahrhundert hat den Zusammenbruch der großen Ideologien erlebt, die eine gewisse Partizipation an der Konstruktion der Gesellschaft beinhalteten. Das ist für viele junge Leute ein Element der Verwirrung. Daher rührt eine gewisse Rückkehr zu den offiziellen oder häretischen Religionen, um vor allem den Sinn für das kollektive Abenteuer zurückzugewinnen. Nehmen wir zum Beispiel die Weltjugendtage in Paris, die 1997 auf Initiative des Papstes stattfanden. Ich glaube nicht, daß sie von einem tiefen religiösen Gefühl geprägt waren. Die Hälfte der jungen Leute, die nach Paris kamen, hätten auch an einer anderen Veranstaltung teilgenommen. Aber sie hatten dort die Gelegenheit, zum Ausdruck zu bringen, daß sie für akzeptable Ideen sind und gern in einer Art brüderlicher Gemeinschaft zusammenleben. Viele unserer Zeitgenossen suchen übrigens nach neuen Formen des freiwilligen Engagements, ein wichtiges Phänomen am Ende dieses Jahrhunderts. Aber all das reicht nicht. Man kann nicht leugnen, daß die in den 60er Jahren geborene Generation heute eine schwere Krise durchmacht. Ich kenne viele Leute zwischen 30 und 40, die kurz davor sind, zusammenzubrechen. Nichts von dem, was sie gemacht haben, kann ihnen einen Sinn für ihr Leben geben. Sie können sich auch nicht auf eine übergeordnete, gemeinschaftliche Vernunft stützen, die sie vor der Leere bewahrt. Die Krise ist schrecklich. Hat sie etwas mit dem Jahr 2000 zu tun? Antwort: nein. Aber da das Jahr 2000 da ist und einlädt, über das untergehende Jahrhundert nachzudenken, nutzen wir die Gelegenheit!

Ist unser Jahrhundert auf der Suche nach neuen Utopien?

Ich würde eher sagen, daß sich unser Jahrhundert vor neuen Utopien fürchtet. Wie Sie wissen, bin ich ein leidenschaftlicher Leser der klassischen Utopisten, von Thomas More bis Charles Fourier, und ich glaube, daß es philosophisch und politisch interessant gewesen ist, diese Utopien in einer Epoche zu entwerfen, in der sie nicht realisiert werden konnten. Das Unglück unseres Jahrhunderts besteht darin, diese Utopien so wissenschaftlich wie nur möglich realisieren zu wollen. Die »strahlenden« Städte der Architekten sind gescheitert, die vollkommenen Gesellschaften des Kommunismus haben nichts gebracht ... Aber bei unseren Utopisten war bereits alles da. Wenn man Thomas Mores *Utopia* noch einmal liest und sich vorstellt, wie das in der Realität aussehen würde, so käme dabei das *1984* von Orwell heraus. Die Vorstellung, in einer solchen Welt zu leben, ist ein Alptraum.

Das 20. Jahrhundert ist das Jahrhundert der Industrialisierung der Utopie. Was die Shoah so besonders schrecklich macht, ist, daß sie zu einem weltweiten utopischen Projekt gehört. Ich habe von den Pogromen während der Kreuzzüge gesprochen. Aber die Kreuzzüge hatten keine Theorie, keinen Vernichtungsplan, was sie inspirierte, war ein primitiver Judenhaß und eine gewisse Mißachtung der menschlichen Person im allgemeinen. Ihre kleinen Genozidexperimente waren Unfälle auf dem Weg nach Jerusalem und entsprangen einfachen Notwendigkeiten der Proviantversorgung. Der von den Nazis vorgenommene Völkermord an den Juden ist dagegen integraler Bestandteil des Planes zur Realisierung einer vollkommenen Gesellschaft, einer »gesäuberten« Gesellschaft.

Tragischer Optimismus

Unsere Epoche hat das Ende der christlichen Hoffnung erlebt, dann das Ende der weltlichen Hoffnung einer strahlenden Zukunft ... Haben wir noch Gründe zu hoffen oder muß man auf jede Form von Hoffnung verzichten?

Meine religiöse und philosophische Position kann in einer Formulierung von Emmanuel Mounier, dem »Personalisten« der 30er Jahre, zusammengefaßt werden, der in meiner Jugend großen Einfluß auf mich gehabt hat: Er sprach von »tragischem Optimismus«. Wir leben mit einer ganzen Reihe von Damoklesschwertern über unseren Köpfen. Wir sind darauf gefaßt, daß morgen ein Atomkrieg zwischen Pakistan und Indien ausbricht oder daß die Umweltverschmutzung zehn Millionen Europäer umbringt. Und trotzdem, es läuft, es geht weiter ... Bei Mounier gab es eine mit dem Glauben verbundene Hoffnung, was bei mir nicht der Fall ist. Aber ich bleibe ein Anhänger eines spezifischen Optimismus, der darin besteht, schrittweise kleine Verbesserungen zu erreichen. Dieser Optimismus beruht auf dem Vertrauen auf die menschliche Gemeinschaft. Warum Bücher schreiben, wenn man nicht weiß, ob es in tausend Jahren noch jemanden gibt, der sie lesen kann? Warum Kinder in die Welt setzen, wenn man nicht weiß, ob sie selber noch Kinder haben werden? Und so weiter. Aus diesem Grund ist die Gefahr der Zerstörung des Planeten sicherlich die größte Gefahr. Der noch viel tragischere Pessimismus beginnt, wenn man glaubt, daß es eines Tages vielleicht keine menschlichen Wesen mehr geben wird. Aber vielleicht könnte man, wie Gould andeutet, unsere Hoffnung auf die Bakterien setzen ...

Sind wir Erben einer sehr alten Tradition oder Primitive am Beginn einer langen Geschichte?

Bis jetzt haben wir nur eines gesagt: Unsere Identität beruht auf einer langen kollektiven Erinnerung ...

Yves Coppens, der Paläontologe, spricht von einem Übergang der unbelebten zur belebten Materie, und dann vom Übergang der belebten zur denkenden Materie, und scheint noch etwas anderes anzuvisieren, eine weitere Etappe.

Das ist die Theorie von Teilhard de Chardin über den Prozeß der Menschwerdung ...

Glauben Sie, daß der Mensch erst heute anfängt, das wunderbare Instrument des Denkens richtig zu benutzen und seine Kraft zu ermessen?

Nein, das konnte er schon zu Zeiten von Tutmosis! Wir haben die Lebenserwartung verlängert, neue chemikalische Prothesen produziert, die den Menschen körperlich größer machen. Es gibt heute wahrscheinlich mehr Menschen mit guter Bildung als früher. Das Gehirn eines durchschnittlichen Taxifahrers ist besser trainiert als das eines Bauern im alten Mesopotamien. So gesehen gibt es einen Fortschritt; ebenso wie die heutigen Athleten in der Lage sind, Rekorde zu brechen, von denen man am Anfang des Jahrhunderts nur träumen konnte. Es gibt eine quantitative Zunahme der Möglichkeiten. Aber sehen Sie nur, was Aristoteles alles erkannt hat, ohne die heutigen Mittel und Enzyklopädien zu haben! Es ist einfach erstaunlich, wie groß die Kapazität eines einzigen Gehirns ist! Der Unterschied besteht darin, daß es sich damals um einzelne Genies handelte. Heute hat eine viel größere Zahl von Individuen Zugang zum Wissen. Man könnte von ihnen sagen, was man über Athleten sagt: Sie sind besser ernährt und besser trainiert.

Gibt es Ihrer Meinung nach keinen philosophischen Fortschritt?

Schon die Thomisten haben gesagt, daß es in der Metaphysik keinen Fortschritt gibt, aber das bedeutete für sie, daß man nie bessere Antworten als die des Thomas von Aquin finden würde. Dennoch hat die Philosophie nichts mit Antworten zu tun: Ihre Aufgabe ist es, Fragen zu stellen, auf die es eben keine Antwort gibt (keine einfache und unmittelbare Antwort). In diesem Sinne, ja, die großen philosophischen Fragen sind immer die gleichen.

Hegel hat einmal gesagt, die ganze abendländische Philosophie sei ein Kommentar zu Platon und Aristoteles. Stimmen Sie hier mit ihm überein?

Absolut. Ich könnte kein einziges Problem zitieren, das nach ihnen aufgetaucht wäre. Heute wirft die Bioethik viele Fragen auf. Soll man klonen, ja oder nein? Um darauf zu antworten, müssen wir auf die Naturmythen zurückgreifen, von gut und schlecht, vom Guten und Bösen sprechen ... Die Probleme sind immer die gleichen! Was die Fragen auslöst, hat sich geändert, aber das Grundproblem ist immer das gleiche. Es gibt weder einen unendlichen Fortschritt, noch, wie die Traditionalisten behaupten, einen Kreis, durch den man unendlich wiederkehren würde. Wir sind mit spiral- oder explosionsförmigen Formen konfrontiert.

Wir sind uns darüber einig, daß das Jahr 2000 ein Vorwand ist, um Bilanz zu ziehen. Können Sie die Bilanz von zweitausend Jahren Christentum ziehen?

Sie haben meine Briefe an Kardinal Martini erwähnt. In einem von ihnen sprechen wir davon, daß auch die Nichtgläubigen ethische Prinzipien haben können. Wenn ich gläubig bin, finde ich es schwer zu verstehen, daß Gott von seinem eigenen Sohn verlangt haben soll, sich für das Wohl aller Menschen zu opfern. Das ist eben die Besonderheit des Christentums; und nicht etwa, daß das Urchristentum sieben oder acht Jahrhunderte damit verbracht hätte, herauszubekommen, ob Christus ein nur menschliches oder nur göttliches Wesen gewesen sei oder beides zugleich, und wie viele Personen und Willen er verkörperte. All das kommt uns wie völlig überflüssige theologische Spielerei vor, aber es ging genau darum, dieses Mysterium zu beurteilen: Wie, in welcher Weise kann Gott das für uns gemacht haben?

Wenn ich aber davon ausgehe, daß es keinen Gott gibt, dann wird die Frage noch schwieriger: Ich muß mich in der Tat fragen, wie ein Teil der Menschheit soviel Phantasie gehabt haben kann, einen Gott zu erfinden, der Mensch wird und bereit ist, sich aus Menschenliebe umbringen zu lassen. Daß die Menschheit in der Lage war, eine derartig verwickelte und paradoxe Idee, auf der eine solche Vertrautheit mit der Gottheit gründet, zu entwickeln, bringt mich dazu, eine große Wertschätzung für sie zu empfinden. Diese Menschheit hat schreckliche Dinge getan, das ist gewiß, aber sie konnte sich auch so etwas ausdenken! Auch wenn es keinen Gott gibt, sie war immerhin in der Lage, einen derartig außergewöhnlichen Roman zu erfinden.

Davor hat sie Götter erfunden, die ihre Söhne verschlangen, ehebrecherische Götter, böse, gierige Götter, die menschliche Wesen fraßen. Und dann kam sie auf die Idee des Opfers aus Liebe. Nicht schlecht! In diesem Sinne ist die Erfindung des Christentums eine schöne Rechtfertigung der Existenz unserer Gattung, ihrer Daseinsberechtigung. Daß die Päpste Schurken waren, daß die Christen mehr Ungläubige getötet haben als Ungläubige Christen, daß man die Ketzer verbrannt hat, all das gehört zu den unvermeidlichen sekundären Auswirkungen. Wie ich schon sagte, es gibt immer eine Diskrepanz zwischen dem, was wir meinen, machen zu müssen, und dem, was wir wirklich tun.

(Die Gespräche fanden am 16. November 1997 und am 8. Juni 1998 in Paris und Mailand statt.)

Zusammenfassung von Stephen Jay Gould

Nicht etwa aus Zynismus, sondern weil sie ein Grundprinzip des menschlichen Denkens darstellen wollen, erklären uns die Philosophen oft, daß Lügen wertvolle Hinweise für den liefern, der sich mit der Geschichte und der Bedeutung kultureller Ereignisse beschäftigen will. Die Wahrheit der Tatsachen beschränkt sich im Grunde auf ihr Vorhandensein, aber die Lügen müssen von bestimmten Leuten aus ganz bestimmten Gründen erfunden worden sein. So werden Lügen zu einzigartigen Phänomenen, deren Geschichte man erzählen kann, während die auf der Hand liegenden Wahrheiten mehrfach und unabhängig voneinander wiederentdeckt werden können. (Ich schreibe dies in New York, in dieser schändlichen amerikanischen Woche, in der Präsident Clinton öffentlich seine Lügen über seine sexuellen Beziehungen im Weißen Haus zugeben mußte. Eine Episode der Geschichte, die als Beleg für dieses Grundprinzip dienen kann, aber auch für das berühmte Scherzwort von Marx, dem zufolge alle großen weltgeschichtlichen Tatsachen und Personen sich sozusagen zweimal ereignen, das eine Mal als Tragödie – Nixon und Watergate – und das andere Mal als Farce – Clinton und Sexgate.*)

Wenden wir diesen Gedanken auf eigentlich unbedeutende Ereignisse an, die uns aber spektakulär und besonders sinnreich erscheinen, und wir erhalten die gleiche Spaltung in subjektive Realität und objektive Realität (hier die als Wahrheit präsentierte Lüge, dort das unbedeutende Ereignis, das als bedeutend interpretiert wird), die es erlaubt, einem menschlichen Ereignis eine besondere psychologische und soziologische Bedeutung zu verleihen. Das weltweite Interesse für den Übergang zum nächsten Jahrtausend ist ein gutes Beispiel für meine These. Die Himmelsmechanik erzeugt einige reale Zyklen (Tage, Mondmonate, Jahre), die in fast allen menschlichen Kalendern berücksichtigt worden sind. Aber wir haben auch, zumindest in den westlichen Kalendern, längere Zyklen geschaffen (Jahrhunderte und

---

* Vgl. Karl Marx, *Der achtzehnte Brumaire des Louis Bonaparte.*

Jahrtausende), deren Definition höchst genau ist, aber deren zugewiesene Dauer absolut willkürlich ist. Nichts in der physikalischen oder biologischen Natur funktioniert in Zyklen von 10 oder 100; daher sind all unsere Fin-de-siècle-Ängste, die ganze Debatte über die »Schrecken« des Jahres 1000 oder über Ereignisse, die 2000 stattfinden sollen, Folgen unserer Entscheidung, ein dezimales arithmetisches System und arabische Ziffern zu benutzen (alle vier Ziffern des Datums ändern sich nur einmal in tausend Jahren, wie zwischen 1999 und 2000). Im äußersten Fall könnte man sagen, daß das Dezimalsystem natürlich ist, da es eine biologische Grundlage hat: Wir haben zehn Finger. Aber daß wir zehn Finger haben, ist nur ein Zufall der Geschichte, denn die ersten Wirbeltiere auf der Erde hatten sechs bis acht Finger an jedem Glied, und die Reduktion auf fünf Finger, zu der es später kam, kann nicht als eine unvermeidliche Evolution betrachtet werden.

Man nehme diese seltsame Eigenart der numerischen Notation und füge zwei menschliche Eigenschaften hinzu. Zunächst ein psychologisches Bedürfnis, sich in einer scheinbar chaotischen Welt einer gewissen Regelmäßigkeit zu vergewissern, die Hoffnung, einen Sinn zu entdecken und in diesem Tal der Tränen Trost zu finden ... Dann die speziellen Mythen, die unsere Gesellschaften entwickelt haben, um zu versuchen, eine Antwort auf dieses Bedürfnis zu bekommen, zum Beispiel den eschatologischen Glauben, der auf der Apokalypse (Kapitel 20) beruht, der zufolge Jesus für tausend Jahre in Glückseligkeit herrschen wird. Nun, vielleicht ist irgend jemand in der Lage, die menschlich sehr tiefe Tiefe Bedeutung dieses höchst trivialen Übergangs zu begreifen, der 2000 geschehen wird (oder 2001, um auf eine andere Debatte zu verweisen, die zwar völlig bedeutungslos ist, aber dennoch allzu menschlich geführt wird).

Unsere Faszination für die Jahrtausendwende ist mehr als alles andere ein Beleg für eine der grundlegenden und höchst paradoxen Eigenarten der menschlichen Natur, die in unserer gesamten Geschichte – mehr schlecht als recht – zum Ausdruck kommen. Die Menschenwesen sind Schöpfer auf der Suche nach Strukturen. Wir haben das Bedürfnis, in unserer Umwelt eine Ordnung auszumachen, ganz gleich, ob diese Ordnung nun den Sinn und die kausale Grundlage hat, die wir postuliert haben. (Deshalb die tiefgründige Beobachtung von Umberto Eco: »Die Menschen können nicht akzeptieren, daß die Dinge per Zufall geschehen ... Sie haben eine schreckliche Angst vor dem Zufall.«)

Bei ihrer Suche nach dieser so dringend benötigten Ordnung erweisen sich die Menschen auch als Geschichtenerzähler. Anders gesagt, wir verspüren das Bedürfnis, den Sinn einer Reihe von geschichtlichen Ereignissen zu suchen (oder, wie in bestimmten Kulturen, das zu erklären, was anscheinend keinen Sinn hat), indem wir eine kohärente Erzählung schaffen – im allgemeinen eine Fabel, die unsere kleinen Sorgen erleichtern soll (wie zum Beispiel in den millenaristischen Geschichten das erwünschte Goldene Zeitalter, das durch einen apokalyptischen Urknall beginnen soll). Und da die natürliche Welt nie so abläuft, wie es das Schema unserer Lieblingsgeschichten vorsieht, erfinden wir schließlich oft falsche Erklärungen von Regelmäßigkeiten oder Unregelmäßigkeiten unserer Geschichte.

Diese grundlegende Tendenz der menschlichen Natur – unser Bedürfnis, Regelmäßigkeiten zu entdecken und sie mit Hilfe von Erzählungen zu beschreiben – muß nicht unbedingt als Fälschung angesehen werden, auch wenn sie zu offensichtlichen Erfindungen führt, die viel zu häufig (wenn sie mit dem blinden Eifer des »wahren Glaubens« verbunden werden) in Verstümmelungen und Zerstörungen gipfeln. Dies sind eben, auch wenn sie begrenzt sind und uns in die Irre führen können, unsere Erklärungsmuster. Es steht uns frei, ihnen bis zur Erleuchtung oder bis zur Zerstörung zu folgen. Wenn es uns gelingt, unsere Hirngespinste (einschließlich der befremdlichen Besessenheit von unbedeutenden Ereignissen wie dem Jahrtausendwechsel) zu durchschauen, gelingt es uns vielleicht auch, von diesen Hirngespinsten so zu profitieren, daß wir weiter in Richtung Aufklärung voranschreiten. Giordano Bruno (der im Jahre 1600 öffentlich verbrannt wurde, um das Verbrechen zu sühnen, eine der mächtigsten Fabeln der Geschichte in Frage gestellt zu haben) sagte zu Recht, daß unsere Theorien über die Ordnung der Natur entweder als »Vehikel« oder als »Ketten« wirken können. Kein menschlicher Kampf ist edler als der, den wir führen, um die Ketten zu brechen und uns mit den Mitteln des Erkenntnisvermögens vorwärts zu bewegen. Vielleicht nicht zum mythischen und unzugänglichen Glanz des Millenniums, aber zumindest zu einer annehmbaren und friedlichen Existenz, die auf der Respektierung der menschlichen Vielfältigkeit beruht.

Zusammenfassung von Jean Delumeau

Meine erste Reaktion auf die Fragen meiner drei Gesprächspartner in diesem »Interview«-Band war Bewunderung und Sympathie für ihren Humor. Ich glaube, das ist genau die richtige Herangehensweise an das Jahr 2000. *Keep cool*, schlägt Umberto Eco vor. Ich hoffe, daß dieser Rat vernommen wird. Was die Zukunft betrifft, neige ich, wie Stephen Jay Gould, zu »vorsichtigem Optimismus«, und wie meine drei Gesprächspartner sehe ich in den angeblichen Ängsten vor dem Jahr 2000 eine »Lüge der Medien«. Ich bin überzeugt, daß die große Mehrheit unserer Zeitgenossen nicht das unmittelbare Bevorstehen des Weltuntergangs fürchtet.

Wie Jean-Claude Carrière und Umberto Eco bin auch ich der Meinung, daß die Apokalypse – im Gegensatz zur weit verbreiteten Auffassung vieler Leute, die sie nicht gelesen haben – nicht geschrieben wurde, um Furcht auszulösen, sondern um Hoffnung zu erwecken.

Ich möchte noch hervorheben, wie richtig die Diagnose unserer Zeit ist, die von dem einen oder anderen Gesprächsteilnehmer gemacht wurde. Wir sind zumindest im Westen an einem Punkt angekommen, an dem eine »Vervielfältigung der Einzelnen«, eine »Pluralität der individuellen Identitäten« (Umberto Eco) und die Auflösung der Gruppenidentitäten zu konstatieren ist. Daher rührt zum Teil unsere Schwierigkeit, ohne die Solidarität und die kollektive Unterstützung zu leben, die früher üblich waren.

Das sich vollendende Jahrhundert ist das der Verbannung in das »Exil« unserer überlieferten Sicherheiten gewesen. Während die Bezugspunkte verschwinden, überflutet uns das Virtuelle »wie eine neue Droge« (Jean-Claude Carrière).

Das 21. Jahrhundert wird mit sehr widersprüchlichen Verhaltensweisen beginnen. Einerseits wird die Beobachtung von Chesterton bestätigt (»Seit die Menschen nicht mehr an Gott glauben, glauben sie nicht etwa an gar nichts; sie glauben an alles.«); andererseits werden sich uns größer werdende Rätsel stellen, und zwar gerade trotz der großartigen Fortschritte der Erkenntnis oder vielmehr wegen dieser Fortschritte. »Das Wissen hat das Nichtwissen zur Folge« (Jean-Claude Carrière). Das dritte Jahrtausend lädt uns jedenfalls zur Rehabilitierung der irreversiblen Zeit ein. Der Raum kann viele Dimensionen haben, die Zeit nur eine. Und wie soll man bei diesem Verfließen, das niemals zurück bergauf rinnt, nicht mit Stephen Jay Gould bemerken, daß das »Auftauchen des menschlichen Bewußtseins die sensationellste Erfindung der Evolutionsgeschichte gewesen ist«? Das ist seine Antwort auf die übrigens recht humorvoll gestellte Frage: »Warum soll man sich mit dieser seltsamen Gattung beschäftigen, die gerade mal seit 200.000 Jahren existiert, obwohl es die Bakterien schon seit 3,5 Milliarden Jahren gibt?«

Zwar stimme ich nicht mit Gould überein, wenn er sagt, daß das Auftreten des menschlichen Bewußtseins »eine zufällige Erfindung« gewesen sei. Aber ich kann ihm folgen, wenn er sagt: »Ich bin bereit zu wetten, daß das Universum nicht determiniert ist und daß die Kontingenz nicht wegen unserer Unkenntnis über die deterministische Natur der Dinge auftritt.« Der Astrophysiker Trinh Xuan Thuan, der sicherlich darauf »wettet«, daß es einen »Regler« des Universums gibt, ist auch der Meinung, daß nicht alles vom Urknall determiniert wurde. Die physikalischen Gesetze liefern ihm zufolge nur einen allgemeinen Rahmen, in dem die Natur »vor sich hin brodelt«. Die Unvorhersehbarkeit existiert. Determinismus und Freiheit können untereinander ein bestimmtes Gleichgewicht halten, und deshalb kann die Person als autonome Realität existieren.

Im Gespräch mit Stephen Jay Gould erinnert eine Frage an Einsteins Auffassung, daß die Wissenschaft die Frage nach dem Ursprung der Welt und den letzten Zwecken nicht ausschließt. Ich habe mir diese Diagnose Einsteins zu eigen gemacht und stelle daher Fragen, die mir am Ende dieses Jahrhunderts keineswegs veraltet zu sein scheinen: Und wenn die Schöpfung doch einen Sinn hätte? Wenn innerhalb des Stromes, der uns mitreißt, jedes menschliche Leben doch einen Sinn hätte? Und wenn es doch ein Jenseits der

Zeit gäbe? Das sind Fragen, auf die die Wissenschaft nicht zu antworten braucht, die aber ein von woanders kommendes Wort erhellen kann, ich meine eine Offenbarung, die, ohne ihr zu widersprechen, auf einer anderen Ebene angesiedelt ist als die Wissenschaft.

Das Christentum versteht sich als Botschafter einer solchen Offenbarung; und diese Überzeugung bringt mich zum Jahr 2000 zurück. Was bedeutet dieser Geburtstag, beziehungsweise, was sollte er logischerweise bedeuten? Unbestreitbar hat er nur den Sinn, zweitausend Jahre – eine runde Zahl – Christentum zu bezeichnen. Welchen anderen Grund haben wir darüber hinaus, das Jahr 2000 zu feiern? Offensichtlich handelt es sich um den Übergang ins dritte Jahrtausend der christlichen Ära.

Aber die jetzt schon sichtbare Tatsache, daß man beim Übergang Champagner schlürfen wird, ohne an die wirkliche Bedeutung des Jahres 2000 zu denken, wirft genauso wie die Tatsache, daß viele Leute Pfingsten in die Ferien fahren, ohne zu wissen, womit dieses Fest zusammenhängt, ein Problem auf. Liegt das Christentum hinter uns? Wird das Jahrtausendende den Moment seiner Agonie, das Ende seiner Geschichte markieren? Diese Frage quält mich seit langer Zeit, da sie das Thema eines Buches gewesen ist, mit dem ich bekannt geworden bin: *Stirbt das Christentum?**

Ein Historiker ist kein Futurologe. Aber er kann einerseits eine Bilanz der Vergangenheit ziehen und dabei andererseits Charakteristiken ausmachen, die für die Zukunft Geltung haben könnten.

In dem Moment, in dem man den Strich unter zweitausend Jahre Christentum zieht, muß man unseren Zeitgenossen ins Gedächtnis rufen, was sie leicht vergessen: daß das Christentum trotz der sicherlich beträchtlichen Abweichungen von der Botschaft, dessen Träger es war, sehr wohl die positive Spalte seiner Bilanz gefüllt hat, und das in vielen Bereichen – Spiritualität, Kultur, Bildung, Kunst, Armenhilfe … Ich gehöre zu denen, die meinen, daß es kein Zufall ist, daß sowohl die moderne Wissenschaft wie die »Menschenrechte« auf

---

* Jean Delumeau, *Stirbt das Christentum?*, Freiburg 1978.

christlichem Boden entstanden sind, wenngleich es auch zutrifft, daß es in diesen Bereichen zwischen der Moderne und den Religionsführern zu (heute veralteten) Konflikten gekommen ist. Angesichts dieser Bilanz zögere ich nicht zu sagen: Es wäre schade, wenn das Christentum sterben müßte!

Aber es besteht keine Eile, diesen Tod zu verkünden. Der Tod Gottes ist seit dem Ende des 19. Jahrhunderts vorausgesagt und beschrien worden. Nun hat sich diese Voraussage offenbar als unzutreffend herausgestellt. Wer hat im Jahr 1900 geahnt, daß hundert Jahre später die Religion Schlagzeilen in den Medien machen würde und daß zum Beispiel in Frankreich die Klosterunterkünfte ausgebucht und viele Monate im voraus von – häufig gebildeten – Leuten, die auf der Suche nach innerer Sammlung sind, reserviert sein würden?

Das Christentum hat – und das ist eine geschichtliche Tatsache – in Zeit und Raum ein außerordentliches Anpassungs- und Erneuerungsvermögen an den Tag gelegt. Die Vielfalt von künstlerischen Formen, die es hervorgerufen hat, aber auch von Denksystemen, von Organisationen und von Liturgien kann einen Beobachter der Vergangenheit und der Gegenwart nur mit Erstaunen erfüllen. Wer kann so weit in die Zukunft sehen, um zu behaupten, daß die Geschichte des Christentums abgeschlossen sei und daß die christlichen Fähigkeiten zur Erneuerung und zur Anpassung an die wechselnden Realitäten erschöpft seien?

Aus der Sicht der christlichen Geschichte sind wir sicherlich am Ende einer Zeit angekommen: der des Konformismus und, allgemeiner gesagt, der der innerhalb der Familie weitergegebenen Religion. Aber vielleicht sind wir dabei, in das Christentum der Erwachsenentaufe einzutreten.

Zusammenfassung von Jean-Claude Carrière

Eine Zusammenfassung zum Ende der Zeiten: Das ist höchst lächerlich! Eine Zusammenfassung ist Menschenwerk, sie ist die letzte Frucht unserer Rhetorik. Das Universum kennt keine Zusammenfassung, und die Geschichte erst recht nicht.

Wie oft führen düstere oder freundliche Zukunftsperspektiven dazu, fast einhellig von dieser Zeit, von der Gegenwart, in der wir leben, zu sprechen. Auch wir haben nicht gegen diese Regel verstoßen. Wir haben weniger vom Ende der Zeiten gesprochen als von der Art und Weise, wie wir es bei uns und heute betrachten.

Mit der selbstherrlichen Überzeugung, daß wir in einem besonderen, privilegierten und außergewöhnlichen Zeitabschnitt leben. Seit fast zweihundert Jahren, seit dem Beginn der Großen Beschleunigung haben alle Generationen behauptet, daß sie das Ende einer Zeit erleben würden, daß nichts mehr so sein würde wie früher und daß es sich um eine totale Revolution handele. Wir alle wollen die Zeit der Zeiten kennengelernt haben, den fatalen Wendepunkt, den wirklichen Bruch, den Übergang ohne Wiederkehr.

Eine weitere Regel, die wir zweifellos befolgt haben. Und damit stehen wir bei weitem nicht allein. Um uns herum gab es in diesem Jahrhundert nur ekstatische Propheten! Die neuesten sind die Cyber-Propheten. Aufgeklärt, beinhart: morgen wird man gratis kommunizieren. Und alles ist da, ja, alles, in der allgemein zugänglichen Information. Die alte Welt bricht zusammen (ein weiteres Mal), es lebe die virtuelle Aufklärung! Die Eroberung von diesem und jenem! Endlich sind unsere Probleme gelöst, unsere Ängste beseitigt, unsere alten Sünden überholt. Im Netz eröffnet sich endlich die Spinnenzukunft.

Wohlgemerkt, all das wird geschehen. Es geschieht bereits, man spürt es. Manche kehren zur Einsamkeit und Langsamkeit zurück. Manche fragen sich: Kann man das Glücksabonnement eigentlich auch abbestellen?

Und das Zeitende wird auch kommen. Das ist mehr als wahrscheinlich. Denn die Idee einer Vernichtung ist im Grunde mit dem oberflächlichen Eindruck verbunden, »es reicht, so geht es nicht weiter«. Ein alter Eindruck, der zweifellos mit dem Gefühl eines grundsätzlichen Fehlers verbunden ist. Wir haben den Weltuntergang verdient. Er ist wie für uns gemacht. Das Gefühl, daß die Beschleunigung offensichtlich alles nur noch mehr zuspitzt, denn jeder Motor, der überdreht wird, kann explodieren. Ein Gefühl, das nach und nach schwächer werden wird und das vielleicht mit der Beschleunigung selbst verschwinden wird. Vielleicht schon bald, wer weiß?

Wenn das Ende der Welt nur noch die Erinnerung an eine Chimäre sein wird, und da die großgeschriebene Zeit leider außer Reichweite bleibt, was wird von den Zeiten bleiben, von unseren kleinen und vielfältigen Zeiten, die sich mal beschleunigen und mal akkumulieren? Von diesen Zeiten, die wir attackiert haben, da uns nichts Besseres eingefallen ist, um die eine anzugreifen?

Wir wissen darüber nichts. Zweifellos werden wir in ein oder zwei Jahrhunderten länger leben. Das wird unser Verhältnis, wenn schon nicht zur Zeit, so zumindest zur Dauer verändern. Es ist sogar von Unsterblichkeit die Rede. Dank unserer vielen Prothesen werden wir uns am Leben erhalten. Das bedeutet, wie schon gesagt: Wenn der Tod beseitigt wird, verschwindet auch die Geburt, die von den Unsterblichen verboten wird. Zur Welt kommen verboten! Stoppt das Leben! Das wird das Ende der Evolution sein, das Ende dieser Zeit, die uns langsam herstellte, indem sie auf die Materie einwirkte.

Eine problematische Vision, die in der Science-fiction sehr häufig vorkommt, der Tod des Todes (zumindest für einige), die radikale Veränderung unserer Beziehung zur einzigen Zeit, die wichtig für uns ist, die diejenige unseres Lebens ist.

Ich stelle mir oft ein anderes Ende der Zeiten, unserer Zeit vor. In einer Nachbargalaxie, auf einem sehr großen Planeten ist es einer intelligenten Art nach Jahrtausenden gelungen, die Gravitation in den Griff zu kriegen und eine Zivilisation zu entwickeln, die wir nicht kennen, die uns aber mit Sicherheit großartig vorkommen wird.

Unglücklicherweise ist es den Bewohnern dieses Planeten nicht gelungen, sich von den schrecklichen Mängeln zu befreien, die unter allen Himmeln die Intelligenz begleiten. Sie sind gierig, streitsüchtig, brutal und haßerfüllt. Deshalb beschließen die obersten Chefs der Galaxis (die die Völker des großen Planeten »Götter« nennen), sämtliches Leben auf diesem Himmelskörper zu vernichten und anderswo wieder bei Null anzufangen.

Man bereitet eine absolute Waffe vor, den echten Götterblitz. Und man schleudert ihn. In diesem Moment gelingt es den Bewohnern des großen Planeten, die Chefs durch Gebete und Opfer umzustimmen. Gut, man wird sie verschonen, man gibt ihnen einen Aufschub. Aber die Waffe ist bereits ins All abgeschossen. Es ist unmöglich, sie zurückzuholen oder zu stoppen. Kann man sie nicht wenigstens umlenken? Ja, sagt ein junger Experte, ein Bewohner des Planeten. Er kennt ein Mittel. Alle legen sich ins Zeug. Die schreckliche Waffe kommt näher und fliegt im letzten Moment äußerst knapp vorbei. Alle atmen auf.

Die Vernichtungswaffe setzt ihren verrückten Lauf fort, verläßt dieses Sonnensystem, dringt in unseres ein – fällt über die Erde her wie eine Furie. Nichts bleibt von uns übrig, vielleicht nicht einmal ein Atom oder, wie der persische Dichter sagt, »der Fuß einer hinkenden Ameise«.

Und die Zeit, die schon anderes erlebt hat, geht weiter. Auf dem großen, verschonten Planeten kehrt wieder Leben ein. Mit dem Leben kommen die Geschäfte, die Expeditionen, die Mißhelligkeiten des Alltags und die Ängste. Und auch die blassen Individuen, die mit feuchtglänzenden Augen heulen: »Das Ende der Zeiten ist nahe!«

Zusammenfassung von Umberto Eco

Sie haben jeden Ihrer Gesprächspartner gebeten, die anderen Interviews zu lesen und einige zusammenfassende Worte zu schreiben. Nun fand mein zweites Gespräch als letztes statt, und daher konnte ich bei meinen Antworten in gewissem Maße schon berücksichtigen, was meine Kollegen gesagt haben. Ich habe also nichts Neues zu sagen. Aber als ich die drei anderen Zusammenfassungen las, fiel mir auf, daß Stephen Jay Gould eine meiner Bemerkungen über die Tatsache aufgegriffen hat (wofür ich ihm danke), daß es den Menschen schwerfällt zu begreifen, daß die Dinge per Zufall kommen, daß sie außerdem eine verdammte Furcht vor dem Zufall haben und daß sie daher immer das Bedürfnis haben, Geschichten zu erfinden, die erklären, was geschehen ist. Ich stimme natürlich völlig mit meiner Meinung überein, nur, als ich die letzte Version meines Interviews noch einmal las, habe ich sie nicht wiedergefunden. Die Erklärung ist einfach: Als ich meine Antworten überflog, habe ich meinen Freunden (den Initiatoren dieses Buches mit den vielen Stimmen) vorgeschlagen, ein oder zwei Fragen wegzulassen, die mir nicht in den Kontext zu passen schienen und die meiner Meinung nach den flüssigen Gesprächsverlauf unterbrochen hätten. Das ist bei Interviews eben so. Kurz gesagt, in der Endfassung ist die Bemerkung, die Gould zitiert, nicht mehr enthalten.

Daher muß ich noch einmal darauf zurückkommen. Es ging einfach darum, auf die Frage zu antworten, ob die Atmosphäre am Ende der Zeiten nicht die Verschwörungstheorie begünstigt, die die Vorstellungswelt in den letzten Jahrhunderten geprägt haben soll. Meine Antwort war klugerweise negativ. Karl Popper hat in einem bekannten Essay sehr gut gezeigt, daß die Verschwörungstheorie bereits in der klassischen Mythologie vorhanden ist. Der Untergang von Troja, der die Folge eines Handelskrieges zwischen Griechenland und Vorderasien war, wird hier als Ergebnis einer von den Göttern angezettelten Verschwörung dargestellt. Popper stellt diese Story an den Ursprung jedes Erklärungsversuches von unerwarteten oder außergewöhnlichen Ereignissen. So kann man die Verschwörungstheorie als mythologische Version einer kausalen Erklärung des Zufalls ansehen. Die Menschen greifen darauf zurück, wenn ein Phänomen nicht in kausaler Weise erklärt werden kann, weil der menschliche Geist nicht umhin kann, nach einer Erklärung für Phänomene zu suchen, die keine erkennbare Ursache haben. In diesem Sinne hat unser Jahrhundert (mit Hilfe des vorherigen) eine Menge Verschwörungen hervorgebracht (man braucht nur an die *Protokolle der Weisen von Zion* und die »jüdische Weltverschwörung« zu denken), und es versteht sich von selbst, daß wir im Laufe des dritten Jahrtausends noch weitere erleben werden. Aber noch einmal, ich sehe in all dem nichts typisch »Millenaristisches«.

Ende der Erklärung. Aber halten wir Folgendes fest: Dieser kleine redaktionelle Zufall erweist sich als eine schöne Allegorie zum Thema Gedächtnis und Filter, also für die Art und Weise, in der die Kultur irgend etwas fallenläßt, um es später wieder aufzugreifen – und für die Art und Weise, in der die Sprache manchmal in der Lage ist, den Zeitpfeil zu verwirren, da ich dabei bin, die Ursache zu schaffen, deren Wirkung die Bemerkung von Gould war: Für den Leser dieses Buches kommt Goulds Zitat vor und nicht nach dem Satz, den er zitiert, und ich schreibe erst, nachdem er zitiert hat ...

Aber all das hat nichts mit dem Jahr 2000 zu tun, und auch nicht mit meiner Zusammenfassung. Und ich schlage unseren Lesern nun vor, ein Spiel zu spielen, das wir in diesem Buch noch nicht gespielt haben: nicht vom Weltuntergang sprechen und von der Tatsache, daß dieses Schauspiel nicht stattfinden wird, sondern von bestimmten Phänomenen, die nichts mit einer Verschwörung zu tun haben und die allein die Zufallslogik in den folgenden Jahrhunderten erzeugen könnte – vielleicht schon vor dem Jahr 2100.

1. Das Ende des Europas der Nationalstaaten. Der Nationalstaat ist eine recht neue Erfindung (die für Frankreich oder Spanien vor ein paar Jahrhunderten und für Italien und Deutschland erst vor eineinhalb Jahrhunderten gemacht wurde). Die weniger soliden europäischen Staaten zerfallen bereits. Im entstehenden informationellen

Universum stehen zwei Städte, so entfernt sie auch voneinander sein mögen, miteinander in direktem Kontakt: So entstehen zwischen allen vier Ecken Europas ein permanenter geschäftlicher und kultureller Austausch und Netze von assoziierten Städten, während die Einheit, die durch einen Nationalstaat repräsentiert wird, zunehmend an Kraft verlieren wird.

2. Ursache und Folge dieser Evolution: Gleichzeitig kommt das Ende des weißen Europas. Europa wird zu einem »farbigen« Kontinent. Wenn sie nun beide »farbig« sind, warum sollte sich ein Einwohner von Barcelona einer anderen nationalen Familie zugehörig fühlen als ein Einwohner von Berlin? Wenn ich sage »farbig«, denke ich nicht (oder nicht nur) an die Hautfarbe: Vielleicht wird es auch »farbige« Religionen geben. Warum nicht ein sunnitisches Christentum, einen anglikanischen Avicennaismus oder einen buddhistischen Sufismus?

3. Ende der Erfahrung der Brüderlichkeit. Wenn man das Wachstum der Weltbevölkerung in den Griff bekommen will, muß man Maßnahmen wie in China ergreifen: nur ein Kind pro Familie. Begriffe wie Bruder und Schwester werden vergessen werden, in etwa so wie Fee und der Riese aus den Märchen unserer Kindheit. Ohne von der Gestalt der Amme zu sprechen – welches heutige Kind hat schon eine Amme gehabt? Natürlich wird die Brüderlichkeit als Metapher überleben, aber es wird schwierig werden, einem Kind zu erklären, was es bedeutet, einen Bruder oder eine Schwester zu lieben.

4. Ende der repräsentativen Demokratie. Um jedes große »globale Territorium« zu regieren, wird ein Chef gewählt werden, der Medienqualitäten hat; sehr mächtige Gruppen werden einen Kandidaten unterstützen, der exakt dieselben Qualitäten und dasselbe politische Programm wie der gegnerische Kandidat hat; die Entscheidung der Bürger (die durch die Anforderungen der Gesellschaft des Spektakels und nicht durch eine politische Entscheidung begründet ist) wird somit zu einer Formalität, die nichts entscheidet (ein leiser Verdacht: Es ist bereits soweit).

5. Das Ende der Ethik. Jede Morallehre besteht darin, ein Verhaltensmodell vorzuschlagen, das man möglichst nachahmen soll. Wenn die Nachahmung keine Mühe machen würde, gäbe es keine Morallehre. Daher die »Vorbild«-Funktion des Heiligen, des Weisen, des Gurus, des Helden ... Nun macht das Fernsehen immer stärker die absolut normale Person zum Vorbild, bei der es keinerlei Mühe macht, so ähnlich wie sie zu werden. Der Fall von Lady Diana ist in dieser Hinsicht beispielhaft. Das Ziel besteht heute darin, im Medienuniversum seine eigene Normalität zu inszenieren. So wird der ethische Erfolg (das Gute) bald nichts mehr mit der Suche nach Tugend zu tun haben, sondern mit dem Kampf um Sichtbarkeit. Vor kurzem wurde ein Test mit einer Gruppe von jungen italienischen Frauen gemacht, die sich zum Wettbewerb für den Titel der Miss Italia vorstellten; dabei zeigte sich, daß ein Großteil von ihnen Monica Lewinsky für ein Vorbild hielt, weil sie in der Lage war, sich in den Medien genauso sichtbar zu machen wie ein Präsident der Vereinigten Staaten.

Ich bin kein Nostradamus, und ich kann nicht garantieren, daß sich diese Perspektiven im nächsten Jahrtausend realisieren werden. Aber wenn die Fähigkeit, die Herausforderungen des Zufalls zu enthüllen (ohne außer acht zu lassen, daß die Anderen eine Verschwörung machen könnten), zu den weltlichen Tugenden gehört, warum beginnen wir nicht damit, anstatt uns über das Ende der Zeiten Gedanken zu machen, uns auf die möglichen Verfallsdaten des dritten Jahrtausends vorzubereiten?

Literarische Sachbücher bei DuMont

LAWRENCE JOSEPH

IM LAND DER ADVOKATEN.
WOVON ANWÄLTE REDEN, WENN SIE VOM RECHT REDEN.
Aus dem Englischen von Martina Tichy.

1999, 208 Seiten

Von den Gründervätern bis zu Bill Clinton und seinen Anklägern: Amerikas Ideale werden von Anwälten verwaltet. Lawrence Joseph, selber Anwalt und Dichter, weiß, daß Anwälte anders denken und handeln, wenn sie unter sich sind. Über was aber reden sie, wenn sie in Bistros oder Büros, in der Mittagspause im Park oder beim gemeinsamen Abendessen über ihre Klienten, Kollegen oder das Recht selbst reden? Lawrence Joseph versammelt Gespräche – »eher wahrheits- als tatsachengetreu« – mit Anwälten aus der Finanzwelt oder solchen, denen Arbeitslosigkeit und Armut begegnen. Mit der funkensprühenden Rhetorik der Rechtsvertreter, mit dialogischer Artistik, rasant und selbstironisch, verblüffend offenherzig und erschreckend hellsichtig, entsteht in diesen Gesprächskompositionen das Bild unserer von Juristen geprägten Gegenwart in ihren Brüchen und Widersprüchen. Mit Lawrence Joseph werfen wir unterhaltsame Blicke hinter die Fassaden, auf die Menschen hinter den Machern des Rechts.

»Im Land der Advokaten: Schnellfeuerdialoge jenseits der üblichen Untersuchungen, erschreckend, originell und unwiderstehlich lesbar.« Joyce Carol Oates

JAMES BUCHAN

UNSERE GEFRORENEN BEGIERDEN.
WAS DAS GELD WILL.
Aus dem Englischen von Angela Praesent
und Peter Torberg. 1999, 398 Seiten

Mit gewaltigem historischen Wissen, Erzählergabe und ironischer
Passion prüft James Buchan in seiner brillanten Kulturgeschichte
unsere Vorstellungen von Geld auf ihre Echtheit und entlarvt sie als
gefälscht: Was wir für schnöden Mammon hielten, entpuppt er lustvoll als *Unsere gefrorenen Begierden.*

Der Financial-Times-Korrespondent und Romanautor sammelt
Bemerkenswertes aus der Welt der Münzen, Scheine und Wertanla-
gen, seit ihm als junger Journalist in Saudi-Arabien aufging, daß es
für seinen Lohn vor Ort nichts Reizvolles zu kaufen gab. Die dicken
Bündel hortete er bis zu seiner Abreise. Zurück in London tauschte
er sie um wie Hans im Glück: »Mein Geld verwandelte sich nacheinander in ein mit Hypotheken belastetes Haus in Lavender Hill, in ein
langsames Rennpferd, in Aktien der Dresdner Bank, in eine übertrieben große Sammlung von Stichen aus dem achtzehnten Jahrhundert, in ein Apartment im Süden von Manhattan und in Aktien
von Supermarktketten. Bei jeder Verwandlung büßte es Splitter ein;
doch jedesmal löste es sich in mehr Geld auf als bei der letzten Verwandlung.«

Ausgehend von solchen persönlichen Erfahrungen erzählt Buchan
von Herkunft und Eigenarten der Zahlungsmittel. Er geht dem
Judaslohn auf den Grund, präsentiert Don Quijote als Kommentar
zur ersten europäischen Inflation, berichtet vom Erstaunen, das die
Einführung der doppelten Buchführung bei Goethe auslöste, und
gelangt über Kriegskosten und Börsencrash bis zur europäischen
Währungsunion.

FRANCO MORETTI

ATLAS DES EUROPÄISCHEN ROMANS.
WO DIE LITERATUR SPIELTE.
Aus dem Italienischen von Daniele Dell'Agli.
1999, 245 Seiten

Auf welchen Wegen ziehen Goethes Wilhelm Meister oder Kellers Grüner Heinrich durchs Leben? Wo in London deckt Sherlock Holmes seine Morde auf? Wie verbreiten sich die Übersetzungen von Thomas Manns Buddenbrooks? Franco Moretti liest Romane wie Landkarten. Auf hundert ausführlich erläuterten Plänen führt er Literatur als Geographie vor und spürt den Wegen ihrer Figuren nach. Seine Karten und Kommentare untersuchen, in welchen Weltgegenden Schriftsteller das Schlechte ansiedeln oder welche Vorstellungen sich Dostojewski von Westeuropa macht. Franco Morettis Material bilden vor allem Romane des neunzehnten Jahrhunderts, in dem sich die nationalen Identitäten festigten. Er zeigt, wie Literatur die Geschichte begleitet und stiftet an zum literarischen wie zum realen Reisen.

»Der Atlas des europäischen Romans ist eine wunderbare Errungenschaft: ebenso lustvoll bebildert wie geschrieben; der Vorreiter einer neuen kritischen Schule, die große Theorie mit treffendem Witz verbindet.« The Guardian

»Moretti verführt uns mit essayistischer Leichtigkeit, ein Ideenlieferant.« Umberto Eco